民衆史再耕

木曽路民衆の維新変革

もうひとつの『夜明け前』

上條宏之

龍鳳書房

「民衆史再耕」とはなにをめざす言葉か　この書のねらい

わたしが、歴史学に手を染めて、はじめて長野県木曽谷の開田村を、総合的に現地調査してまとめたのは、高等学校三年生のときであった。いまも手元にある「昭和二十九年六月十九日発行」の『地歴　第三号　一九五三年度』(松本深志高校地歴会　編集責任者田中康彦　発行責任者上條宏之)といった、ガリ版刷りの、印刷不鮮明の個所がおおい冊子は、人文地理学部、歴史学部、考古学部、民俗学部による「研究の部」からなり、わたしは歴史学部の「近世農村としての開田村」を担当し、三六頁書いている。わたしが、この年三月に高校を卒業し、東京教育大学文学部史学科日本史学専攻の学生になったばかりのときに公刊された冊子は、不思議に、新鮮な感慨を、わたしにいまもたらししている。

「近世農村としての開田村」の構成は、1木曽の沿革、2開田村の歴史、3開田村の伝説について、4田制及び税法からなっている。最後に「開田村の馬小作・出稼・五人組はどのようなものか」がある。A出稼と婦人について、B馬小作について、C現在の問題(婦人の問題、村の民主化について)の項目建てで、村のしくみ、女性の役割、民主主義について、とくに関心を寄せていたことが垣間みられる。

開田村の民主化を阻害する要因は、「三十才から四十才位を中心とする年齢層の人々が、国有林経営・木材業・山林地主・馬地主等と関係して一連の保守勢力をなし、青年達の民主化運動に大きな妨げとなっている」と、この研究の結論部分を、やや断定的に書いている。そして、調査当時の馬小作・馬地主の実態について、総戸数五五二戸、馬飼育農家三六九戸、馬小作戸数七七であるとし、馬地主一〇七人の分布、馬所有者九〇人の頭数別分布などの統計をしめしてある。

一九五三年の木曽馬数は七七四頭、一九三五年の三三八九頭が、日中戦争で軍馬に徴発され急激に減少したと書いている。現状について、馬地主一〇七人のうち、開田村の七二人がもっともおおく、農林省・東京都・長野県の各一頭、岐阜県大野郡三頭、大野郡高根村二頭などが目を引く。馬地主には五〇頭を所有する民間業者が一人いた。従来は馬を重要財産とみた馬地主の発言権は絶対で、一九四八年以前には地主が協定小作料を破り不当利益をむさぼる事例がみられた。近年は、馬の公売制度の実施、共済制度の確立で馬小作人がまもられるように変化し、小作人に手馬にするような「宣伝」がおこなわれているが、「以前の意識が根強く」、小作人が容易に自分の馬にしないともある。

戦後の開田村では、女性労働の負担の重いのが問題で、男より賃金の安い女性（モチコと呼ぶ）の、日用品などを峠越えで運ぶ労働を、とくに取りあげ、強調している。調査当時は村内のバス・トラックの終点から運ぶように変わり、プロ級の女性五、六人が、一里一貫目九円から一〇円で運搬するだけになったが、冬期間のバス不通のさいは、隣りの新開村からの二里、三里を往復することもあるなど、女性の生活実態にかかわる聞き取りによるエピソードなども記述している。

高校生当時のわたしが、地域の民主化に関心をもっており、それは、この冊子にわたしが投稿したおおげさな題目のエッセイ「人生における地歴会の位置」のなかで、この地歴会入会の動機が、世界史の授業(平林六弥先生担当)で感じた「歴史の面白さ」であったこと、おなじクラブの友人が「人間形成、人格の確立」あるいは「真の研究をしたい」が入会の動機であったこととはおもむきが違っていたこと、そして木曽の総合的研究をとおして、地歴会では人間的交流に意義があったこと、などと結びついていたことをのべている。

この「開田村の総合的研究」が、長野県中信地区高校教育会で表彰され、木曽東高校講堂で、全校女子生徒の前で発表したこと、一九五四年三月八日の松本深志高校卒業式で、尊敬していた岡田甫校長から、「特別教育活動における功績特に顕著であった」と賞状とメダルを授与されたこと、これらが、いま考えると、わたしが大学で日本史学専攻をえらび、民衆史研究―とりわけ日本近代における民主主義研究―へ取組むことをいざなったようである。

十八歳で、歴史に興味をもって歴史研究らしいものに鍬をふるってから、今年はちょうど六六年の歳月が過ぎた。その間、わたしは民衆史の発掘にかかわりをもち、あちこちのフィールドを耕す機会をもつことができた。おおくの方がたの導きがあってのことであった。十分な種まきや収穫をみることができなかったフィールドがおおかったが、わたしは、六〇年間の公職から離れたいま、あらためて、かつて鍬を入れた民衆史のフィールドをふたたび耕し、すこしでも収穫を書物のかたちでしめせたらとおもう。
「民衆史再耕」シリーズの最初に木曽路をとりあげることになったのは偶然とおもっていたが、高校生当時の研究らしいものをひもといてみて、ある必然を感じている。

二〇二〇年八月七日

コロナ感染症流行のなか　七夕の日に
松本市和田の自宅にて

上條宏之

民衆史再耕　木曽路民衆の維新変革　もうひとつの『夜明け前』・目　次

序章　木曽とはどのような地域か

―楢川地域民衆史解明への招待《いざない》―

一　木曽《キソ》の地名考

キソの語源はどこから　木曽に住む人びとは、野生の麻の花を男曽《おそ》、実を女曽《めそ》といい、麻の皮をはがないものを木曽と呼んだと、園原旧富（一七〇三〜一七七六）の書いた『木曽古道記』にある。木曽を麻にちなんだ地名とみたのである。

園原はいまの木曽町読書和合の東山神社の神主。京都の吉田神社の祠官で神祇管領長をつとめた神道家の吉田兼敬（一六五三〜一七三二）に学び、尾張・美濃・信濃におおくの門人をもつ学者で、地域の実情にも通じていた。

佐久の井出《いで》道貞《みちさだ》（一七五六〜一八三九）があらわした『信濃奇勝録』にも、「小木曽女《おぎそめ》」と「不種菜《まかずな》」の項に、藪原の西沢は二つに別れていて、右を小木曽、左を菅《すげ》というとあり、『続日本紀』に岐蘇、『三代実録』に吉蘇・小吉蘇とあるのは、いまの荻曽のこと、この谷の三、四里のあいだには一二ほどの集落があり、男は耕したり樵《きこり》で暮らし、女は麻布を織るわざをもち、若い女は麻衣《あさぎぬ》を着て木賊《とくさ》・しなの皮（科の木の皮）などを背負って藪原あたりへ出て売るので、この女を「小木曽女」というとある。

さらに、「麻衣は木曽の名におひて、奥山里は男女ともに常着となす。故に麻を作る事多し。

木曽は旧《もと》麻より出たる名にや。今も里語に麻の皮剥《はが》ざるを木そといふ」とある。『木曽古道記』の見解を引き継いでいる、といってよい。

また『信濃奇勝録』には、つづけて、王滝村の二子持という里にだけ、麻を作った畑に翌年かならず菜をつくること、その菜は蕪菜《かぶらな》の一種で、蕪の大きさは一般のものより小さく、種を撒《ま》かなくても自然にはえる、とある。

麻のほかさまざまな説

『徒然草』の作者吉田兼好（本名卜部《うらべ》兼好《かねよし》）が世を遁れて木曽に滞在したという伝承が、山村氏六代の山村良景が編述した『木曽考』（宝永三〈一七〇六〉年八月）や穐里籬《あきざとり》島《とう》編・西邨中和画『木曽路名所図会』（文化二〈一七八〇〉年刊）にある。それと関連して、『兼好法師家集』（自撰）に「世をのがれて　きそちといふ所をすぎしに」と題した、つぎの和歌がある。

思ひたつ木曽の麻衣《あさぎぬ》あさくのみ　染めてやむべき袖のいろか（色香）は

兼好が木曽に来たという確証はないが、木曽の麻布に着目した和歌となっている。

俳文にすぐれた横井《よこい》也《や》有《ゆう》の『岐岨路紀行』（延享二〈一七四五〉年四月）にも、尾張侯の参勤交代にしたがって江戸から名古屋まで中山道を通ったおり、寝覚の里のあたりを「見かえりの里」というと聞き、俳句をおもいつかなかったので、

又いつか木曽の麻衣あさからぬ　なごりやあとにみかえりの里

と口ずさんだ和歌に、「木曽の麻衣」が詠みこまれている。

べつにキソの語源について、アイヌ語で「谷の底」を「キソ」といい、かつてこの地にアイヌの平和な部落があったから、と考えた人もいた。たとえば、一九四八（昭和二十三）年十月に西筑摩郡連合青年団が発行した黒木誠編『木曽谷　眠る資源数千億円』には、「木曽」とはアイヌ語で「谷底」を意味したといい、北から南へ流れる木曽川に沿い、両岸にわずかに見出される平地には、重畳たる山嶽とうっそうたる森林が幾重にもかさなった地域的特性がある、と書かれている。

木曽の歴史を多面的に研究した生駒勘七氏は、アイヌ語説をとっていた。信濃毎日新聞社編『新しなの地名考』（一九七五年）で、「木曽林政史の権威である徳川義親氏やアイヌ語学者山本直文氏などはアイヌ語説をとり、木曽はキ（大きな禾本《かほん》科植物）ソ（スプと同じく激流、瀑《ばく》流）だとして、木曽川の急流にもとづく地名としており、これをとりたい」と書いている。

森田孝太郎編『木曽史話』には、「『きそ』の語源についてはいろいろの説がある。きその『き』は生糸、生酒《きしゆ》等の純粋の意の生《き》と、『そ』は麻苧《からむし》の古言であり、上古この地の民族が麻を植えて生苧《きそ》を製し布を作った、そのきその産地であるとの説。また木曽の人が年中麻衣を着ていたことからだ、とする着麻《きそ》説。その他こじつけらしい説は沢山ある」とし、「木曽にいた先住民族の言葉から出たものであろう」とする。

島崎藤村（一八七二〜一九四三）は、童話『力餅』のなかで「木曽の地名の意味」について、つぎのように語っている。

曽とは麻のことです。麻の皮を剥いだのを木曽、畑から切って来たのを生曽《なまそ》、日に乾したのを乾曽《ほしそ》、花ばかりなのを男曽《をそ》、実のなるのを女曽《めそ》、男曽の中でも長くて大きいのを重曽《おもそ》などと言ひます。これは里言葉―すなわち、地方の言葉ですが、木曽の木とは、生糸の生《き》、生蕎麦《きそば》の生《き》と同じで、生のまゝの麻のことを言った古い言葉であらうといふことです。

木曽の麻衣とて、わたしの郷里では古くから麻を植ゑ、布を織り、産業としましたから、やがてそれが土地の名ともなつたのでしたらう。

藤村が、麻の皮を剥いだのを木曽というとしているのは、園原旧富や井出道貞と違う。男曽・女曽の説明も微妙に違っている。

キソの語源を麻と結びつけた解釈が有力のようであるが、結局決め手はないことになる。

わたしも近現代史関係で編集にたずさわった『長野県地名大辞典』（角川書店　一九九〇年）では、吉田東伍『大日本地名辞典』により、木曽の地名由来を「木曽の名義は木麻にて、麻を古語曽と云へる例多し、今も麻を曽と云ふ方俗あり。此曽は元来麻草なれど、木曽と云へばシナノキ（菩提樹）の樹皮より造りたる糸、幷に織布を指せる如し。即木曽は信濃《しなぬ》のと同じく、樹皮に採りたる織糸に起因せる名歟《か》」とした説をとった。

中山道や木曽川にちなむ地名がおおい

木曽は、古代に吉蘇・岐蘇・岐曽・岐祖・岐岨などの文字であらわされた。大宝二（七〇二）年にキソの山道はひらかれた。その後、「二字好字」により「科野」が「信濃」になったように、キソが「吉蘇」と表現されることになったとされるが、木曽路の地理的特殊性を反映した漢字でキソが表現されている場合がおおい。

近世の『岐蘇略記』（貝原益軒）、『岐岨路紀行』（横井也有）、『岐曽街道膝栗毛』（十返舎一九）、『岐蘇古今沿革誌』（武居用拙）などにとどまらず、明治期になっても『秋の岐蘇路』（田山花袋）、『木曽谿日記』（島崎藤村）など、「木曽」と表現する例は一般的ではなかった。

「木曽路は山のなか」とよくいわれたが、江戸から京都に行く中山道のうち、木曽路は北端の桜沢《さくらさわ》から南端の十曲峠に至る約二三里をさし、その間の宿駅は一一で、贄川《にえかわ》、奈良井、藪原《やぶはら》、宮《みや》越《のこし》が上四宿、福島、上松《あげまつ》、須原《すはら》が中三宿、野尻、三留野《みどの》、妻籠《つまご》、馬籠《まごめ》が下四宿とされた。

西に飛騨山脈（北アルプス）、東に木曽山脈（中央アルプス）をひかえた東西約五〇キロメートル、南北約九〇キロメートルの細長い山間地帯を、街道は南北につらぬいている。旧宿駅はいまも山のなかに数珠《じゅず》つなぎに存在し、いまも生きた木曽の地名として現存する。宿駅に住んだ人びとは、農民が圧倒的におおかった近世社会にあって、職人・商人などの占める割合がおおく、街をつくっていた。

中山道を木曽路と呼びならわすこともおおかった。これは、中山道中でも木曽路は景勝の地で、寝覚の床などの奇岩・怪石の存在と、そのあいだを流れる木曽川の清流、周辺の木曽五木などのはぐくんだ森林のなかの渓谷美が、中山道を代表したからである。

木曽路にはまた、一九一一（明治四十四）年五月一日、最後まで未開業であった宮ノ越駅—木曽福島駅間の工事が完成し、塩尻駅—名古屋駅間に鉄道が延伸開業された。このため、中央本線が東京の昌平橋駅—塩尻駅—名古屋駅間の鉄道として全通し、中山道木曽路に代わるおもな交通手段となる。それまでは、木曽川の流れを辿りながら旅をしたり、御嶽教の信者たちが行き交う街道が交通手段のメインであった。

木曽川は、かつて曽川といったという。そのため、上流に未曽川《みそ》（いまだ曽川ではないという意味。いまの味噌川）がある。味噌川は木曽・東筑摩・南安曇三郡の境にある鉢盛山《はちもり》に水源をもち、奈川・木祖両村の境峠に水源をもつ笹川と木祖村小木曽で合流し、木曽川となって鳥居峠の南を流れ、藪原宿より木曽谷を南にくだる。

なお、鳥居峠からでて梓川と合流、犀川・千曲川・信濃川となって日本海にそそぐ、いまの奈良井川は明治初年まで、木曽谷から流れ出るので、松本平で「木曽川」と呼ばれた。

笹川を併せたあとの木曽川は、さらに、貝原益軒《かいばらえきけん》（一六三〇〜一七一四）が『岐蘇略記』でのべている「おんたけ川」（『木曽路名所図会』では「御嶽川」、いまの「王瀧川」）を合流。さらに中央アルプスの主峰駒ヶ岳山系の水が、正沢川《しょうざわ》・滑川《なめ》・伊奈川となって流下する川水を取り込む。

つぎには、中央アルプス南端の摺古木山《すりこぎ》・南沢山などに源をもつ与川《よがわ》・蘭川《あららぎ》・広瀬川が南木曽の辺で木曽川に流れ込む。最後に、赤沢を水源とし木曽ヒノキの美林地帯を流れる小川や阿寺川《あでら》、奥三界岳から流れ出る柿其川《かきぞれ》などは、いくつもの滝をつくって木曽川本流にそそぐ。これら木曽川支流の名称は、木曽の集落の地名とかさなって、いまに生きている。

二　木曽の一体化と地名の変貌

木曽御料林事件と木曽の村むらの一体化

穐里籬《あきざとり》島《とう》（生年不詳〜一八三〇頃）の『木曽路名所図会』が「木曽路はみな山中なり」といい、島崎藤村が『夜明け前』で「木曽路はすべて山の中である」といった表現がよく引かれ、木曽路と山のかかわりは木曽の基本的な見方をつくりだした。

木曽代官十二代山村良禎のあらわした『木曽《きそ》考続貂《こうぞくてん》』（弘化二、三〈一八四五、四六〉年ころ成立）から抄出した「木曽谷村々高書上」（『新編信濃史料叢書　第十一巻』信濃史料刊行会　一九七五年）によれば、木曽の年貢は、検地によって、まず石高制のため米のすくない木曽の村むらにたいし、稗《ひえ》は米に五割増し、蕎麦は米に一倍増し、大豆は米に三倍増しなどときめ、米の石高を田畑合わせて二七九〇町四反九畝九歩、米合わせて二二六二石三斗九升としめした。ほかに、長さ五尺二寸・三方三寸・腹二寸五分の榑《くれき》を二六万八一五八駄、長さ三尺二寸・三方九寸・腹四寸の土居《どい》を四三五二駄ださせた。榑は、田立《ただち》・柿其《かきぞれ》・荻原《おぎはら》・岩郷《いわごう》・三尾《みお》・黒沢・末川《すえかわ》（西野をふくむ）・黒川・

上田・原野《はらの》・宮越・菅・藪原・荻曽《おぎそ》・奈川にたいし、土居は野尻・長野《ながの》・殿村《とのむら》・上松・王瀧にたいし、それぞれ課した。榑も土居も屋根板の原料で、くれぶき屋根、どいぶき屋根につかった。鳥居峠の分水嶺で日本海がわに水が流れる地域となる奈良井と贄川は、榑や土居の負担はなく、ともに米一五〇石とされ、金三枚ずつ、その代金二四匁をおさめていた。

　これは、木曽の森林資源の重要性から、徳川幕府が木曽地域を親藩である尾張藩の直轄地とし、巣山《すやま》（鷹狩りの鷹の巣を保護するため入山禁止の山）・留山《とめやま》（民衆の入山を一切禁止の山）・明山《あきやま》（木曽五木やケヤキの伐採禁止のほかは民衆が入会利用できた山）などに木曽の山やまを指定し、「停止木」をきめ、いわゆる「木一本首一つ」の厳罰でのぞんだ森林保護政策をとったこと、ついで、明治の官民有区分で官有林に、それまで民有林であった部分のおおくまで囲い込み、「御料林」として厳格に民衆の生活から切り離して木曽の森林を管理したことと切り離せない。

　一九〇四（明治三十七）年現在の木曽一六か村に広がっていた御料林は二四万八五六五町歩をかぞえ、木曽林野三九万一三九〇町歩の八九パーセントにのぼった。このなかには、近世には明山として木曽の民衆が入会利用できた山やまがあり、明治初年の筑摩県による官民有区分で官有地に組み込まれてしまった。そのため、木曽谷の民衆が村むらを超えて力をあわせ、民有地として下げ戻すよう強く求めた林有地が七八パーセントを占めていた。

　村別にみる近世明山の御料林への囲い込み率は、開田・三岳が一〇〇パーセント、楢川・奈川・福島・新開・読書・吾妻が九四～九九パーセント、王瀧八八パーセントとおおく、田立六六パーセント、大桑六一パーセント、木祖五六パーセント、日義五〇パーセントは比較的すくなく、神坂四二パーセント、駒ケ根三二パーセントと山口の〇パーセントは例外といってよかった。一六か村中の八か村に御料林が九四パーセント以上あったのである。

下げ戻しがみとめられなかったため、島崎藤村の兄島崎広助など有力者を中心とする恩賜金下付哀願運動が展開され、一九〇五（明治三十八）年七月二十五日、宮内大臣は長野県知事宛に、この年から二四年間、西筑摩郡内全町村を対象に、毎年一万円の御下賜金を下付することを達した。

この一連の動きを木曽御料林事件と呼ぶ。この事件は木曽の一体化を強め、この御料林をめぐって進んだ木曽の一体化は、アジア太平洋戦争敗戦後の御料林の国有林への転換、木曽民衆の林業に依拠する生活の衰退で次第に崩れていく。

戦後の郡境および県境の変更と「木曽」の地名の活用

戦後の木曽一体化の崩れは、一九四八（昭和二十三）年六月一日の奈川村の南安曇郡への編入替えからはじまった。一九六八（昭和四十三）年五月一日には、西筑摩郡を木曽郡に改称し、あえて「木曽」の地名を郡名に押し出したが、これも木曽一体化の崩れをくい止めようとするテコ入れであったといっていい。

しかし一九五八（昭和三十三）年十月十五日、神坂村湯舟沢《ゆぶねさわ》が岐阜県中津川市へ編入された。ついには、二〇〇五（平成十七）年二月十三日に、島崎藤村の故郷＝馬籠をふくむ山口村―一八八一（明治十四）年成立の山口村と湯舟沢の中津川市への編入替えのさいに山口村に合併した馬籠・峠町・荒町の地域―が県境を越えて中津川へ編入される。

なお、長野県と岐阜県は二〇〇六年、世界遺産の暫定リストに「妻籠宿・馬籠宿と中山道―『夜明け前』の世界」を入れるように文化庁に提案したが、受け入れられていない。

この二〇〇五年四月一日には、木曽谷の北がわの楢川村が旧東筑摩郡内にあたる塩尻市に合併した。木曽の地名の強調は、むしろ木曽の一体化の崩壊過程のあらわれでもあった、といえる。

大正期までの町村変化と表面から消えた村名

近世の木曽谷の村数は三二あった。これが、まず筑摩県における一八七四（明治七）年、翌七五年の急速な村合併で一六か村にへっている。

贄川、奈良井、藪原、荻曽、菅、奈川、宮越、原野、福島、岩郷、上田、黒川、末川、西野、黒沢、三尾、王瀧、上松、荻原、長野、須原、殿、野尻、与川、柿其、三留野、妻籠、蘭、田立、山口、馬籠、湯舟沢の三二の村名のうち、藪原、荻曽、菅、宮越、原野、岩郷、上田、黒川、末川、西野が行政村名から消えた。

このとき、新たな村名となったのは、一六か村のうち一一か村の木祖、日義《ひよし》、新開《しんかい》、開田《かいだ》、三《み》岳《たけ》、駒ケ根、大桑、読書《よみかき》、吾妻《あづま》、山田、神坂《みさか》にのぼった。

新村名で、旧村の漢字や音の組み合わせからつくられた村名に、与川の「よ」、三留野の「み」、柿其の「かき」を組み合わせた「読書《よみかき》村」、蘭の「あ」、妻籠の「つま」を組み合わせた「吾妻《あづま》村」、山口の「山」と田立の「田」を結びつけた「山田村」があった。開田のように田へのあこがれを反映した村名もある。

地域の歴史や自然にちなんだ新村名には、荻曽＝小木曽という歴史的地名から「木曽の祖」であるとした「木祖村」、朝日将軍木曽義仲が平家討伐の旗揚げをおこなった地であるとし義仲にちなんでつけた「日義村」、御嶽山・乗鞍岳・木曽駒ヶ岳の三つの名峰が見えることからつけた「三岳村」、中央アルプスの駒ヶ岳の麓であることから名付けた「駒ケ根村」、歴史的に知られた県境の御坂峠《みさかとうげ》にちなんだ「神坂村」があった。

これらの村むらは、一八七九（明治十二）年一月四日の郡区町村編制法施行で郡役所が新設され、筑摩郡を東・西にわけてできた西筑摩郡（郡役所は福島村）の管轄にはいった。もっとも、開田・駒ケ根・大桑・山田の四か村は、筑摩県のもとで急速に進められた合併が、松方デフレ政策による経済不況のもと村政・村民に不都合がおおいと、一八八一（明治十四）年と八三年に分村した。そのため九か村がふえ、西筑摩郡は二五か村となった。

その後、田立村と山口村は分村したままであったが、開田・駒ケ根・大桑の三か村は一八八九（明治二十二）年の町村制施行でふたたび合併・復活し、贄川・奈良井の合併で生まれた楢川村《ならかわ》（奈良井の「なら」と贄川の「川」の組み合わせ）とともに一六か村となった。

このうち、郡役所が置かれた福島村は、一八九三（明治二十六）年五月一日に町制を施行し福島町となった。駒ケ根村も一九二二（大正十一）年に町制を施行して上松町《あげまつまち》となり、駒ケ根の村名が消えた。

三　木曽一体化の崩壊と地名「木曽」の重視

アジア太平洋戦争敗戦後の町村合併

いわゆる平成の町村合併、二〇〇五（平成十七）年の町村合併で木曽郡は三町三村に激減し、現在に至っている。町が木曽・上松・南木曽、村が木祖・王滝・大桑となったのである。木曽町の「木曽」は、二〇〇五年十一月一日、木曽福島町・日義村・開田村・三岳村の四町村が合併して、新たな町名として復活した。ここに、「木曽」は郡名と中心の町名として復活したが、近世末にあった三三の村名でのこったのは、地形から合併のむずかしかった木祖・王滝・上松の三つだけとなった。

一九四五（昭和二十）年の敗戦をへて、最初の大きな町村合併がおこなわれた一九五〇年代は、町村民の生活変化からくる行政需要の増大に対応できないほど町村財政の弱体化が進んでいた。しかし、林業の衰退もあって独自な経済発展がむずかしくなったものの、村の地理的孤立状況から合併がむずかしかった西筑摩郡内では、さきに触れた神坂村湯舟沢の越県合併（一九五八〈昭和三十三〉年）のほかに、一九六一（昭和三十六）年一月一日に読書・吾妻・田立三か村が合併して南木曽《なぎそ》町になったこと、一九六七（昭和四十二）年四月三日、福島町と新開村が合併して木曽福島町が生まれたこと、の二つの合併にとどまった。

この木曽福島町誕生の一年後、一九六八（昭和四十三）年五月一日、西筑摩郡が木曽郡に郡名を変えている。西筑摩郡に隣接する東筑摩郡の洗馬《せば》村・宗賀村・広丘村・片丘村・筑摩地《ちくまち》村などが塩尻町と合併して塩尻市が生まれ、全体の東筑摩郡域も松本市域の広がりなどで縮小し、西筑摩郡との地域的連続性が断たれたことも関係したといってよい。

楢川村の木曽広域連合による地域活性化

木曽郡のもと、楢川村や大桑村は、一九九七（平成九）年に当時の国土庁（のち国土交通省）から過疎地域指定をうけ、地域活性化計画をこころみたが、過疎化を克服できなかった。一九九九（平成十一）年四月には木曽広域連合が木曽福島町を中心として発足し、木曽地域全町村が協力して活性化をこころみるいっぽう、塩尻市域などとの広域行政も取り入れた。

二十一世紀に入ると、二〇〇二（平成十四）年に、木曽郡内の当時の一一町村を合併して「木曽市」をめざすプランも立てられ、その実現が模索された。しかし、人口の急激な減少と住民の高齢化による小集落消滅の進行、各町村の人口減少がくいとめられず、南北に長く広く複雑な山間地域を一つの市にまとめることは、実現できなかった。

木曽郡を離れて塩尻市に合併することとなる楢川村の集落は、奈良井川の谷の狭い氾濫原や河岸段丘に立地し、贄川・平沢・奈良井に区分されていた。なかでも、奈良井に属する川入《かわいり》地区は奈良井宿から奥の奈良井川に沿う約一五キロメートル《キロメートル》のあいだに、栃窪《とちくぼ》・清高寺・山ノ神・曲淵《まがりぶち》・糠沢・表塩水・奥塩水・羽淵《はぶち》・五貫目・番所・檽《ぬるで》・萱ケ平《かやがだいら》など一二の小集落が点在し、その存立が次第にむずかしくなった。

人口が最もおおかった一九六〇（昭和三十五）年には、川入地区全体に約一〇〇世帯四四〇人が生活していたが、二〇〇七（平成十九）年には二〇世帯四三人になってしまった。すでに、一九八〇（昭和五十五）年からの奈良井ダムの工事で、曲淵・表塩水・奥塩水（上の原）は水没し、約一五世帯が移住していたが、過疎化の進行はのこった小集落をいわゆる限界集落にしてしまう。たとえば、萱ケ平は二〇〇七年には常住者一世帯、籍だけの家一世帯のみとなった。これらの厳しい現実は、小集落地名の実質的な消滅への動きを加速することとなり、その流れを押しとどめることはできなくなった。

四　楢川村が木曽郡から塩尻市へ

二〇〇五（平成十七）年四月一日、木曽郡楢川村は塩尻市へ合併する道をえらぶ。同村が大切にしてきた木曽平沢の漆器業や奈良井宿を中心とする中山道街道文化の振興は、新たな塩尻市における総合整備計画である「塩尻市・楢川村合併ビジョン」のなかに位置づけられ、塩尻市政のなかでの実現に挑戦することとなった。

塩尻市に合併してから、平沢は木曽平沢と呼ぶようになったが、木曽を付したことは行政の場である木曽郡から平沢が脱したあらわれともなった。

参考文献

井出道貞「信濃奇勝録」『新編信濃史料叢書　第十三巻』信濃史料刊行会　一九七六年
黒木誠編『木曽谷　眠る資源数千億円』西筑摩郡連合青年団　一九四八年
飯沼和正・文／若林伝・写真『カメラ四季の信州』　淡交新社　一九六三年
森田孝太郎編『木曽史話』千村書店　一九六五年
島崎藤村「力餅」『藤村全集　第十巻』筑摩書房　一九六七年
長野県図書館協会編『長野県市町村変遷表・地名索引』長野県図書館協会　一九七三年
町田正三『木曽御料林事件』銀河書房　一九八二年
新井正彦『木曽川の流れ　風土とその文学』銀河書房　一九九〇年
楢川村誌編さん・執筆委員会編『村民から塩尻市民へ　続　木曽・楢川村誌』長野県塩尻市　二〇〇八年

※この論稿は、上條宏之ほか著『再発見　信州の地名』（柏企画　二〇一四年）所収の「木曽の地名に及ぼした二十一世紀の地域激変」を、改修・加筆したものである。

第一章　木曽谷近代初期民衆史研究の諸問題

はじめに

一八八九（明治二十二）年に奈良井村と贄川村が合併し、西筑摩郡（のち木曽郡）楢川村が成立してから一〇〇年にあたり、『楢川村誌』の編纂を依頼されたとき（一九八八〈昭和六十三〉年）、わたしはあらためて木曽谷のもつ日本近代史研究上の問題とかかわる重要さに気づかされた。それは、長野県近代史研究にとっての重要課題であるとともに、木曽山林のもつ意味からくる日本近代史研究上の課題であるといってよかった。

木曽が日本近代史上にもつ位置について、所三男《ところみつお》氏は、論稿「木曽山林事件の経緯」(注1)で、作家島崎藤村が『夜明け前』で、木曽山林事件をめぐり、注目される指摘をしているとのべた。すなわち、(1)木曽山林事件が明治二（一八六九）年三月に開始されていたこと、(2)その「明キ山《あきやま》」の民衆への完全開放（復古）を要求する運動が、明治二年六月の版籍奉還のさいの尾張藩から名古屋藩への改称、七月の民部省設置と府県官林の総反別の録上、さらに明治三年三月の御林帳（官林台帳）の様式の決定と公布の手続き、翌四年七月の「官林規則」制定への動きなどと、並行してすすめられたことに着目した。そして、「木曽の全山林の帰属がどうなるのかの見境いも定かではなかった頃」にあたった「転換期の動揺に加えて、前年の凶作による米価の高騰と、通行旅客の途絶状態に因る街道収入減の挟打ちにあって、御一新の新政を待ち望むよりも、暮し向の不安に戦《おのの》いている宿村民の現実を目《ま》のあたりにしては、この人々に明日への希望を持たせることが何より緊急の方策」であった、と藤村の父島崎正樹らの運動を高く評価したのであった。

島崎正樹らの木曽山林事件の運動はまた、尾張藩木曽支庁としておかれた福島総管所の動向、とくに明治二年九月に名古屋藩総管所長官となった土屋惣蔵が(注2)「下意の上達や殖産興業の推進には極めて積極的な能吏であったこと」に対応するものであった。しかし、この木曽山林事件について、「木曽住民にとっての不幸は、時既に木曽の筑摩県移管が決定していた頃であったため、頼みの土屋権大属」に充分活躍してもらえなかったことにある、といった評価とも結びついていた。

実例をあげれば、明治三年九月十四日、贄川に福島総管所から土屋惣蔵ら六人が藩知事名代としてやってきており、贄川宿口までいあわせたものたちが出むかえている。翌十五日、土屋らは小前惣代をまえに、伊奈川山からは須原宿へ、味噌川山からは贄川へ木を伐りだし、白木を木曽三三か村へ払い下げることをつたえている。宿役人のうち「大丈夫」のもの一人と山稼ぎのものをつれて道筋を見分したあと、土屋は、牛馬の通行ができる道をひらき、味噌川で伐採した小白木などを贄川宿へもちはこび、伊那郡・松本・上田などへ売捌いて利益をあげること、川筋も船や筏《いかだ》にした木がとおるかどうか調べることを、申し聞かせている。(注3)

明治初期の木曽谷支配は、明治二年一月二十二日、山村氏による木曽支配の任務が終り、福島総管所が福島の興禅寺におかれ、尾張藩の直接支配となった。同年二月贄川関所が廃止され、七月の版籍奉還で名古屋藩のもと、九月には木曽の産物や商業は福島出張御国産会所の指図にしたがうこととなる。この九月にはまた、福島総管所長官に土屋が就任したが、明治三年閏十月十四日に福島総管所は名古屋藩庁福島出張所と改称され、明治四年七月十四日の廃藩置県で名古屋県の管轄となる。名古屋県は、四年九月十三日に県内に戸籍区をおき木曽を一五区に分け贄川・奈良井を一四区としたが、同年十月には名古屋県全域にわたる戸籍区の区画改正をおこない、木曽を第一四一区～第一五五区とし、奈良井・贄川を第一五四区とした。(注4)

このような木曽支配が展開するのにさきだち、維新変革と木曽民衆とのかかわりを考察すると き、慶應二（一八六六）年八月の奈良井・贄川両宿住民などによる木曽騒動に、わたしはまず注目したい。(注5) また、慶応三年十月の馬籠のええじゃないか(注6)や翌年五月の戊辰戦争への軍夫（夫人足）をめぐり野尻・与川・三留野《みどの》・柿其《かきぞれ》・田立などの小前層が中津川へ押しだした騒動(注7)も見落とすことができないようにおもわれる。しかし、信濃国内に世直しが大規模で多発した明治二、三年に木曽谷には世直し一揆が起きておらず、木曽山林事件のはじまりがその時期に展開したことが気になる。

こうした諸事実をふくむ、明治初期における木曽近代史研究上の問題二、三について、以下で、基本的考察に関連する解明課題をくわえて検討しておきたい。

一　名古屋県から筑摩県への移管と木曽

まず、木曽の管轄・支配について確認作業が必要におもう。

『西筑摩郡誌』（一九一五年）の、「明治四年十一月、名古屋県廃止され木曽一円伊那県に引渡され、伊那県となる」とした誤った記述に影響されたためか、木曽の管轄が名古屋県・伊那県・筑摩県と推移したとする見解が存在する。『木曽福島町史　第二巻　現代編Ⅰ』（一九八二年）には、「四年八月、名古屋県が廃止され、愛知県となるとおもに木曽はその管轄を離れ、一時伊那県の管轄になったが、同年十一月二十日、南信の安曇・筑摩・諏訪・伊那の四郡と飛騨の国全域とを合せた筑摩県が成立したので、木曽もその所領となった」とある。（注8）

戦後の研究蓄積を反映させたはずである『長野県史　通史編　第七巻　近代一』（一九八八年）をみても、伊那県管轄の推移を記述した箇所（三一頁）で「八月には名古屋藩の廃止により木曽全域（一万三〇〇〇石）」が伊那県管下となったとし、筑摩県新設のくだり（八一頁）の記述では「筑摩県は伊那・松本・高島・高遠・飯田・高山の六県と、名古屋県の木曽、竹佐治民局管内を統合して新設された」とする、一貫しない叙述となっている。

内務省図書局蔵版『地方沿革略譜　明治十五年二月印行』（復刻版　柏書房　一九六三年）は、名

古屋県と犬山県について、それぞれ「置県　四年七月十四日。廃藩為県。旧藩大参事以下。仮管理事務。大事取朝裁」とし、さらに「名古屋県—愛知県」の項で、「置県　四年十一月廿二日、廃名古屋、犬山二県。置之。改称　五年四月二日。」としている。四年十一月二十二日の「置県」は統合名古屋県、五年四月二日の「改称」は愛知県についてである。名古屋県と犬山県を廃止して名古屋県をおいたとするのは、木曽などを名古屋県が手離し、広域の名古屋県になったからと考えられる。

いっぽう筑摩県の置県については、「置県　四年十一月廿日。廃伊奈、松本、飯田、高遠、高島、高山（載岐阜県。）六県。置之（九年八月廿一日廃。）」とある。「廃名古屋」の記載のないのは、統合名古屋県が再置され、筑摩郡の一部である木曽を筑摩県に割譲しただけであるからであろう。筑摩県の管轄については、「管轄　四年十一月廿日。管信濃国筑摩、伊奈、諏訪、安曇、四郡、及飛騨全国、○石高三十八万石余　○戸数十一万四千五百六十一　○人口五十五万八百四十一」とある。一八七六（明治九）年八月二十一日に筑摩県管轄の信濃国分は長野県に統合したので、統合長野県の管轄については、「管旧筑摩県所轄信濃国四郡。至是管信濃全国」となっている。統合長野県における木曽地域については、つぎのような一八八一（明治十四）年五月現在あきらかにされていた数値がしめされている。数値には、一八七八（明治十一）年から八一年五月までの調査に遅速や精粗があった。数値のなかの「反別」とは地租を課す面積で、木曽＝西筑摩郡の「総積」が「反別」よりすくないのは、数値の調査における粗のあらわれである。

郡：西筑摩　役所：福島村
広袤《こうぼう》：東西廿一里余、南北七里余　村数：十六
総積：四万五千六百三十四町〇四畝〇三歩
反別：四万五千六百四十二町六反五畝廿六歩
地租金：一万二千五百十九円八十六銭八厘
戸数：六千九百四十六、人口：三万六千二百〇五

一八七六（明治九）年、木曽一六か村では村民知識層が調べて村誌を作成し、筑摩県に提出した（一部に同年八月に筑摩県を廃して合併した長野県へ提出した村もあった）。これらは、『長野県蔵版　長野県町村誌　第三巻　南信篇』（校訂栗岩英治　長野県町村誌刊行会　一九三六年刊行）に収録され、公刊されている。各村誌の「管轄沿革」の項には、維新期における管轄の推移がしるされていて、『西筑摩郡誌』以降の誤った記述を修正するデータを提供する。

『神坂村誌』は近世における管轄の推移をつぎのようにしるしている。基本的な近世以降の管轄の推移があきらかである。

元和元年尾張藩に加封、寛文四年藩材木役所を上松耕地原畑に置、材木の事を司る。

享保九年藩、檜《ひのき》、椹《さわら》、鼠子《ねずこ》、明檜《あすひ》、槇《まき》の五木を禁じ、福島上ノ段善性寺址に、立会役所を設け、元文三年廃す。材木斬伐は材木役所、民政は山林と雖も山村氏と管轄両岐せり。明治二年全く藩に合併、藩総管所を設け、四年七月廃す。藩名古屋県出張所を置、同号五年本県（筑摩県―上條注）支庁を置、福島取締所と改、明治八年廃す。

維新変革期の推移にしぼって各村誌をみると、『山田村誌』（長野県へ提出）は、「明治二年山村氏を止、尾張氏一営を福島村に設け、総管所と称し、同四年名古屋県出張所と改置す。同五年政を筑摩県に移し、福島取締所を設く。同八年五月遂に廃し、筑摩県飯田支庁の管轄となる。又明治九年八月二十一日筑摩県を廃し、長野県伊那出張所管轄となる」としるしている。『吾妻村誌』も、「明治二年山村氏を廃止、尾張氏一営を福島村に設け、総管所と号し尾州の人を以て替しめ、同四年藩名を廃し、名古屋県出張所と改置す。同五年郡県制、政を筑摩県に移し、福島取締所と成る。同八年五月遂に廃し、飯田支庁管轄と成る」と『山田村誌』に似た記述となっている。

『福島村誌』は「四年七月廃藩（名古屋藩―上條注）、名古屋県出張所を置、同号五年本県（筑摩県―同前）支庁となり、取締所と名づく。明治八年廃す」とし、『奈良井村誌』は「明治元年名古屋藩の直支配となる。同四年藩を廃し県を置かれ、徳川三位中将徳成県知事たりしが、同五年十一月名古屋県を廃し、筑摩県管轄となる」、『贄川村誌』は「明治己巳《つちのとみ》、維新の際に至り、版籍奉還し、藩政となり、同四年七月藩を廃し、県を置かれ、徳川徳成県知事たりしが、明治五壬申年より爾後、筑摩県管轄たり」としるしている。伊那県をへて筑摩県管轄となったとする、誤った記述をしている村誌はない。

所三男氏は、前掲論稿で、明治四年十二月に木曽三三か村惣代から名古屋県福島出張所宛に提出した「木曽谷中御停止木御解き」を重視した。すなわち、島崎吉左衛門らが「名古屋御県福嶋御出張所」に「ひたすら願上げ」る内容で提出した歎願書「恐れながら書付を以つて願上げ奉り候御事」を検討し、さきに引用した「木曽住民にとっての不幸は、時既に木曽の筑摩県移管が決定していた頃であったため、頼みの土屋権大属は名古屋から引返して、この歎願書を筑摩県へ手厚く申送ってはくれたものの、もはやそれ以上の斡旋を期待することはできないことであった」と論評したのであった。この歎願書に署名した三三か村の惣代は、木曽谷南部の馬籠村島崎吉左衛門らから、北部の奈良井村手塚義十郎（儀カ）、贄川村倉澤隆之助・千村右衛門司などで、木曽谷全域の要望を集約していた。歎願書は、平田門国学者の島崎・倉澤と王瀧村松原彦右衛門、荻原村飯島要次郎が福島出張所に明治四年十二月七日に持参したが、肝心の土屋権大属が名古屋に出張していて留守のため、出張所の他の役人に面談のすえ預りとしてもらう。しかし、名古屋県から筑摩県に木曽の管轄替えがおこなわれてしまったので、三三か村惣代たちは、明治五年正月、歎願書をさらにくわしく書きかえ、筑摩県福島取締所へ提出する。だが松本本庁に歎願書を取りついでもらえず、二月にもかさねて歎願書を提出したため、永山盛輝筑摩県参事の忌避にふれ、首謀者と目された島崎吉左衛門（正樹）は戸長職を剥奪され、木曽山林事件は明治五年二月に終ってしまう。

こうした事実を根拠に、名古屋県福島出張所から筑摩県福島出張所への移行が「木曽住民の不幸」をもたらした、と所氏が評価したのであった。

維新変革期のなかの明治初期、とりわけ明治四年十一月までの、なかでも山村氏支配が廃された明治二年以降、木曽が名古屋藩直属、福島総管所のもとにおかれたこと、とりわけ土屋惣蔵の存在とその諸施策が木曽民衆全体にとって特別な意味のある内容となっていたのかどうか、すなわち、木曽山林問題が木曽民衆に共通する最重要課題であったのかどうかともかかわるので、再再確認に値する課題であると、わたしにはおもわれるのである。

そこで、慶應二年以降における贄川・奈良井における木曽民衆の動きを中心に、つぎに関連する課題を考察しておきたい。

二　尾張藩・松本藩の百姓観の差異と木曽世直し一揆

信濃国の世直し一揆は、慶應二（一八六六）年八月の木曽世直し一揆をはじめとし、明治二、三年に大きく展開した。(注9)

「世直し」とは何か。慶應二年六月十三日（太陽暦七月二十五日）の蜂起から十九日の壊滅までわずか七日間に、武州一五郡、上州二郡を席巻した武州世直し一揆の研究を集大成した著書に、近世村落史研究会編『武州世直し一揆』（慶友社　二〇一七年）がある。そのなかで、論稿「「世直し」とは何か―「武州世直し一揆」の検討から―」を執筆した森安彦氏は、つぎのように「世直し一揆」の定義を整理している。

世直し一揆の要求

①物価引下げ、とくに米穀の安売り　②質品の借用証文の無償返還　③質地と質地証文の返還　④施米・施金　⑤一揆勢への飲食提供　⑥一揆勢への打ちこわし人足の提供

世直し一揆の組織

①指導部＝「頭取」集団　②先遣隊＝先触れ　③打ちこわし勢

これらの定義との照合がこれからの木曽世直し一揆の考察でも課題となるが、慶應二年八月の木曽騒動を世直し一揆とみるわたしの根拠には、森氏の指摘にはみられない、騒動後の「ちょぼくれ」にうかがえる「よならし様」の登場といった特色がみられたことがあげられる。

奈良井宿では、御米がないとて、鎮之宮《しずめ》えと、願を至せば神の神の、難有もんだよ。やれやれ皆の衆、此度の願は、神ではいけない、菩さつのおかげで、命をたすかり、是から致て、松

本平の、大家の家より、御米を買請、女房や子供の、命をたすけて、神の御差づ、難有もんだよ、藪原奈良井は、心を合せて、あまたの人々、をまへも御出よ、わたしも参ると、やれいけ夫《それ》いけ、追々下れバ、贄川宿でハ、多人数集り、紙ののぼりへ、尾州と書いたり、丸八（「㊇」）付たり、鐘や太鼓で、御下り被成バ、本山《もとやま》洗馬《せば》宿、米屋のたき出し、宿中の騒ぎで、御客を待よに、あまたの人々、世ならし様かへ、難有こんだよ、

奈良井宿の「鎮之宮」とは、村社鎮神社である。（注10）ここに登場する「神ではいけない、菩さつのおかげ」の「菩薩」とは「よならし様」とも呼ばれ、和歌森太郎氏が「ええじゃないか」での存在を指摘した弥勒《みろく》信仰のあらわれを推測させる。（注11）

木曽騒動の直接要因は、慶應二年の天候不順、不作をみこした松本藩がこれまでおこなってきた米の木曽谷への提供を穀留《こくどめ》し、松本藩の政商野口庄三郎に代表される松本平米商人の米の買い占めによる米価騰貴にあった。（注12）

こうした諸事実の吟味とべつに、ここでわたしが問題にしたいのは、松本藩と尾張藩のあいだにあった尾張藩百姓にたいする相互の見方の違いである。松本平に押し出した木曽住民にたいし、松本藩がわはつぎのように、まず、木曽民衆を「天子・公儀・尾州の百姓たり共」と呼んで、その鎮圧へと反応する。（注13）

御手先の内より鉄砲背負たる人壱人進み出、大音にて　天子・公儀・尾州の百姓たり共、利害を不用不法の働き致す奴原、片端より撫切《なでぎり》に致さんと大声上げて呼ばれば、悪口又は手元へ附入族《やから》有之故、御手先より壱人進み出鉄炮寸口を覘《うかが》ひ火蓋《ひぶた》を切れば、覘ひ不違《たがわず》進み来る奴原二人打倒す

「尾州の百姓」への松本藩がわの捉えかたに、自領の百姓とは異なるとみる語感がうかがえ、これに対応して、木曽がわがつぎのように「尾州の御預り御百姓」であることを強調したようすが、「世直し驚動夢物語」にもしるされている。(注14)

扨《さて》も木曽領の人別二人打殺され、依て山村甚兵衛殿へ相届、福島よりは名古屋へ御届に相成、尾州殿より、松本御城主の義は此度芸州表へ討手に罷下り候御留守の儀に候得ば難捨置、依て御老中へ御届け被成候と、扨も山村殿の御家老何某桜沢迄出張にて、松本御役人へ相掛合候は、此度御預所神林庄三郎儀は天命とは申ながら気の毒の至り、然る所木曽領の者の様に被仰甚以迷惑至極の儀を被申、猶又帯刀の御身分にて尾州の御預り御百姓打殺候は、如何の御思召に候や承り度と有ければ、(下略)

木曽領の二人が騒動の過程で撃ち殺されたことが、山村甚兵衛、名古屋藩、老中へと届けられるいっぽう、山村氏家老が贄川村桜沢まで出張し、松本藩の武士により「尾州の御預り御百姓」

が打殺されたことを詰問したようすがうかがえる。それは、神林の政商野口庄三郎の焼打ちは木曽領の民衆によるものではないという内容もふくまれていたようすである。ここで、山村がわによって、木曽民衆を「尾州の御預り御百姓」と呼び特別視した表現がつかわれた。松本がわは、これにたいし「大切の百姓たり共、制する義は不用不法の働致し候而、狼藉に及び手に余る節は伐るべき為の大小、打つべき為の鉄炮」をもちいてもかまわないとやりかえしている。

ここでは、尾州がわの抗議申し立てが、「御預り御百姓」を前提にしていた点に留意しておきたい。これが、木曽民衆の世直し一揆にかかわる意識にも反映していたのかどうかが、わたしには気になり、木曽世直し一揆の解明にあたっての留意事項としたいと考えるからである。

問題にしたい第二は、木曽騒動の米安売り交渉の相手であった筑摩郡長畝《ながうね》の豪農吉江平八郎が書きのこした「信州木曽贄川宿幷中山道本山宿其外村々もの共徒党乱妨《ととうらんぼう》一件吟味伺書」(注15)にみられる贄川宿の騒動指導者の態度についてである。全文は、つぎのようにしるされている。事態の進行にわけて引用する。

1不容易《よういならざる》騒動之趣同（慶應二年八月―上條注）十八日朝四ツ時頃及承《うけたまわりおよび》候処右者当村方江可押参も難計《はかりがたく》候ニ付村内之もの他出等不致心得違無之様申触置近村役人ニ茂塩尻宿江打寄最寄村々江徒党人不立入《たちいたらざる》様入口大門村江罷出彼等之望願承り防留《ふせぎとめ》申旨申談人足等之用意いたし罷在候中

2同日（八月十八日―上條注）八ツ半時過右徒党人最早同村江押来候趣相聞へ候間一同其場江立向

ひ候積右宿を立出候途中ニ於て及承候得者徒党人共堀之内村金左衛門方へ押入候由ニて彼等鯨
波声を揚鐘を鳴らし右同人方家蔵打毀候物音轟渡《とどろきわた》り候ニ付駈着見請候所中々乱妨之勢ニ而可致
様無之

3追々長畝村之方江可押参趣ニ付同村ニ而者是非取鎮候様申合近村役人共一同私方江参私義ハ村境
へ立出待間も無之彼等三百人計人数之先江白キ旗を押立何れも布にて致鉢巻又ハ頭中を冠《かむり》顔
を包《つつみ》棒斧鳶口之類相携へ押来候間私彼等へ対し村名相名乗何故之動乱ニ哉望筋有之候ハバ穏ニ
可申述旨声掛候処先立罷在候贄川宿之もの木曽宿ニ穀物無之難渋致融通方ニ罷出候間米穀差
出可申承知いたし候ハバ私宅江者差構不申様可致旨

4尤近村入交罷在右者木曽宿々制止等相用申間敷候間別段掛合可致旨申ニ付掛合中近村堀之内
村作兵衛義竹竿之先江紅染之布切を結付候旗躰之ものを持右場所を駈抜私方江飛入候得共其
余之ものども差控罷在私義米穀員数ハ居宅ニ於て取極可申穏ニ可参旨申聞宅江引取候砌《みぎり》尚又千
人余も押来居宅表ニ屯集罷在候間有合候酒飯差出一同酒喰いたし候中

5彼等共之内三百人計私方を立出村内治左衛門九市方へ罷越乱妨致候義ニ有之

6私義贄川宿惣代と号し候頭取躰之者江向ひ其以前有合候籾子共村内幷近村々江施米又者直安ニ
売払家内食用手当之外残米無之候間多分差遣候義ハ難相成旨申聞候処貯無之候ハバ買求候而も
三百駄可差出代金ハ壱駄参両之割合ニ而可相払旨強談申聞近村之もの共も是又同様申聞候ニ付
当惑至極ニ候得共及異義候ハバ何様之乱妨可相働義難計勢ニ付無拠《よんどころなく》可差出旨相答其段証文認

相渡候所

7右之内拾駄者翌十九日急度贄川宿江可送届若《もし》違約致候ハバ再多人数押来家蔵焼立家内塵ニ可致旨申聞候ニ付右拾駄ハ其夜より十九日迄ニ送届候処代金ハ定之通相払候義ニ有之

この文意をたどると、慶應二年八月十八日（太陽暦九月二十六日）、朝四ツ（午前十時）ころ、塩尻宿方面に木曽の一揆勢が押し掛けるとの情報をえて、防ぎ留めるため、長畝村の吉江平八郎は大門村と協力して一揆に対応することをきめた（1）。だが、八ツ半過ぎ（午後三時過ぎ）には一揆勢が鯨波《とき》の声をあげ、鐘をならして、堀之内村の金左衛門の家・蔵を打ちこわし、止めようもない勢いであったとある（2）。

ついで、三〇〇人ほどが長畝村に向かったと近村の役人が吉江宅にきたので、吉江は村境に立ち、「白キ旗」を押し立て、布鉢巻、布を頭にかぶったり布で顔を包み、棒・斧・鳶口などをたずさえた一揆勢をくいとめようとする。一揆勢に向かい、村名を名乗り、望みの筋を穏やかに申し述べるように声をかける。すると、贄川宿と名乗った指導者が、「木曽宿に穀物がなく難渋しているので米穀を融通してほしい、もし米穀を差出してくれれば家などに危害をくわえない」と答えた（3）。しかし、一揆勢には贄川宿のみでなく他の木曽宿のものも交《まじ》っていて、それも制止するために掛合いが必要になった。掛合いのさなか、堀之内村の作兵衛という者が竹竿に紅染めの布切れを結びつけた旗ふうなものをもって一揆勢のなかを駆け抜け、吉江宅へ飛び入ることがあった。しかし、他のものたちは動きを差し控えていたので、吉江は差出す米穀の員数などをきめるので穏やかにと、吉江宅に引き取った（4）。

ところが、一〇〇〇人を超える一揆勢が吉江宅前に屯集してきたので、かれらに、ありあわせの酒と食べ物を提供し、一揆勢は酒食をはじめたが、そのうちの三〇〇人あまりが、吉江宅から長畝村の治左衛門・九市の家に行き乱妨をおこなった（5）。

吉江は、贄川宿惣代と名乗った頭取と交渉にはいった。吉江が、すでに所持していた籾種や米穀を村内や近村へ施したり安い値段で売払ったので、家内の食用にあてる米のほかはない状態を説明すると、贄川宿の頭取は、買い求めても三〇〇駄を一駄三両で差出せと強く要求し、近村の一揆勢もおなじように要求した。異議を唱えればどんな乱妨を働くかわからないと考えた吉江は、よんどころなく要求された米穀を差出すと約束した証文を書き、渡した（6）。すると、贄川宿の頭取は、とりあえず一〇駄を翌十九日に必ず贄川宿へ送り届けること、もし約束をはたさないと、ふたたび多人数で押し寄せ、家・蔵をみじんにすると迫ったので、吉江は、その夜のうちに米一〇駄を贄川宿まで送り届けた。すると、贄川宿から、代金は約束どおり支払われた（7）。

木曽宿の一揆勢のなかで、贄川宿のグループが、頭取を中心にきわめて統制がとれていたこと、掛合いによって米の安売りを迫って実現させたこと、急場をしのぐ米を確保し代金も早速払っていることがわかる。この長畝への贄川宿の一揆勢からは入牢者は出ておらず、贄川宿の頭取が罪に問われなかった、とされている。(注16) この木曽世直し一揆の贄川勢による長畝での動きを、森氏の世直し一揆の定義と照合してみると、「要求」では②③⑥がみられないが、「組織」ではすべてがそろってみられた。これは、贄川と長畝との地域間交渉による米の安売りが一揆のテーマであったことによった。また、贄川の貧困層が吉江家など豪農層と質品・質地などのかかわりをもっていなかったことにもよった。

この吉江平八郎と贄川宿頭取との米安売りの交渉成立は、吉江の在地における民衆とのかかわりかた、吉江の民衆観が影響しているとわたしには考えられる。(注17) ほかに、木曽住民による松本平からの米供給にたいする一種の権利意識ともいえるものの存在が指摘できるようにおもわれ、今後も解明をつづけたいと考える。すくなくとも、贄川宿の一揆勢の「頭取躰のもの」が、吉江と対等に堂どうとした態度で交渉したことはあきらかである。この背景に、一揆勢の力のほかに、「尾州の御預り御百姓」の意識があったのかどうか、「公儀」が管轄する中山道交通を、番所をとおして担ってきた立場や木曽山林にかかわってきた立場を意識していたのかどうかは、解明すべき課題におもえる。

それらを担う木曽谷民衆には、米作地域から米の供給をうけることは不可欠であったことからくる、米供給を要求しても良いとする自負があったことは、疑えないようにおもわれる。

三　尾張・名古屋藩、名古屋県の木曽住民への諸施策

この論稿の「はじめて」でみた、土屋惣蔵による民衆への諸施策にたいする所三男氏の評価とも関連して、一八八〇年代にあっても、奈良井・贄川の戸長役場行政のなかに引き継がれていた、明治二年の「旧名古屋藩国高拝借金一万二千円」と奈良井村の櫛屋・塗屋惣代原平蔵はじめ八九人の旧名古屋藩からの営業資本拝借の問題が、わたしには気になっている。

国高拝借金については、一八八五（明治十八）年三月の奈良井村・贄川村連合戸長役場発足にあたって、奈良井村旧戸長から連合戸長にあてた「演説書」（注18）に、つぎの記述がある。

残リ六千円（拝借金一万二千両のうち―上條注）ハ木曽十一宿ニテ明治十三年ヨリ明治五十二年迄四十ケ年賦ニ願済、一宿年々拾三円六拾三銭六厘ヅツ村内戸数割ヲ以取立上納仕来候処、一昨年（明治十六年―同前）来人民非常ノ困難ニ際シ加ルニ客歳ノ水害ニ遭遇セシ故ヲ以テ、昨十七年十二月十壱宿惣代ヨリ出願、十七年分ヨリ来ル明治二十一年迄五ケ年間返納休年請願中

明治二（一八六九）年に旧名古屋藩が、木曽一一宿へ一万二〇〇〇両を拝借金としてくだし、

一八八〇（明治十三）年から四〇年賦で返させようとした施策が存在し、それは筑摩県をへて長野県に引き継がれたのであった。この拝借金の返納が、松方デフレ政策で木曽民衆に負担になったことがわかるが、問題は明治二年の国高拝借金の存在である。

いっぽう、奈良井村における営業資本拝借金は、「明治十二年迄ノ納済残金四百円ハ、請願ノ上明治十三年ヨリ向二十五年賦ニ御聞届相成、爾来年々金拾六円ヅツ別帳仕訳ニ拠リ取立上納」といった状況にあった。名古屋藩のくだした営業資本拝借金の総額がここではあきらかでないが、営業資本拝借金の存在が、どのような意義をもったのであろうか。奈良井村戸長役場から奈良井村・贄川村連合戸長役場へ、さらに楢川村役場に引き継がれ、「旧藩高拝借件書類　箱入」として存在し、廃藩置県以後、筑摩県・長野県のもとで、行政事務の対象となっているのである。

筑摩県への引き継ぎには、名古屋藩が、贄川から馬籠にいたる木曽一一宿から三三〇〇円を預り、岐阜役場で貸し付けたが、返却金の処理を筑摩県に申し送ったと思われる案件もあった。この預り金については、まず利子を、名古屋藩から年ねん一一宿に下げ渡す約束であったが、元金と利子の返却がともに遅延した。明治四（一八七一）年から三回にわけ、元金と利子およそ三三〇〇円（利子が一割であったと思われる）のうち二一四六円余が返されたが、のこりの一一五三円余は返納できなかった。そこで、一一宿の惣代である贄川宿の小沢文太郎、奈良井宿の原祐蔵、藪原宿の伊沢源左衛門、福島宿の武居兵左衛門、上松宿の上田宇兵、馬籠宿の原平兵衛の六人は、名古屋藩―名古屋県―筑摩県へと、この木曽一一宿から預った残金を返す義務が引き継がれていると考え、返金を筑摩県に一八七五（明治八）年七月十日に願いでた。しかし、同年七月二十三日の筑摩県からの「指令」は、願いの趣はすでに愛知県から回答をうけたので、なお「其筋江上申及候間、追而何分之可及沙汰旨」といいわたしがあったままであった。そこで、小沢文太郎らは、一八七六（明治九）年五月九日、筑摩県参事高木惟矩の代理同県権参事渡辺千秋宛に、「御願」として、「難渋至極仕候間、何卒御早行訳立相成候様、只只管《ひたすら》奉恐願候」とせまっている。（注19）この預り金と利子の三五パーセントを返却しなかった案件は、名古屋藩の木曽谷民衆への対しかたの総合的評価ともかかわるものと、わたしには考えられる。

明治二年正月、尾張藩は福島の興禅寺に総管所（長官吉田猿松）をおき、山村氏に支配の立会いをさせ、軍事行政を取り仕切るいっぽう、上松の材木役所の木曽材木奉行も長官が兼ねて施策をおこなった。明治二年二月六日に福島関所は廃止となり、同年七月の版籍奉還で尾張藩が名古屋藩と改称された。

福島総管所が明治三年六月に木曽谷に触れた「定書」をみたが、わたしには開明的政策をうかがうことができなかった。なかに「有徳之百姓米銀を貸すといえども利足尋常とるべし」、「山林之内竹木伐採候儀、四木停止之場所においてハ枝葉たりとも一切不可採用之事」などとしめされていたからである。（注20）

島崎藤村が『夜明け前』で民衆の立場を理解していたと評価した土屋惣蔵は、すでにしるしたとおり、明治二年十一月に民政権判事農政係として木曽に赴任し、三年四月会計権判事となる。

その時期は吉田長官の下にいたが、福島総管所が福島出張所となった同年閏十月には大属として吉田に代わって長官に就く。藤村は、「とにもかくにも新しい政治の方向を地方の人民に知らしめ、廃関以来不平も多かるべき木曽福島をも動揺せしめなかったのは、尾州の勘定奉行から木曽谷の民政権判事に転任して来た土屋総蔵《（ママ）》の力による。ずっと後の時代まで善政を謳われた総蔵のような人の存在もめずらしい。この人の時代は、木曽谷の支配が名古屋県総管所（吉田猿松の時代）の後をうけ、同県出張所から筑摩県の管轄に移るまでの間で、明治三年の秋から明治五年二月まで正味二年足らずの短い月日に過ぎなかったが、しかしその短い月日の間が木曽地方の人民に取っては最も幸福な時代であった」と断言している。[注21] 具体的な施策には、目安箱の設置、出板条例の頒布、戸籍法の改正、郵便制の開始をあげている。

歴史家所三男氏は、土屋が、明治四年八月権大属となり、十一月に木曽が名古屋県から筑摩県に移管されるに及んで事務引継ぎをおこない、五年二月名古屋県に復帰するが、木曽に在任中、馬鈴薯の試植奨励や養蚕の勧め、繰糸器械の導入などを明治四年の春におこなったことを重視している。[注22]

米をめぐる慶應二年八月の木曽騒動以降、明治二、三年に信濃国の世直し一揆は大きな展開をみせたが、木曽谷に世直し騒動が起こっていないことと、明治二年の木曽一一宿への国高拝借金や奈良井櫛屋・塗屋営業資金拝借などの事実が無関係とは考えにくい。しかし、木曽総管所・木曽出張所の行政との関連、土屋惣蔵の施策が民意に沿うものであったならば、なぜそうなったのかもあきらかにする必要がある。明治二年三月からの木曽谷医師取締の設置、医師仲間の組織化、貧民施薬の実施と施薬院の発足などにも開明策をうかがうことができるが、(注23)松本藩でも、明治二年十二月に難渋者への救い米がおこなわれ、組々に貧院がもうけられて扶持があたえられていることをみると、木曽谷特有の施策とは考えられないと、わたしにはおもわれる。(注24)

維新変革期、とりわけ明治五年二月まで、なかでも山村氏支配を廃した明治二年以降、木曽谷が名古屋藩直接支配となってから、島崎藤村が『夜明け前』でしるしたとおり、土屋惣蔵の存在、その施策が総合的に「世直し」（変革）にふさわしい期間であったのかどうかは、吟味して歴史的評価を確定できるのかどうかが、課題におもわれる。

総じて、土屋の開明策が、木曽谷の世直し状況を回避できるほど木曽独自のものであったのかどうかの解明は、まだ充分になされていない。宿・在の指導層がはたした役割も重要であると、わたしには考えられるので、筑摩県の木曽谷への施策とともに解明しなくてはならないようにおもわれる。

四　明治初年における木曽谷民衆生活の特色

栗岩英治校訂『長野県町村誌　南信篇』（長野県町村誌刊行会　一九三六年）所収の一八七六（明治九）年の木曽一六か村の村誌には、木曽谷民衆の生活を考察できる共通のデータがみえる。神坂《みさか》、山田、

表1　1876（明治9）年の木曽16か村の戸口と木曽馬など

村	戸数(戸)	人口(人)	男(人)	女(人)	牡牛(頭)	馬計(頭)	牡馬(頭)	牝馬(頭)	人力車(輛)	筏(枚)	舟(艘)
神坂	327	1,639	851	788	38	356	29	327	0	0	0
山田	331	1,860	941	919	0	375	4	371	0	0	1
吾妻	383	1,872	954	918	0	201	3	198	0	0	0
駒ヶ根	633	3,651	1,832	1,819	0	598	108	490	0	0	0
王瀧	271	1,294	610	684	0	492	99	393	0	0	1
読書	355	1,829	933	896	0	355	4	351	0	0	0
大桑	646	3,558	1,828	1,730	0	546	33	513	0	4	1
三岳	439	2,594	1,272	1,322	0	825	36	789	0	20	0
開田	439	2,183	1,066	1,117	0	1,483	239	1,244	0	0	0
新開	347	1,868	920	948	0	855	55	800	0	0	0
福島	841	2,949	1,473	1,476	0	490	100	390	0	0	0
日義	394	1,807	888	919	81	514	28	486	0	0	0
木祖	646	2,994	1,507	1,487	0	655	77	578	0	0	0
奈川	322	1,195	572	623	248	43	5	38	0	0	0
贄川	230	1,001	497	504	0	34	7	27	8	0	0
奈良井	442	2,578	1,338	1,240	15	19	7	12	0	0	0
合計	7,046	34,872	17,482	17,390	382	7,841	834	7,007	8	24	3

栗岩英治校訂『長野県町村誌　南信編　長野県』により作成

吾妻《あづま》、駒ヶ根、王瀧、読書《よみかき》、大桑、三岳《みたけ》、開田《かいだ》、新開《しんかい》、福島、日義《ひよし》、木祖、奈川、贄川《にえかわ》、奈良井の村誌には、戸口、物産、民業、風俗などの項目が、共通して記載されている。

表1で各村の戸口をみると、戸数は福島八四一戸、大桑六四六戸、木祖六四六戸のおおい戸数にたいし、すくない方から贄川二三〇戸、王瀧二七一戸、奈川三二二戸となる。八〇〇戸台一、六〇〇戸台三、四〇〇戸台三、三〇〇戸台七、二〇〇戸台二で、一六か村戸数合計七〇四六戸、一村平均四四〇戸となる。いっぽう人口は、福島より二〇八戸すくない駒ヶ根が三六五一人で福島より七〇二人おおくなっている。大桑も福島より一九五戸すくないのに六〇九人おおい人口である。

福島は、本籍・寄留あわせて士族一八五戸八五五人（一戸平均四・六二人）、無禄士族七戸三五人（一戸平均五人）、平民六二八戸二〇五九人（一戸

平均三・二八人）の構成で、平民の一戸平均家族数がすくないところに特色がみえる。福島村の「民業」の項は、「士族に官員あり、医あり、学に就くあり、工に入るあり、商を兼ねるあり」とあるいっぽう、農一八六戸、工およそ六一戸、商およそ一三二戸、雑業二四七戸、地持ちおよそ二〇戸の構成であるとし、農に就く人びとは、「植ふべき田圃乏しく、入るべき山野なく、工商に就かんとすれども、俄に為しがたく、恒産なき姿の者半《なかば》に居る。生を営む難し」とある。これが家族数をすくなくしていると考えられる。

木曽一六か村で二番目に戸数のおおい大桑は、平民のみの六三四戸三五五八人で一戸平均五・六人、福島より平均家族数がおおい。民業は、農業専務の男は七五九人で、村の男性人口一八二八人の四一・五《パーセント》にあたる。女性は、農事の専従が七七六人で、村の女性人口一七三〇人の四四・九《パーセント》を占め、製糸・養蚕にたずさわる女性がほかに一九四人いた。養蚕がさかんで、村名の大桑がしめすように桑がおおく、繭がおよそ三五〇〇貫生産された。繭二〇〇〇貫が大桑の製糸場で生糸にされ、そのほかの繭は村外に移出された。製糸場は、大桑村東脇の山瀬文之助が経営していた。農産物では、田が地租改正で一二六町九反一歩と木曽一六か村のうち、神坂についで面積がおおかったが、米の収穫はすくなく村民の食べる分に不足した。畑作による稗・蕎麦・麦・大豆・小豆・大角豆とともに、自用にあてられた。生柿・干し柿は近隣に移出した。男の民業には杣《そま》・木挽き職があり、「他所稼ぎ」のもの三四人とある。薪炭業五五人、大工・桶師・畳師などが五九人としるされている。

林は、近世民衆がかかわることのできた山林さえ官林にかかえこまれたことをしめしている。檜・椹・明檜が生立《おいた》つ八幡宮が所有する朱引き外とされて上知された「中山宮林」、白山社の朱引き外にあらたに位置づけられた、檜の良材のある「延澤宮ノ林」や檜・椹・松などのある「宮ノ尾林」、鹿島社の朱引きから同様にはずされた、檜・椹・杉などのある「宮林」と杉・檜・雑木などの「鹿島林」、須佐男社の朱引き外とされた、松の丈がながい良材のある「下モの宮林」など、従来は神社に属して税の対象でなかった林が官有林に接収されている。その結果、四二か所が官有林に接収された。官有林総反別は三万八三七九町五反四畝二四歩にのぼっている。険阻で村内四方に分離して松や栗がおおく、檜・椹類のすくない民有林三四〇四町五反三畝二〇歩の一一・三倍をかぞえている。筑摩県・長野県による山林の地租改正で、近世に神社の氏子や村民が収入の場としてかかわることのできた山林、これまで大桑村村民の暮らしをささえてきた山林までもが、村民が生活の糧をえられないものになってしまったことを、この『大桑村誌』はうかがわせるものとなっている。

駒ヶ根は士族がいないで平民六三三戸三六五一人(一戸平均五・七七人)である。民業では、農業が専務で養蚕をなすものが五百余戸あり、商家には醸酒家五戸、味噌・醤油家二戸、穀師二戸、質屋六戸、茶屋・旅籠屋二三戸、塩屋二戸など四〇戸が専商であり、商家はおおくが、生糸製造、貧民への耕馬の貸付をしていると民業の項にしるしている。

木曽谷固有の馬である木曽馬が、一六か村すべてで飼われて七八〇〇頭を超えているのが注目される（表1）。木曽馬の代表的産地である開田村の「物産」の項では、木曽馬の「矮小」であるのを改良するため、「山村氏四世、良豊公奥州南部より、良馬三十疋を購求して該村に分賦し、爾来往々良馬を産し、此種近村にも伝播すと雖も、当今木曽馬の中、末川、西野の馬を以て最良とす」と、南部馬を交配して改良した開田村産の馬が優良であるとしるしている。また、福島村には、馬持ちの富商（馬屋という）二五人ほどが、牝馬一五〇〇頭ばかりを買い貯えていて、近村で「馬を買ふの資に乏しき貧民」に耕馬として貸していた。たとえば、牝馬を二〇円ほどで貸して双方が一〇円ずつを担いもつ場合を「半分」といったとある（馬を借りる農民の貧富によって三分一、四一などがあった）。馬を借りた農民は、「茶塩」を買う資金も馬屋から借り、馬が牝仔馬を産むのをまって、毎年の馬市で売払い、その売価で資金の利子と馬代価を清算した。毎年、五〇〇〜六〇〇頭ばかりの牝仔馬が生まれ、一頭の代価がおよそ八円であったという。この馬小作制度によって木曽馬が生産され、福島の馬市が「旧暦夏至一甲後、半夏生《はんげしょう》（夏至より一一日目—上條注）の節」に馬市をたて、牝仔馬も売買された。前後三日間の馬市にあつまる馬はおよそ三〇〇〇頭から四〇〇〇頭のあいだであった。また八月二日を中払いといい、ちいさな馬市がひらかれた（『福島村誌』）。馬市の日は、半夏生の日が二才駒を売る二才毛村、つぎの日が三才毛村、三日目が一日仕舞毛村といって売れのこりの馬、牝馬のいらないものを売った。（注20）なお、馬小作が近世の預り馬からはじまり、アジア太平洋戦争後まで存在したことは、青木恵一郎著『山の民の記録』（新評論社　一九五四年）にしるされている。

なお、木曽谷の「動物」については、たとえば『三岳村誌』の「物産」の項で、「馬、猪、鹿、熊、狐、狸、兎、雉子、山鳥、鳩、雷鳥（御嶽山中に産す、大さ鳩の如く、且羽毛黒白の班ありて、概ね鴿《いえばと》に類似す、然れども足の指際迄白毛を生ず）、其他小鳥、諸渓魚等を産すと雖も其量少く、多くは自用に供し、稀には近隣に鬻《ひさ》ぐものあり」とある。雷鳥も食用にされたのである。『福島村誌』の物産には、駒ヶ岳をはじめとする山やまの「植物」のなかから薬草四〇種類以上を得ており、福島村の農民児島九郎次に命じ、尾州藩は宝暦四（一七五四）年から明治二（一八六九）年までの一一六年間、名古屋へ薬草を運ばせて、およそ四〇〇〜五〇〇円を毎年得ていたとある。『三岳村誌』の製造物にも「御嶽山中の薬草を採り之を製し、百草と称し、長三寸、幅一寸程に延べ、竹皮に挟み、旅客に供するものあり。其数凡四軒計なり」とある。木曽独自の産物である。

木曽全体の戸口をみると、一戸平均家族数は四・九人で、最多が三岳五・九人、最少が福島三・五人である。一戸平均五人台が九か村、四人台が六か村である。三人台は福島のほか奈川の三・七人がある。福島は山村氏が去ったあとに街の衰退があり、それも平均家族数のすくない要因として予測される。牛による運搬などにたずさわる牛逐駄賃付営業が三六戸あり、工業が一四七戸をかぞえ、もっとも山村の色彩が濃かった奈川とともに、家族平均人数のすくない二つのタイプをしめしている（表1）。

寄留については、各村の記載に精粗があると考えられるが、岐阜に接する南端の神坂村が寄留六五人、福島村の寄留二五人・他出寄留七五人がきわだっておおい（表2）。ついで「男は総て櫛

表2　1876（明治9）年の木曽16ヵ村の戸口に見る寄留

村	戸数本籍(戸)	寄留(戸)	社(戸)	寺・堂・庵(戸)	寄留人口(人)	男(人)	女(人)	他出寄留(人)	男(人)	女(人)
神坂	317	5	3	2	65	36	29	0		
山田	313	1	7	10	3	1	2	9	4	5
吾妻	371	2	10	2	5	3	2	5	3	2
駒ヶ根	621	0	10	2	0			0		
王瀧	263	0	7	1	0			0		
読書	337	0	15	3	0			8	5	3
大桑	634	0	7	5	0			0		
三岳	433	0	4	2	1		1	0		
開田	434	0	3	2	0			0		
新開	343	0	4	0	0			0		
福島	813	7	14	7	25	17	8	75	55	20
日義	385	0	7	2	0			0		
木祖	639	2	4	1	5	3	2	8	5	3
奈川	319	0	2	1	0			0		
贇川	225	0	3	2	0			8	7	1
奈良井	435	0	2	5	1	1		18	9	9
合計	6,882	17	102	47	105	61	44	131	88	43

栗岩英治校訂『長野県町村誌　南信編　長野県』により作成

挽、櫛塗、塗師、檜物細工等を専務とす」と「民業」の項にある奈良井村が、他出寄留一八人で、神坂・福島についだ数字となっている。

ついで、各村誌の記載により土地利用上の特色をみておきたい。木曽谷は山の中のイメージがつよいことを実証するかのように、田畑が村面積のなかに占める割合はすくない。表3は、村別土地利用を一八七五（明治八）年の田畑・宅地の地租改正、一八七八（明治十一）年の山林・原野の地租改正によってはじきだされた数字でしめしたものである。土地利用の構成比で、田畑の構成比が高い神坂二六パーセントは例外で、山田二一・八パーセント、駒ヶ根・三岳各二一・一パーセント、開田一一・七パーセント、日義九・八パーセント、木祖九・七パーセント、福島九・六パーセント、吾妻九・二パーセント、贇川八・九パーセント、奈川八・七三パーセント、読書六・八パーセント、王瀧六・五パーセント、奈良井五・四パーセント、新開五・一パーセント、大桑〇・九パーセントとひくくなっている。その耕地にこだわって検討してみると、(1)田

表３　木曽の村別土地利用（明治８年現在、林野は明治11年現在）

村	年	田	畑	宅地	林	山	原野
神　坂	明治８	反畝 5187.6.09	反畝 335.2.02	反畝 81.9.20	反畝 3632.3.19	竹林　反畝 133.7.24	反　畝 1,1867.3.09
	構成比	24.4％	1.6％	0.4％	17.1％	0.6％	55.9％
山　田	明治８	1492.7.26	459.8.19	112.3.27		竹林 2864.2.25	1,0295.9.20
	構成比	9.8	3.0	0.8		18.8	67.6
吾　妻	明治８	877.8.12	315.6.17	93.3.15	4560.6.15	2531.5.05	1,4463.2.05
	構成比	6.8	2.4	0.7	0.7	30.1	59.3
駒ヶ根	明治８	1694.4.29	1288.4.22	162.1.19	4560.6.15	2531.5.05	1,4463.2.05
	構成比	6.9	5.2	0.7	18.5	10.2	58.5
王　瀧	明治８	679.2.22	1004.8.02	61.2.26	7481.0.23		1,6721.4.24
	構成比	2.6	3.9	0.3	28.8		64.4
読　書	明治８	1230.5.13	410.4.25	95.2.12	293.2.09	9671.9.07	1.2354.0.08
	構成比	5.1	1.7	0.4	1.2	40.2	51.4
大　桑	明治８	1857.3.20	1149.6.29	181.1.22	1,0127.1.24	28,4391.4.03	2,6900.4.00
	構成比	0.6	0.3	0.1	3.1	87.6	8.3
三　岳	明治８	1269.0.01	3274.1.1	108.6.15	7537.1.19		2,5482.3.23
	構成比	3.4	8.7	0.3	20.0		67.6
開　田	明治８	1343.0.01	3793.6.05	93.6.12	149.1.28	9717.0.20	2,8894.2.22
	構成比	3.1	8.6	0.2	0.3	22.1	65.7
新　開	明治８	1518.3.28	1323.7.28	90.2.07	1,2938.6.05	3146.7.00	3,6895.3.27
	構成比	2.7	2.4	0.2	23.1	5.6	66.0
福　島	明治８	975.7.00	822.9.00	210.2.19	10.0.18	6691.8.26	1,0045.2.01
	構成比	5.2	4.4	1.1	0.1	35.7	53.5
日　義	明治８	1334.3.20	1258.5.27	83.7.19	5005.9.06	1,8682.2.28	0.0.00
	構成比	5.0	4.8	0.3	19.0	70.9	
木　祖	明治８	1277.0.22	3128.6.19	165.6.14	7330.7.27		3,3345.0.26
	構成比	2.8	6.9	0.4	16.2		73.7
奈　川	明治８	8.7.15	3018.2.00	93.6.15	3,0744.3.23		秣場 8618.26
	構成比	0.03	8.7	0.3	88.5		2.5
贄　川	明治８	124.2.18	1444.2.05	66.5.26	1133.0.06	6236.1.1.12	8666.9.27
	構成比	0.7	8.2	0.4	6.4	35.3	49.0
奈良井	明治８	74.8.04	757.7.13	97.8.02	427.5.09	1,3967.0.00	0.0.00
	構成比	0.5	4.9	0.6	2.8	91.2	

栗岩英治校訂『長野県町村誌　南信編　長野県』により作成

が畑よりおおいタイプは、神坂が一五・三倍、山田が三・三倍、読書が三・〇倍、吾妻が二・八倍、大桑が二・〇倍で、おおむね木曽南部の六か村である。⑵畑が田よりおおいのは、奈川二九〇倍、贄川一一・七倍、奈良井九・八倍、開田二・八倍、三岳二・六倍、木祖二・五倍の木曽北部および飛騨・木曽両山脈山麓の六か村である。⑶田畑がほぼ拮抗しているのが、駒ヶ根（田が畑の一・三倍）、福島（同一・二倍）、新開（同一・一倍）、日義（同一・〇六倍）、王瀧（畑が田の一・五倍）の五か村である。

ところで、田畑といっても、木曽の田畑は土地生産力がひくかった。『長野県勧業課　第四回年報』（一八八一年）の郡別米作生産をみると、平年の米の反あたり収量は、県平均の一石二斗四升五合、最高の埴科一石五斗一升四合にくらべ、西筑摩郡はもっともすくない八斗八升七合であった。[注24]

田畑の土地生産力は地価にあらわれているが、『明治十七年　長野県統計書』による一八八四（明治十七）年と、ややのちの数値ではあるが、西筑摩郡（木曽）の一反あたり平均地価は田一九円・畑五円で、県平均田四〇円・畑一二円にくらべ半分以下である。一六郡のなかでもっとも低位である。つぐ北安曇郡が田二三円・畑八円、その上の下水内郡が田三四円・畑九円であって、西筑摩郡の土地生産力がもっともひくく、生活を農業に依拠しにくい地域となっている。

この県統計書によって、郡別の耕地（田畑の計）における田面積の割合をみると、西筑摩郡が四一・五パーセントを占める。東筑摩三九・二パーセント、埴科三六・六パーセント、上水内三五・八パーセント、上高井二八・五パーセントの四郡よりおおい。しかし、山林・原野が圧倒的におおく、畑もすくないのが木曽である。なお長野県内の郡別耕地面積では、田が畑よりおおいのは南安曇郡しかない。

木曽谷一六か村における山林の構成比をみると（表3）、(1)奈良井九四・〇パーセント、大桑九〇・七パーセント、日義八九・九パーセント、奈川八八・五パーセントの五か村が山林卓越地域、(2)贄川四一・七パーセント、読書四一・四パーセント、福島三五・八パーセント、吾妻三〇・八パーセント、王瀧二八・八パーセント、駒ケ根・新開各二八・七パーセントが、山林が四割から三割を占めている村むらである。(3)開田二二・四パーセント、三岳二〇・〇パーセント、神山田一八・八パーセント、神坂一七・七パーセント、木祖一六・二パーセントの五か村が、比較的山林のすくない第三のタイプとなる。

物産・民業にみる特色では、表4でわかるとおり、山林とかかわる木製品・漆器などが七か村に記

表4　木曽谷における村別木製品・漆器

村	個数など	木製品・漆器など
神坂	725	木製品・漆器など
	230	薄板
吾妻	500	木櫛
	6万蓋	檜笠
福島	350駄	八澤町漆器
日義	7,200	漆器、面桶
木祖	892筒	木櫛
奈川	記載なし	白木類、榑木、曲物、片板など器用物
奈良井	記載なし	膳、重箱、弁当箱、飯櫃、通し盆、広蓋、塗櫛

栗岩英治校訂『長野県町村誌　南信編　長野県』により作成

表5　木曽における馬生産と移出先

村	馬（頭）	移出先
神坂	126	福島村
山田	50	美濃国・全国各地
吾妻	13	美濃国
駒ヶ根	100	
王瀧	120余	福島村馬市、三河・遠江・美濃、甲州・相州
読書	50	全国各地
大桑	120	全国各地
三岳	242	全国各地（牝馬93、牡馬149）
開田	401	全国各地（牝190、牡211）
新開	290	甲州・相州、三河・遠州・美濃・尾張・飛驒・越前
福島	156	全国各地（牝78、牡78）
日義	79	全国各地
木祖	127	全国各地
奈川	0	
贄川	0	
奈良井	0	
合計	1,874余	

栗岩英治校訂『長野県町村誌　南信編　長野県』により作成

載されていて、ややすくない村数におもわれる。漆器は福島の八澤《やさわ》町漆器と奈良井村の平沢を中心とするものが特筆される。ただ、奈良井は産額の記載がない。もひとつ、木曽谷にとって木曽馬が開田・新開・三岳を中心に、毎年一八〇〇頭余が全国に売られている（表5）。木曽馬が、木曽のおおくの村で重要な役割をはたし、収入源となっていたことは、すでにみたとおりである。

これまで、一八七六（明治九）年の木曽一六か村の村誌で、木曽民衆生活の諸相をみてきた。この村誌は、より正確にいうと、筑摩県のもとで、いっせいに県内町村に提出をもとめた、文明開化期から自由民権期に移行する時期の町村の歴史と現況をあきらかにしようとしたものであった。筑摩県は、信濃国内で同県が管轄した町村誌をほぼ提出させたが、七六年八月二十一日の筑摩県廃止・統合長野県成立によって、筑摩県への提出がおくれていた一部の町村は統合長野県になって提出した。さらに七六年には、進行中の地租改正が山林原野などについては終了しておらず、町村ごとの税地としての土地利用すべてがあきらかでなかったので、一八七八（明治十一）年に山林原野の地租改正の結果を、統合長野県が追加して提出させた（この土地利用の実態は表3にまとめた）。

わたしは、木曽一六か村の近代初期における民衆生活の諸相とともに、この村誌を作成した人びとの歴史認識に関心がある。維新変革における民衆の歴史へのアプローチは、みてきた各村誌の「管轄沿革」をはじめ各所の叙述に垣間みられるが、村誌は一八七六年の各村の戸長・副戸長の連名で県に提出されており、直接の村誌作成者にせまることができなかった。村誌に垣間みられる歴史の見方は、戸長・副戸長層の歴史と現況への認識とみるより、現在は仕方がない。村誌の作成過程の解明を、わたしは、長野県蔵版『長野県町村誌』(北信編　東信編　南信編)の校訂者栗岩英治の出身地、飯山地区で上條宏之・緒川直人編『北信自由党史　地域史家足立幸太郎の「自由民権」再考』(岩田書院　二〇一三年)でおこなったことがあったが、木曽においても解明したい課題である。

おわりに　奈良井・贄川にみる特色

みてきた近代初期の木曽の村むらのなかで、鳥居峠の北に位置する奈良井(平沢をふくむ)と贄川は、それぞれやや異なる村柄をもち、相互の協業関係がみられた。奈良井は、村人の生活空間にくみこまれた山林として、「森林」の項に官有林一〇か所、民有林二七か所について、面積、木の種類とその良し悪しなどを村誌にしるしている。近世の奈良井宿は、「奈良井千軒」といわれた最盛の宝暦元(一七五二)年でも、奈良井宿三八七軒、在郷の平沢・川入一三二軒、合せて五一九軒と、ほぼ半分の軒数であったという。奈良井の木工業は、曲物から漆器・塗櫛へと発展し、寛文九(一六六五)年には檜物細工が四四種類、六一品目にのぼった。平沢漆器の台頭による奈良井宿との競合や時代による浮き沈みがあった。天保期には、江戸櫛との競合で高級塗櫛が不振となった。幕末から明治初年の奈良井村櫛生産量は、藪原宿のお六櫛、蘭村とその枝郷の広瀬のお六櫛系統のくしけずるタイプの梳櫛などより生産量がひくかったという（松田之利ほか著『檜物と宿でくらす人々　木曾・楢川村誌三　近世』長野県木曾郡楢川村　一九九八年）。

なお、嘉永期（一八四八～一八五三年）の掟《おきて》によれば、奈良井宿の木工業者には、身分的差別があり、四つの役で仕事の範囲が規定されていた。

まず、「一軒役」の者は、どこでも商売することができ、親子ともに祭礼・婚礼・不幸の三礼に裃《かみしも》の着用がゆるされた。ただし、婚礼・不幸のさいの裃着用は家内でのみできた。つぎの「半軒役」の者は、木材を他国に移出して売買する「湊出」や檜細工を数種類取りまとめて出荷手形一駄分とする「組荷」をゆるされず、裃の着用は祭礼のみで、婚礼では当人だけ、不幸のときは当人と親だけとされた。第三の身分は「無足役」の者で、塗師・木地の二つの商売のうちひとつだけをみとめられ、しかも市商いの場所は諏訪・松本・伊那だけに限られ、そこへも家から二人でることはゆるされなかった。祭礼・婚礼・不幸の三礼では、羽織・袴の着用はみとめられたが、裃はゆるされなかった。四番目は「水役」といい、雑木の取扱のみをゆるされ、市商いは伊那郡に限られ、裃着用はもちろんゆるされなかった。(注27)

このような木材をあつかう職業の社会的身分が、維新変革で簡単に解消されたとはおもえないが、一八七六（明治九）年四月の奈良井村誌は、風俗に「質朴平穏なれども、固陋多く、大半は貧窶《ひんく》にして、富める者至て稀なり」とあるのみである。富める者がすくなく、貧しくやつれる者がおいとするいっぽう、民業で「男は総て櫛挽、櫛塗、塗師、檜物細工等を専務とす。其余は薪炭・櫛木を採るあり、農事を為すもあり。女は男業を助くる者多し。其他は自用の縫工を為す」とある。

いっぽう、贄川の物産は、山林関係では「栗実」と「桃実」があるだけ。民業は、男は農業にたずさわるものが一八〇戸ほどあったが、春冬の積雪中に奈良井産漆器などをもって他国に販売し利益をいくぶんでも得ようとしていた。薪炭業三〇戸、獣猟職一〇戸、漁師四戸がほかにあると、『贄川村誌』にある。近世贄川宿には有力な旅籠屋や商人がいたが、中山道の宿駅制度の廃止、御嶽教参拝者がおおく来るようになる前のため、そうした記載は一八七六年の村誌にはうかがえない。

木曽の近代史では、御料林の成立、それにともなう恩賜金の下付などを見落とせない。と同時に、木曽民衆の拠り所をふくめた生活・生産の実態を、総合的にあきらかにする研究が必要である。その解明はこれからにおおくがゆだねられているが、以上の二、三の課題の考察によっても、農耕を主とする信濃国内の諸地域とは異なったアプローチが必要におもわれる。

注

1 瀬沼茂樹・三好行雄・島崎蓊助編『藤村全集 別巻（分冊・下）』筑摩書房 一九七一年。一七四〜一八六頁

2　注1の所氏論稿によれば、土屋惣蔵は、明治二年十一月民政権判事農政係となり、三年四月会計権判事、同年閏十月大属、四年八月名古屋県権大属、同年十一月木曽が名古屋県から筑摩県に移管されるに及んで、翌五年二月筑摩県への事務引継を終えて名古屋県へ復帰した。
3　楢川村誌編纂委員会編『村を築いた人々　木曽・楢川村誌　第四巻　近代編』長野県木曽郡楢川村　一九九四年。一九頁
4　同前書　第一章第一節
5　『長野県史　通史編　第六巻　近世三』長野県史刊行会　一九八九年。
6　青木孝寿・上條宏之『長野県の百年』山川出版社　一九八三年で、わたしもアプローチしたことがある。
7　『長野県史　通史編　第七巻　近代一』長野県史刊行会　一九八八年。二二頁
8　『南木曽町誌　通史編』南木曽町誌編さん委員会　一九八二年。五一一頁には、この問題は検討課題としている。
9　注6におなじ
10　前掲「奈良井村誌」には、「社地東西四十間南北二十間、面積八百坪、本村の西方にあり。祭神経津主之命。祭日八月三日、四日なり。文寿の頃仲三権頭兼遠、鳥居峠に建立せしを、天正年間に至り、奈良井治部少輔義高、今の宮地に遷置す」とある。
11　注6におなじ。三五、三六頁
12　注5におなじ。九〇一頁
13　『長野県史　近世史料編　第六巻　中信地方』長野県史刊行会　一九七九年。史料四九一　七三七頁
14　注13におなじ。七三七頁
15　塩尻市長畝　吉江嘉教氏所蔵史料
16　『東筑摩郡・松本市・塩尻市誌　第二巻　歴史下』東筑摩郡・松本市・塩尻市郷土史料編纂会

一九六八年。一二一二頁
17 上條宏之『民衆的近代の軌跡』銀河書房　一九八一年。八三頁
18 旧木曽郡楢川村役場所蔵『明治拾八年以降二十五年ニ至ル事務引継書　楢川村役場』所収
19 「史料九五九　明治九年五月　筑摩県宛木曽元十一カ宿総代旧名古屋藩預け金下渡願」『長野県史　近代史料編　第一巻　維新』長野県史刊行会　一九八〇年。一二一一頁
20 木曽教育会郷土館委員会編著『木曽　歴史と民俗を訪ねて』木曽教育会　一九六八年。一七三頁
21 注18所収の贄川村への一八八五年三月十四日の「演説書」に同様の文がある。
22 『夜明け前』第二部（上）第七章一
23 注1所三男氏論稿
24 『木曽福島町史　第二巻　現代編Ⅰ』木曽福島町　一九八二年。二七、二八頁
25 上條宏之「明治初年における松本藩藩政改革と村政―長尾組野沢村の事例を中心に―」『信濃』第五七巻第五号　一〇七、一〇八頁
26 『長野県政史　第一巻』一三二頁
27 徳川義親『木曽の村方の研究』徳川林政史研究所　一九五八年。五一頁、五八～六〇頁

※この論稿は、雑誌『信濃』第四一巻第一二号（通巻第四八〇号　一九八九〈平成元〉年十二月一日発行）で発表した「近代初期における木曽に関する二、三の問題」に大幅な加筆をおこなったものである。

第二章　もうひとつの『夜明け前』

―贄川の国学者たちと民衆的近代化への取組―

はじめに

『夜明け前』と奈良井・贄川宿

島崎藤村(注1)の歴史小説『夜明け前』(写真1)は、維新変革の渦のなかで懸命に生きた木曽の人びとを描いていて名高い。いうまでもなく『夜明け前』は、木曽といっても馬籠《まごめ》宿が舞台で、藤村の父親・島崎正樹をモデルとする青山半蔵が主人公である。半蔵は、維新の変革が山と民衆のあいだを近づけ、自然な世の中が実現するように、庄屋(注2)・本陣(注3)・問屋(注4)の立場で、平田門国学者となってはたらいた。しかし期待が裏切られ、悩んだ半蔵は、狂気にとらわれ、座敷牢(注5)で無念の死をむかえている。

藤村は、『夜明け前』のモチーフを、「明治維新は決して僅《わずか》な人の力で出来たものではない。そこにはたくさんの下積みの人たちがあった」といい、「維新前後の歴史を舞台として働いたそうした下積みの人たちを中心とした物語」をめざした、と語っている。もっとも、維新のリーダーたちが民衆の期待にそむいたので、いちばん暗いといわれる夜明け前の闇が、木曽谷の民衆生活には明治になってもつづいたことも指摘した文学作品となっている。

馬籠が中心の舞台だから、木曽谷の北がわにあたる奈良井宿・贄川宿やそこに住む人びとは、『夜明け前』にそれほど描かれていない。しかし、「木曽路はすべて山の中である」にはじまり、木曽谷の宿駅の負担軽減や民衆への山林開放（注6）をテーマとする小説であるから、奈良井宿や贄川宿もときどき書かれている。

写真１　『夜明け前』初版本の表紙
1932（昭和7）年

たとえば、第一部第九章には、贄川宿の庄屋遠山平助が登場する。かれは、元治元（一八六四）年の六月に木曽一一宿の総代三人のひとりとして、馬籠の青山半蔵、福島の堤幸兵衛とともに江戸へ出ている。江戸の道中奉行（注7）が、中山道の諸大名通行の人馬継ぎ立て（注8）の実情などを聞くために、一一宿総代・組合宿々取締役のかれらを呼び出したからであった。平助は、半蔵より年上で宿駅のことにも経験のおおい庄屋のひとりであった（注9）。道中奉行の都築駿河《つづきするが》にたいし、異国船渡来以後、諸大名や諸公役がひんぱんに往来し、和宮の通過、諸大名の家族の帰国などもあって人馬の徴発が増加してきたこと、宿駅が疲弊し、備え付けの人馬を補充することが困難になったり、助郷《すけごう》（注10）をつとめたり手助けをする村むらから人馬が来なくなっていること、その原因は人馬の徴発があまりにもおおいからであると平助はのべ、助郷をもっと広い範囲の村むらからおこなうよう要望している。

藤村はモデルをもとにして小説を書くことで知られた作家である。では、遠山平助は、贄川のだれかをモデルにしているのだろうか。わたしは、この人物は藤村の創作したものと考える。ただ、この半蔵たちの江戸出府を書きあげるヒントになる事実はあった。

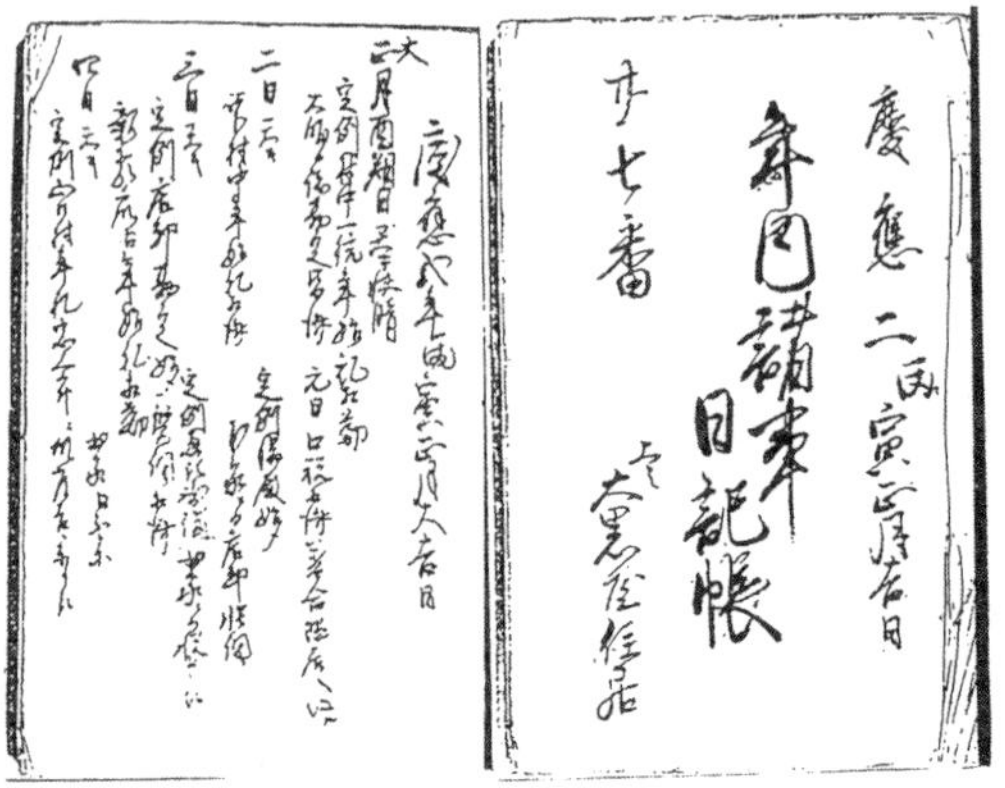

写真２　「大黒屋日記」といわれる慶応２（1866）年の『年内諸事日記帳』（山口村誌編纂室提供）

藤村は、一九二八（昭和三）年四月の『夜明け前』のための取材旅行で、馬籠の大黒屋大脇兵右衛門信興《のぶおき》の〈年内諸事日記帳〉に出会った。『大黒屋日記』と呼ばれるものである（写真2）。その元治元（一八六四）年四月十四日の項には、「島崎吉左衛門殿、三留野鮎沢弥左衛門殿両人四ヶ宿総代として十四日出立、江戸出府被成候」とある。また、同年十月十日の項には、「島崎吉左衛門殿、当六月江戸出府被成候処、御用済ニ付御帰村被成候」と書かれている。吉左衛門とは正樹＝半蔵のことである。『夜明け前』創作のため、藤村がノートした「大黒屋日記抄」には、「吉左衛門の江戸出府」の見出しで四月十四日の日記の文を引用し、「後に六月出府ともあり、延引せしものならん、この出府は十月十日帰村まで四ヶ月余に亙る」とコメントしているところがある（『藤村全集』第十五巻　筑摩書房刊　四六六～四六七頁）。しかし、日記には贄川宿の庄屋は出てこない。たぶん藤村は、木曽一一宿のうち、下四宿の馬籠・妻籠・三留野・野尻から二人の総代が出たからには、中三宿の須原・上松・福島、上四宿である宮越・藪原・奈良井・贄川からもそれぞれ総代が江戸へ行ったと考えたにちがいない。そこで、藤村が創作した人物が遠山平助や堤幸兵衛であった、とみることができよう。

奈良井での藤村の取材

半蔵の江戸出府といえば、半蔵は平田門国学への入門もかねて、安政三（一八五六）年に江戸へ出掛けている。これは、『夜明け前』では重要な場面として描かれている。この江戸への旅のさいに、半蔵は、妻民《たみ》の妻籠にある生家で一泊し、義兄青山寿平次とも連れ立って、下男佐吉をしたがえ旅立つ。そして、まず泊まることとなった奈良井宿のようすが、つぎのように書かれている（第一部第三章、以下『夜明け前』の引用は角川文庫版による）。

半蔵はかねて父の懇意にする庄屋仲間の家に泊めて貰うことにして、寿平次や佐吉をそこへ誘った。往来の方へ突き出したようなどこの家の低い二階にもきまりで表廊下が造りつけであって、馬籠や妻籠に見る街道風の屋造りはその奈良井にもあった。

さらには、つぎのようなくだりもある。

その静かさは、河の音の耳につく福島あたりにはないものだった。そこの庄屋の主人は、半蔵が父とはよく福島の方で顔を合せると言い、この同じ部屋に吉左衛門を泊めたこともあると言い、そんな縁故からも江戸行の若者をよろこんで歓待《もてな》そうとしてくれた。ちょうど鳥屋《とや》（注11）のさかりの頃で、木曽名物の小鳥でも焼こうと言ってくれるのもそこの主人だ。鳥居峠の鶫《つぐみ》は名高い。鶫ばかりでなく、裏山には駒鳥《こまどり》、山郭公《ほととぎす》の声が聴かれる。仏法僧《ぶっぽうそう》も来て鳴く。ここに住むものは、表の部屋に向うの鳥の声を聴き、裏の部屋にこちらの鳥の声を聴く。そうしたことを語り聞かせるのもまたそこの主人だ。

実際に島崎正樹が平田国学へ入門したのは、もっとあとであった。したがって、この場面も藤村の創作である。だが、藤村は、一九二九（昭和四）年九月の末、『夜明け前』の調査をかねて馬籠に行き、その帰路に奈良井の徳利《とくり》屋《や》に一泊している。現在、徳利屋の一室には、いまも使っている囲炉裏の横にすわる藤村の姿をうつした写真がかかげられている（写真3）。藤村が取材旅行におとずれたときの写真である。

『夜明け前』第三章二には、奈良井宿の庄屋仲間の家に泊まることとした半蔵や寿平次が、たらいの湯で足を洗ったあと、「広い囲炉裏ばたから裏庭の見える座敷へ通された。きのこ、豆、唐辛、紫蘇なぞが障子の外の縁に乾してあるような所だ。気の置けない家だ」とある。徳利屋をおとずれる人は、いまも「気の置けない」、くつろいだ感じをもつにちがいない。

藤村は、取材に奈良井をおとずれた年の一月の『中央公論』に「『夜明け前』を出すについて」を発表していた。ついで、同誌の四月に「序の章」を、七月・十月に「第一篇」をつづけて載せている。奈良井での同年九月末の取材は、一九三〇年一月以降に原則として年三回発表する『夜明け前』の執筆のためであった。

徳利屋の原なをりさんの話では、祖父の原徹さんが「お宿《やど》」を経営していたところ、藤村が突然

写真３　1929（昭和４）年、藤村の徳利屋取材のとき、右から藤村・原善司・原徹の諸氏。左端は新聞記者か。（原なをり氏所蔵）

写真４　徳利屋の看板。カタカナとローマ字の表示には外国人の来客もあったことが伺える。（原なをり氏所蔵）

来て宿泊したと、伯母のせつさん（一九〇七年生まれ）から聞いたとのことであった。また、写真は新聞社の人が駆け付けて撮ったもので、徳利屋では、新聞社の人からお客が藤村と知ったそうである。

半蔵たちが泊まったとされる幕末の徳利屋（写真4）は、原兵右衛門の時代であった。御嶽教[注12]の信者や善光寺参りをする人びとの宿をしていた。徳利屋にのこる系図によれば、兵右衛門義直は、天保十三（一八四二）年五月十五日に日義村の征矢野勘蔵の長男に生まれ、長じて原家にはいる。近代には奈良井村の正副戸長[注13]や学務委員[注14]をつとめ、村会議員にも選出されたとある。兵右衛門の先代は、原熊右衛門重時（のちに八十助と改名）といい、年寄役[注15]をつとめたり、庄屋から近代の戸長となったという。八十助は、一八八八（明治二十一）年六月二十二日に死去しているので、藤村が立ち寄ったころの当主は、その孫の原徹のときである。徹は、明治二（一八六九）年十月十一日生まれの六十歳、藤村より三歳上であった。一九二五（大正十四）年からの四年間は楢川村の村会議員をつとめ、その任期が切れた翌一九二九年の秋に藤村の訪問を受けた。そのときあるいは、安政三（一八五六）年ころは、徹の祖父熊右衛門が庄屋をしていたことなどを、藤村に語ったのであろう。

このように、『夜明け前』の取材は、楢川村でもおこなわれているが、そのとき、藤村が素通りした贄川には、島崎正樹とおなじように、幕末から明治初年にかけて、平田門の国学者となった人びとがいた。もし、藤村が贄川で取材をしていれば、『夜明け前』のストーリィは、また違った展開をしめしたのではないかとさえ、わたしにはおもわれる。

注

1 詩人、作家。本名は春樹。いまは岐阜県中津川市となった馬籠生まれ。一八七二〜一九四三。
2 江戸時代の村方三役の長。領主の命で納税など村の事務にたずさわった。
3 江戸時代の宿駅で、諸大名・幕府役人・公家貴族などが宿泊した公認の宿舎。
4 江戸時代の伝馬制によって宿ごとにもうけられた宿役人の長。木曽一一宿では一宿二人の問屋がおかれた。
5 外にでられないように厳重に仕切って、「狂人」などを入れておいた座敷。
6 木曽の民有山林の五木（ヒノキ・サワラ・アスヒ・コウヤマキ・ネズコ）を住民が自由に利用できるように開放すること。
7 江戸幕府の職名。諸国街道・宿駅の取締り、道路・橋の修復、宿場の公事訴訟の吟味などをおこなった。
8 公用貨客や継ぎ飛脚に必要な人馬を円滑に供給する宿の問屋のおもな仕事。

9 孝明天皇の妹で、文久二(一八六二)年に将軍徳川家茂と結婚式をあげた。一八四六〜七七。

10 宿駅常備の人馬が不足した際に宿駅近在の農民を動員し、人馬継ぎ立ての役を負担させた。その課役を負担させられた郷村、または課役そのもの。

11 「捕屋」とも書く。霞網《かすみあみ》を張って小鳥を大量に捕獲する猟場をいうが、木曽では猟法のことも鳥屋《とや》といった。

12 御嶽教は、木曽御嶽山と大嶽大神(国常立命・大巳貴命・少名彦命)をおもな信仰の対象とする教派神道。文化十一(一八一四)年江戸浅草の下山応助(?〜一八九〇)が御嶽講社巴講を組織して講長となり、一八八二(明治十五)年御嶽教として一派を独立させ公認された。

13 戸長は、明治初期、町村制施行以前の町村吏員の長、副戸長は補佐。

14 学務委員は、主として公立小学校の教育事務にあたるために町村におかれていた職員。

15 年寄は、宿役員のうち問屋を補佐する役職。奈良井宿・贄川宿には三人ずつおかれた。

一 木曽谷の平田門国学者たち

信濃国の平田門国学者たち

藤村は、『夜明け前』の創作にあたって、市村咸人《みなと》著『伊那尊王思想史』(下伊那郡国民精神作興会 一九二九年十月 図書刊行会 一九七三年 復刻版)を参照した。帝塚山短期大学の鈴木昭一教授は、『夜明け前』と史料の関係を追求し、『伊那尊王思想史』は「不可欠の史料」であったことを具体的に指摘している(鈴木昭一『『夜明け前』研究』桜楓社 一九八七年)。市村の著書は、巻末の付録に「人物略志」や「信濃国及其の周囲平田先生授業門人姓名録」などを載せている。それをひもとけば、木曽谷の平田門にはいった国学者たちがおよそわかる。楢川村の史料などで「姓名録」の誤りや不十分なところを修正し、木曽谷とそれに隣接する松本への出口の日《ひ》出《で》塩《しお》村や本山《もとやま》宿で平田門人となった人びとを、わたしは確認した。

信濃国の平田門国学者については、江戸後期の国学者平田篤胤《あつたね》（一七七六～一八四三）に直接師事した人びとがいた。天保四（一八三三）年六月十日に信州諏訪郡高島角間町の小山丹宮忌部清庸（二十四歳）が有田盛仲（長門国豊浦郡黒井村八幡宮神主　文政十一年七月朔日三十二歳で入門）の紹介で入門し、つぎに、同年十月に上諏訪の松沢四郎衛門義章《よしあきら》（一七九一～一八六一）が、最上常矩の紹介で四十二歳ではいった。

平田篤胤の歿後に、篤胤の養子で後継者の平田銕胤《かねたね》（一七九九～一八八〇）のもとで、篤胤歿後門人となった人びとは、全国的にみてもおおかった。木曽谷の平田門国学者は、すべて篤胤歿後に入門している。

平田門人のわかる姓名録には、文久二（一八六二）年正月六日、中山道塩名田《しおなだ》宿の丸山善兵衛近良の紹介で、三十一歳で平田篤胤没後門人となった、伊那郡小野村（いまは上伊那郡辰野町小野）の倉沢清也《きよなり》（甚五兵衛義随《よしゆき》　一八三一～一九一二）が所有した『平田先生授業門人姓名録』（『新編信濃史料叢書第二十巻』信濃史料刊行会　一九七八年）がある。これは、文化元（一八〇四）年より天保十四（一八四三）年までの篤胤生前の門人を上巻におさめ、没後の門人を中・下二巻にわけ、弘化元（一八四四）年～文久四（一八六四）年を中巻、そののち慶應三（一八六七）年八月までを下巻としたものである。上巻・

中巻は佐久郡長土呂村（いまの佐久市）の生まれで、安政二（一八五五）年に江戸で水戸学者藤田東湖《ふじたとうこ》（一八〇六～一八五五）の塾にはいり、同年八月十日に篤胤歿後門人となった角田忠行《つのだただゆき》（一八三四～一九一八）による自筆の姓名録で一一四二人をおさめ、別筆の下巻には四九九人がおさめられている。

木曽谷の平田門国学者

篤胤没後門人のうち、信濃国木曽谷にかかわる門人はつぎの人びとであった。なかの清水逸之丞信敏《いつのじょうのぶとし》（三十二歳）は、かつて国会図書館本に登場する平田門国学者として、伊東多三郎著『草莽の国学　増補版』（名著出版　一九八二年　二四九頁）で紹介された人である。

入門年月日	住所	氏名	紹介者
安政七年・万延元年四月十九日	信濃国木曽贄川宿	小沢文太郎重喬（三十三才）	（間　秀矩）
万延二年・文久元年四月	信濃国筑摩郡木曽	外垣範介　三十六才	岩崎長世
	山口村	紀重護	
文久二年四月十四日	信濃国木曽贄川宿	小林伊豆　四十二才	小沢重喬
	諏方神社神主	藤原正方	
文久三年正月元日	信濃国木曽馬籠宿	島崎吉左衛門　三十二才	間　秀矩
		平重寛	
文久四年・元治元年正月	信濃国筑摩郡贄川宿	陶山吉右衛門三十二才	小沢重喬
		源正名	

同年同日	同所	千野長右衛門晁吉（五十六才）		小沢重喬
元治二年・慶應元年二月	信濃国木曽贄川宿	清水逸之丞 信敏	三十二才	小沢重喬
同年二月十四日	同国福島	永井千渕 大江正懿	四十六才	小沢重喬
同年五月五日	同国筑摩郡贄川	山口金次郎 源正房	四十五才	前沢温恭

小沢文太郎重喬の紹介者は、倉沢本では空欄であるが、間秀矩《はざまひでのり》であることがわかっているので、おぎなった。小沢と千野の年齢は、他の史料でおぎなった。

ついで、慶応三年十月～明治三（一八七〇）年の木曽谷にかかわる没後門人を市村咸人氏の利用した姓名録からそのままぬきだせば、つぎのとおりとなる（慶応四年は九月八日に明治と改元）。

入門年月日	住所	氏名	年齢	紹介者
慶応三年十月	筑摩郡贄川	木曽路一座頭　源恒徳	二十二	陶山正名
慶応四年一月二十三日	木曽贄川	市川久蔵　良恭	四十一	小沢重喬
同	同所	小沢邦太郎　橘重道	十七	重喬男

同	同所	小沢時之助　橘正胤	十五	重喬二男
慶応四年三月十三日	同所	倉沢隆之助　源順親	二十一	小沢重喬
同	同所	贄川克巳　源正睦	十九	小沢重喬
慶応四年一月二十三日	筑摩郡本山駅長	花村行之助　源秀趣	二十六	小沢重喬
慶応四年二月	筑摩郡日出塩村	市岡官之丞　源文堯	三十八	陶山正名
慶応四年三月十三日	筑摩郡本山駅	花村左太夫　源茂公	二十八	小沢重喬
同	同郡贄川	山口栄蔵　喜道	三十三	陶山正名
同	同郡本山	花村銀十郎　賢友	四十二	倉沢義随
慶応四年二月	同郡贄川駅麻衣神社 神主伊豆正方男	小林左仲　正彬	十四	小沢重喬
慶応四年四月	同郡贄川	千村精一郎　源政昇	二十三	小沢重喬
慶応四年四月五日	同所	小沢清兵衛　橘正保	二十七	小沢重喬
同	同所	小沢兵右衛門　橘茂一	三十九	小沢重喬
同	同所	市川虎三　良喬	十四	小沢重喬
同	同所	伊藤金助　藤原顧行	四十二	小沢重喬
	同所	佐藤平助　藤原信光	三十八	小沢重喬
慶応四年三月	筑摩郡贄川駅	陶山政兵衛　源正高	二十二	

慶応四年四月九日	同所	百瀬九郎右衛門　尚守	三十四	
慶応四年閏四月	筑摩郡本山宿	小林市郎兵衛　耕貞	四十一	倉沢義随
慶応四年十一月二日	筑摩郡木曽福島駅	上田治馬　源重賢	二十七	安保謙治カ
慶応四年十二月	筑摩郡木曽福島山村甚兵衛内	千村喜又　重昇	三十三	
明治二年二月朔日	山村甚兵衛家来	沢田速水		飛騨通光
同	（同）	横山右衛門太		飛騨通光
明治二年八月六日	筑摩郡木曽福島	山村靭負　大江良貴	二十三	竹村多勢
同	同郡山村甚兵衛家来	宮地半一郎　藤原正原	三十	竹村多勢
同	同	大脇文太郎　平重虔	三十九	竹村多勢
同	同	白洲文吾　平吉輓	二十九	竹村多勢
同	同	磯野閏二郎　重宜	十八	竹村多勢
明治二年八月二十六日	筑摩郡本山宿八幡宮	林主殿輔　藤原久宜	二十九	市岡官之丞カ
同　九月五日	同郡山村甚兵衛家来	向井　務	二十三	
同　十一月二十二日	筑摩郡福島藩	松井八左衛門　正恕	三十八	
同　同　同	同	小林廉作　安棟	二十二	
明治二年二月	筑摩郡三尾村	三尾勘兵衛　源正寔	四十七	肥田通光

同　同　同郡黒沢村御嶽神社　武居千歌良　原重知　二十六　肥田通光
神主
明治三年九月十一日　筑摩郡福島　今井忠亀　深　三十二

　みてきた一覧でまず指摘できることは、木曽からまっさきに贄川宿の小沢文太郎が平田篤胤のひらいた国学に入門していることである。小沢は、中津川の間秀矩（『夜明け前』の蜂谷《はちや》香蔵《こうぞう》のモデル）の紹介で平田門にはいった。小沢文太郎と馬籠駅の島崎重寛（正樹）が、ともに間秀矩の紹介で木曽谷の北と南の初期の篤胤没後国学者となったこともわかる。小沢が橘《たちばな》を名乗っているほか、藤原・源《みなもと》・平《たいら》などの姓をそれぞれ名乗っているのは、古代の「貴種」（天皇や貴族の家柄）とつながっているとする国学者たちの意識をしめしている。なお、『夜明け前』では、青山半蔵が安政三（一八五六）年に平田学に入門したとしているが、すでに北小路健氏が『『夜明け前』探究　伊那路の文献』（明治書院一九七四年）などで指摘し、右の一覧でもわかるように、正樹の入門は文久三（一八六三）年であった。しかも、そして、馬籠宿にはその後に入門者をみないのにたいし、贄川宿には二二人の入門者がいる。そのうち一八人が小沢文太郎重喬の紹介によっていることが注目される。

　小沢は、本山宿の二人も入門にみちびいた。小沢の紹介で平田門にはいった陶山正名《すやままさな》も、贄川の二人と本山宿の一人を紹介している。

「姓名録」では、ほかに、竹村（松尾）多勢（一八一一〜一八九四、維新期を代表する伊那の女性国学者　写真5）などの紹介による木曽福島の武士国学者の一群がうかがえる。しかし、それ以外の木曽の宿には平田門国学にはいった民衆がいない。木曽谷の贄川に二二人もの平田門国学者がいたのは、どうしてなのか。かれらは、贄川の近代化にどのような役割をはたしたのだろうか。

写真５　松尾多勢子

本稿では、贄川の国学者たちの実像を描き、かれらが、日本や木曽の近代化にどのようにチャレンジし、なにを実現させようとしたのかを探ってみたい。また、島崎正樹の生きざまと、かれらの生き方はどのように異なっていたのかといった問題も解きほぐしてみたいとおもう。藤村の『夜明け前』では描かれなかった、もうひとつの『夜明け前』への招待をこころみるつもりである。なお、平田門人・平田門国学者といった言葉を説明せずに使っているが、つぎの節以降で贄川の史実にそって具体的・総括的にあきらかにするつもりである。

二　贄川の国学者たちはどんな人たちだったのか

歌人・平田門国学者の墓石

木曽谷で最初の平田門国学者となった小沢文太郎重喬は、俵屋《たわらや》という屋号をもち、「酒・醤油と高遠御用米の中継業を営み中山道屈指の豪家であった」（前掲『伊那尊

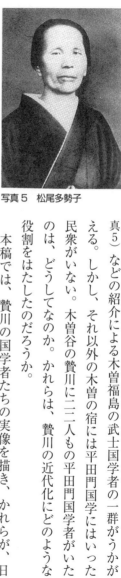

王思想史』)。文政九（一八二六）年十月二十日生まれで、嘉永四（一八五一）年二月二十五日、二十四歳のときに六歳年下で筑摩郡塩尻町村（現塩尻市）の川上新十郎の長女せいと結婚した。小沢家の墓地のある贄川の観音寺（写真1）には、山村であるのに立派な墓石が並んでいる。そのなかに、「小澤重喬」と「川上静子」の名を並べて刻み、重喬については、側面に「明治二十年五月二日神去」と彫りこんだ、特色ある墓石がある（写真2）。二人が別姓であるのは、戸籍のうえで結婚しなかったのであろうか。それとも、最近見られるように、女性の自立のために夫婦別姓であるべきだと考えた人びとであったからであろうか。

写真１　贄川の観音寺山門

写真２　観音寺にある小沢重喬・川上静子夫妻の墓石

観音寺は楢川村ではただひとつの真言宗の寺で、墓碑銘はふつう戒名と没年月日からなっている。しかし、重喬と静子の墓のほか、「倉澤武矩・竹内田鶴墓」「贄川昌興・中村可能墓」など、夫婦別姓で俗名を刻んだ墓が目にとまる。いずれも歌人や国学者の墓である。たとえば、倉沢武矩は謙十郎といい、香川門下の歌人であった。文化十三（一八一六）年四月二十八日に生まれ、一八八八（明治二十一）年十二月十七日に逝去している。また、贄川昌興は清右衛門といい、一八七四（明治七）年七月七日（墓石の日づけ、観音寺の過去帳では七月十日）に六十三歳で死去した。武矩と同じように、昌興も香川門下の歌人であった。かれらの妻となった女性たちが、結婚以前の姓を墓石にのこしているのである。観音寺の墓地のすこし北の山ぎわにある千村氏だけの墓地のなかにも、「千村景村《ちむらかげむら》・関美佐保《せきみさお》墓」（写真3）という夫婦別姓の墓がある。景村は、贄川宿の本陣をつとめ和歌や和学を学んだ人びとが輩出した千村氏のひとりである。国学者たちは、外来の仏教や儒教が普及する前の古代日本人のこころをよみがえらせようと、墓碑銘にもこだわったのであった。死にたいする考え方は、仏教の極楽といった世界をみとめていなかった。

たとえば、平田篤胤の著『霊の真柱《たまのみはしら》』（文化九〈一八一二〉年脱稿）は、人が死ぬと魂は「幽冥」＝「神がまつりごとをおこなう世界」へ行き、主宰する大国主大神のもとに帰するといった世界観をしめしている。死後の極楽といったものは否定しており、人は生れつきの「性」＝「まごころ」によって、この世で楽しく暮らすことを大切にしている。この宇宙すべてを生みだす産霊大神は、男と女という互いに相対する性をもつものである、とも指摘した。そういえば、現在の歴史研究では、古代日本では嫁入り婚(注1)はまだおこなわれておらず、招婿婚(注2)の時代で、いわば母系性社会(注3)であったと指摘されている。

写真３　千村氏の墓地にある千村景村・関美佐保夫妻の墓石

歌人や国学者たちは、維新変革のさいに仏葬から神葬祭（注4）にかえる場合がおおかったが、贄川では真言宗の観音寺の墓地などに葬られた。そのおり俗名で墓石をつくっているところに、かれらが実質的には神葬祭でまつられる意識をもっていたことをしめしている。『夜明け前』では、半蔵が神葬祭へ改典し、先祖青山道斎が神坂村（現岐阜県中津川市）のために建立した由緒の深い万福寺に放火するにいたるが、贄川の国学者たちはちがった。寺のもとで僧侶による葬儀をうけいれたことは、観音寺のご住職本多邦全さんのお話やきちんと記録されている過去帳（注5）の関係する部分を拝見して、知ることができた。

小沢重喬と子どもたち

小沢重喬については、飯田のすぐれた郷土史家の市村咸人氏の調査がある。さきにふれた「人物略志」に小沢重喬の項目がある。つぎのような文面で、贄川からただ一人紹介されている。

> 小沢重喬　木曽贄川宿重胤《しげたね》の子、通称文太郎又哲太郎（哲右衛門カ）、家号をたわらやと云ひ、酒・醤油と高遠御用米の中継業を営み中山道屈指の豪家であった。中津川間秀矩の紹介を以て、平田門人となり古史伝上木《じょうぼく》に出資した。爾後《じご》その介を以て平田門に入るもの多く、たわらやは街道筋平田門の重鎮たる観があった。重喬の子邦太郎また平田門人たり。同門贄川諏訪神社の神主小林伊豆の子秀雄と共に激烈なる排仏論者（注6）であった。重喬また同宿の千村景村と共に和歌を香川景柄《かげとも》に学んだ。明治二十年五月五日歿、享年六十二。墓は贄川の観音寺にある。遺著にかつらの下草、白船のゆきき、道のふせ初、其他、詠草がある。

○

君がため国のためにはむら肝の心つくしをいはてはつへき　重喬

夕虫

ふりはえて人は問来《とひき》ぬ夕暮に思ひなくさむ鈴虫の声　同

旅暮秋

けふのみの秋とは成《なり》ぬ旅ころもかさなるものは日数也《ひかずなり》けり　同

小沢重喬の父は、繁右衛門重胤といった。弟に小沢清兵衛（天保三〈一八三二〉年四月八日生まれ　繁右衛門の三男で小沢治郎右衛門の養子となる。一八八九年死亡）がいて、国学者の一覧にみたように、平田門にはいっている。また重喬は、静《せい》とのあいだに、長男邦太郎（嘉永五〈一八五二〉年十月十日生まれ　一八九三年横浜で死亡）、二男時之助（安政元〈一八五四安政元〉年正月二十日生まれ　一九〇八年死亡）、三男虎三（安政二〈一八五五〉年十一月四日生まれ　一九〇六年死亡）など、いずれも平田門国学者となる男子をもうけた。邦太郎は、贄川諏訪神社の神主小林伊豆の長男左仲（秀雄）とともに激烈な排仏論者(注6)であったという。弟時之助は、観音寺の過去帳には「小沢正胤居士《まさたねこじ》」とあり、父重喬・母静子と同じように俗名で葬られたようすであるから、邦太郎も同様であったと推定される。三男市川虎三良喬は、やはり平田門人となる市川久蔵のもとへ養子にはいり、久蔵を襲名した。なお、文太郎の五男（万延元〈一八六〇〉年三月三日生まれ）も、平田門人となる小沢兵右衛門の養子となり、兵右衛門を襲名した。平田門人に、親子・兄弟や姻戚関係をもつ人びとがおおいことは、どのように門人が広がったかを解くカギになる。

贄川宿におおかった
桂園派の門人たち

小沢文太郎重喬は、弘化元（一八四四）年ころ、京都の桂園派歌人香川景《かげ》恒《つね》（一八二三〜一八六六）の門人になった。

写真４〈短歌色紙〉小沢重喬書（百瀬康氏所蔵）

深夜窓　　重喬
ふけぬまてちきり置きつる
松の戸は　あけたるままに
明んとそする

兼清正徳『香川景樹』（吉川弘文館　人物叢書　新装版一九八八年）は、「信濃の桂園派」の項目をたて、「桂園派の牙城京坂についで多数の桂門歌人を出しているのは信濃国である。これは、景樹の初期の門人に桃沢《ももざわ》夢《む》宅《たく》がおり、つづいて内山真弓が出て四方に桂園の歌風を広め、萩原貞起の経済的バックアップもあって信濃桂園派を盛り立てたからである」とみた（一七二頁）。桃沢夢宅（一七三八〜一八一〇　垂雲軒・振思亭　信濃国伊那郡飯島村本郷）は、享和元（一八〇一）年以前に景樹に入門し、内山真弓[注7]（一七八六〜一八五二　聚芳園　信濃国安曇郡十日市場村）は、文化七（一八一〇）年に入門していた。なお、萩原貞起《さだおき》（一八〇八〜一八七三　滝園　信濃国筑摩郡和田荒井〈蘇我〉）は、文政十（一八二七）年ころ入門したとされ、内山と萩原の交流は帰国後にきわめて密接となった（矢ヶ崎栄次郎編著『歌人内山真弓』内山真弓刊行会　一九三七年　八二～八三頁）。

そして、兼清正徳氏は、個人では内山についで、つぎのように、文化十（一八一三）年に入門した贄川宿の贄川勝巳《にえかわかつみ》をとりあげた（一七三～一七四頁）。

西筑摩郡（筑摩郡カ）贄川宿の豪農（脇本陣・豪商カ）贄川勝巳は初め香川景柄《かげもと》に学び、文化七年に七十歳で詠草を景樹に送って入門し、同十年九月に上京して直接師事した。景樹は、

贄川勝巳・都築吉容去年來寄宿のうち、新学考を写し取り帰りたり。（『随聞随記』）

とかく虚気に不走様専一の事に御座候。是を誠と存じ候。（同前）

万葉の詞は万葉の世の俗言なり。古今の詞は古今の世の俗言なり。さらば今の歌は今の世の俗言にて云べき事論なく侍り。（同前）

という。

文化十年九月上京のさい、贄川と一緒だった都築吉容（文政十二〈一八二九〉年歿）は宮越《みやのこし》の人で、文化九年に入門した（一七九頁）。景樹が五十歳を迎えた文化十四年四月十日に賀宴がもよおされたとき、贄川勝巳・小坂道賢らの信濃桂園社友から祝儀に「黄金七百匹」が届けられたという（一〇五頁）。

ついで、景樹をついだ景樹の子香川景恒の門人たちが贄川におおくいた。

木曽谷桂園派歌人百番歌結

贄川からは、千村政成と妻静子、千村政識（景村）、千村巨、贄川昌興、倉沢武矩と小沢重喬が桂園派に入門し、グループをかたちづくっていた。弘化四（一八四七）年八月九日、景恒《かげつね》が景周《かげちか》と名のっていた二十五歳のとき、木曽谷の桂園派二〇人がおこなった「百番歌結」の「判」（二人がおなじ課題で詠んだ歌の優劣を判定すること）をした。桂園派の高橋正賢がまとめ、景周に判者を依頼したのである。「百番歌結」を一巻にまとめ、景周に判をもとめた香川景樹の門人高橋喜間太正賢は、年に二度ほど木曽に来住し、そのたびに贄川宿の倉沢謙十郎武矩・千村政成に一泊するように頼まれ、歌道を問われ、詠んだ歌の添削をおこなったという（解題「百番歌合」『新編信濃史料叢書　第二十巻』信濃史料刊行会　昭和五十三年）。

「百番歌結」は、贄川の桂園派歌人七人が、藪原の五人、宮越の一人、福島の二人、所属不明の五人と一〇〇の歌題について、二人ずつ歌結をしたものであった。一番立春日、二番山霞、三番海霞、四番旧巣鶯から九八番眺望、九九番神祇、百番寄都祝までの課題について、二人ずつが、組む相手を代え、一〇回ずつの歌結をした。贄川の歌人同士の歌結はない。たとえば、九番朝柳については、藪原の岡田正誠の歌と結ばせた小沢重喬のつぎの歌、

明わたるそらのみとりにかゝりけり　むつたのよとの青柳のいと

が「大らか」だと、景周に「勝」と判定されている。十八番里款冬《かんとう》（フキのこと）では、藪原の岡田忠寄と歌結をし、重喬のつぎの歌が「勝」とされた。

うらやまし誰かすむらん山吹の　花の中なる玉川のさと

歌結の判は、「勝」「負」のほか、いわば勝負のつかない「持」がある。小沢重喬は、一〇回の歌結で「勝三・持四・負三」の判をうけている。千村静子は「勝一・持四・負五」、倉沢武矩は「勝一・持八・負一」、千村政識は「勝二・持七・負一」、千村巨が「勝二・持五・負三」、千村政成は「勝四・持五・負一」、贄川昌興は「勝五・持二・負三」となっている。香川景周（景恒）に「勝」とされた小沢重喬以外の贄川歌人の歌を、つぎにかかげておこう。

四番　旧巣鶯

春霞たちおくれてもしら雪の　いまたふるすに鶯そなく　千村巨

十四番　尋花（花を尋ねて―上條注）

今はとて帰る山ちのたそかれに　尋《たずね》しほかの花をみるかな　千村政成

二十五番　簷菖蒲《のきのしょうぶ》

けふといへハふくや軒はのあやめ艸　いくよかハらぬねさしなるらん　千村政識

四十二番　古寺月

さゝ波やしかの山てらふりたれと　月はむかしの光なりけり　贄川昌興

七十八番　欲忘恋（恋を忘れんと欲す—上條注）

たえていと忘んとのみ思ひねの　夢にも君をみるかかなしさ　倉沢武矩

九十三番　旅行

古さとのたよりも哉と松島や　小しまの磯にけふハとまらん　千村静子

この「百番歌結」について、贄川六人、藪原一人、福島三人、所属不明四人からなる一四人の「信濃連四十九番歌結」がのこっている。それには贄川の千村政成・千村政識・千村巨海・小沢重喬と、「百番歌結」にはいなかった小林正方・河野高通がみられる。小林正方は、贄川村諏訪社神主の小林伊豆（藤原正方）のことである。小沢重喬とおなじく、桂園派歌人から、小沢重喬の紹介で平田門国学者となった。

福島の桂園派にかかわる史料は散逸してしまったというが、木曽谷の桂園派歌人を地域ごとにみると、贄川がもっとも歌人数のおおかったことは、みてきた史料からいえるであろう。

贄川の多彩な民衆文化

贄川に桂園派歌人たちが輩出するよりさき、贄川宿に庶民文芸としての俳諧がはいったのは、脇本陣の贄川清兵衛吉久（一七四三年没）の二男から本陣千村へ養子にはいった治右衛門重瑛《しげてる》（一六八八〜一七五八）あたりからであった。重瑛が孫の生誕を祝った句「はま

（注8）弓の弓とり一人まうけたり」などが、兼清正徳氏によってあきらかにされている（兼清正徳「木曽谷贄川宿における桂園派歌学の系譜―贄川家と千村家の場合」『信濃』第二九巻第二号　一九七七年二月）。

なお、千村重瑛の名を刻んだ石仏（写真5）が、観音寺の北に隣接する千村巨海さんのお宅の庭のすみに据えられている。千村氏の墓地の裏山にあった石仏がだれかに持ち去られはじめたので千村さんが引いてきて庭に据えた二つの石仏のひとつに、重瑛が造立したことが刻まれているのである。和機路《わきろ》棟宇《とうう》の俳号をもった重瑛らが、まず贄川に、俳諧をたのしみ和歌にも関心をもつ文化的雰囲気をかもしだした。やがて贄川嘉助勝房（勝巳　一七四四〜一八二三、八十歳で没）が京都の香川景柄《かげもと》（一七四五〜一八二一）に歌学をまなび、文化七（一八一〇）年ころ景柄の門人で養子となった香川景樹（一七六八〜一八四三）の門にはいった。景樹のもとに学んだ門人は約千人といわれ、信濃国では京都にでて景樹に学び、信濃に桂園派の歌風をさかんにした内山真弓などが知られていることは、すでにみた。

写真5　重瑛銘のある石仏
（千村巨海氏庭園）

なお、景樹の流派を桂園派というのは、景樹の歌集『桂園一枝《けいえんいつし》』（一八二八年）があることからきている。

景樹は、「歌はことわるものにあらず調ぶるものなり」と、理屈ではなく、「調べ」を大切にする説をとなえた。贄川勝房にあてた書簡のなかで、景樹が桂園歌学のありかたについて、つぎのようにのべた（兼清論文）。

1　元来《がんらい》歌と申すもの、むつかしきものにあらず、唯《ただ》思ふ事を見聞くに付《つい》て云《いふ》のみなり。

2　とかく虚気《きよき》に走らざる様《よう》専一の事に候。

3　今よみ給ふままに、とかく実物実景をよみ給ふべし。かりにもかざりたる偽《いつはり》はあるまじき道也。

4　俗語・平語をかまはず、出る侭《まま》によみ給ふべし。雅言《みやびごと》と申す事は別になき事也。

5　万葉集の詞《ことば》は万葉の世の俗言なり、古今集の詞は古今の俗言也。ならば今の歌は今の世の俗言にて云べき事論なく侍《はべ》り。

6　しかし俗言といへば鄙言《ひなごと》の事と思ふべからず。必《かならず》くそのみそのと申す事ならず。今の世のみやびたる詞の限《かぎり》を云べし。

「虚気」＝うそや偽りのない歌を、実物実景を見て感じたままにかざることなく詠むことを説いた。いわば、リアリズム＝写実主義の主張の芽ばえをみることができよう。ただ、実物実景は、花鳥風月や民俗を対象とし、社会や政治に言及することはほとんどなかった。

また景樹は、歌は時代時代の世の中の俗語による表現であるので、俗語やふだんの言葉でいまの時代にふさわしいものをつくることをも呼びかけた。ただ、鄙言《ひなごと》＝田舎言葉の「糞《くそ》の味噌の」といった表現によれということではなく、「みやびたる」＝風流なことばをできるかぎり追求することをすすめている。なおここでは、万葉集と古今集の和歌を時代の推移でちがっていると指摘しているだけにみえるが、桂園派は、賀茂真淵《かものまぶち》(注9)（一六九七～一七六九）・本居宣長《もとおりのりなが》(注10)（一七三〇～一八〇一）や平田篤胤などによる国学派の歌論や万葉集の和歌にたいし、古今調を重視した。

和歌の世界から政治への関心へ

このあと重瑛や勝房らのはたらきが母胎となって、贄川宿に景樹の子香川景恒（一八二三～一八六六）の門人となる人びとがあらわれた。千村・贄川両氏にかかわる人のほかに、さきにふれたように小沢文太郎が弘化元（一八四四）年ころ景恒に入門している。兼清氏は、「朝鶯《あさうぐいす》」と題する文太郎の短歌「鶯のこえの匂《にお》ひぞ余《あま》りける　あしたのどけき霞《かすみ》がくれに」（贄川軍平氏短冊）を紹介している。この桂園派の文芸中心の和歌の世界から、文太郎がやがて政治的色彩のつよまった平田門の国学にかたむいていったのは、京都政局や幕末の政治変革を期待する民衆の動きにうながされたからであろう。文太郎重喬の和歌に「皇門辺に近き国まで夷《えびす》らに　うかがはるゝが分けてくやしき」と、欧米列強の脅威のせまる動きを否定的に詠んだものがあらわれた。

ところで文太郎は、万延元（一八六〇）年四月に平田門国学にはいると、伊那谷の国学者たちがおこなった平田篤胤《あつたね》の著書『古史伝』(注11)の出版に、いちはやく出資した。

平田篤胤（一七七六～一八四三）は秋田

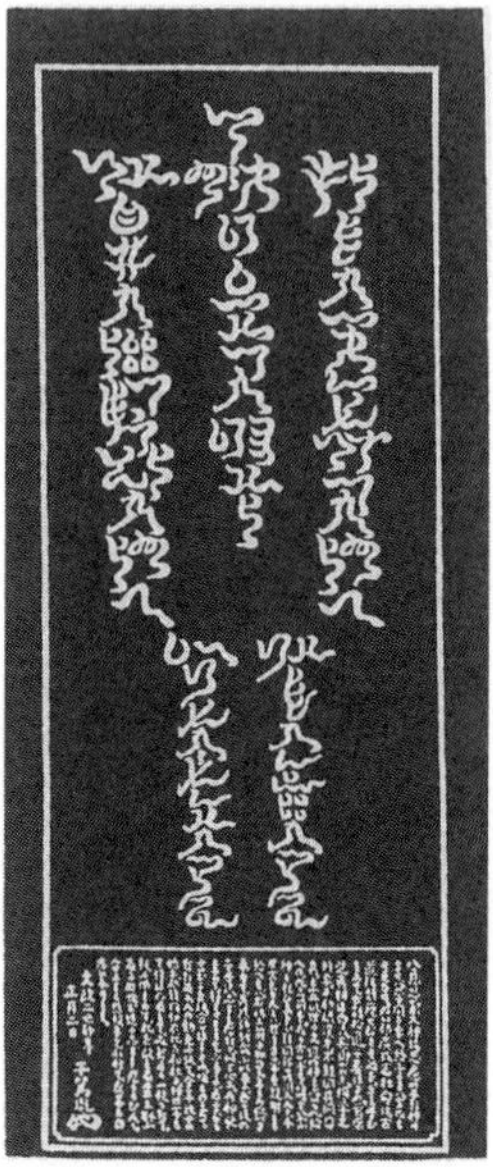

写真6　文政2(1819)年平田篤胤が書き、のちに印刷された神代文字（百瀬邦夫家文書）

の人で、号を気吹之舎《いぶきのや》・真《ま》菅屋《すがのや》という。本居宣長没後の門人と称し、古道（注12）の学をこころざし、古典の研究に力を注いだ。『古史成文』（文化八〈一八一一〉年）をあらわし、その註釈書として『古史伝』を書いた。大部の作品である『古史伝』の出版は、金銭のかかる木版刷であったため、岩崎長世《ながよ》（一八〇八～一八七九　本居宣長の没後門人から平田篤胤の門人となる。天保末年に諏訪にはいり、嘉永五〈一八五二〉年から文久二〈一八六二〉年まで飯田に住み影響を与えた）が伊那の平田門国学者らとともに、文久二（一八六二）年八月、有志に寄付金をもとめて公刊をくわだてた。

元治元（一八六四）年までに二八巻、慶応元（一八六五）年から一八八八（明治二十）年までに二九巻～三一巻が出版されるが、重喬は、下伊那の前島正美・樋口光信とともに「四之巻」の上木《じょうぼく》助成（出版への出資）をおこなった。出版のさい、彫板・印刷・製本などの工程は江戸でおこなわれ、江戸にいた平田銕胤《かねたね》（一八〇一～一八八二　篤胤の門人から選ばれて養子となる）が事業を統括した。だが、出版を提案し、資金の大部分をうけもったのは伊那の平田門人であり、信濃国の国学者たちであった。そのなかで、小沢重喬が伊那谷以外から最初の出資者となったのであった。自分たちで必要とする書物は、自分たちで出版しようとした当時の意気込みをうかがうことができる。

維新変革期の小沢家

ところで、小沢重喬の子どもたちが平田門人となったのは、慶応から明治へと歴史が転換した時期であった。この時期に、小沢家はどのような状況にあったのであろうか。まず、重喬の父が年寄をつとめ、重喬も問屋をしていた豪商としての経済的地位がゆらいできていたことが、指摘できる。これは、幕府の政治が終わり、宿駅の衰退がみられたほか戊辰戦争（注13）

への負担やつづく凶作にともない、宿の人びとの窮乏したことと関係していた。民衆の生活難のあらわれは、のちにくわしくのべる慶応二（一八六六）年の木曽騒動と呼ばれ、奈良井・贄川からも民衆が参加した世直し一揆に、端的にうかがうことができる。

いま、東京大学経済学部に寄託されている贄川宿の加納屋深沢茂吉〈葛助　文化十一〈一八一四〉年生まれ、一八九八〈明治三十一〉年八十五歳で逝去〉にかんする史料がある。そのなかの『明治二年午正月頭惣代勤役中諸事書留　深沢茂吉』という小冊子の最後に、つぎのような証文の写しが書きとめられていた。読みくだしにして紹介してみよう。

差し上げ申す一札の事

宿方窮民へ直安米《じきやすまい》売り捌《さば》きとして、小沢文太郎儀、当正月御総管所（注14）より御金百五拾両拝借いたし、かねて去る十月中上納つかまるべきところ、追々《おいおい》御承知のとおり、同人儀も内輪《うちわ》不如意《ふにょい》につき、はからずも右御金遣《つか》い込みにあいなり、一時に返上行き届かず、漸々《ようよう》このたび四拾五両上納、残（ママ）り百拾両の儀は、当月二十五日まで日延べの儀再三お願い申し上げ候《そうろう》ところ、格別の御実意を以て御承知なし下され有難く存じたてまつり候。然《しか》る上は、当人家財売り払い候てなるとも、右日限まで相違なく上納取り計《はか》らいなし申すべく候。万一当人あい滞《とどこお》り候節は、親類より急度《きつと》弁納つかまつり、聊《いささ》かも御厄介御迷惑あい懸け申すまじく候。後証のため親類連印一札差し上げ候ところ、件《くだん》の如《ごと》し。

明治三壬午年十月

小沢文太郎親類
市川久蔵
陶山吉右衛門
陶山伝兵衛
万屋《よろずや》清兵衛

御役元

この文の要旨は、「貧窮した民衆の生活のために安い米を売りさばくために、名古屋藩が木曽福島においた総管所から、明治三（一八七〇）年正月に小沢が一五〇両を拝借しました。この金は、同年十月中に上納するはずでしたが、小沢は自分の家の生活が思うようにいかなくなり、一時に返すことができなくなりました。ようやく四五両を上納し、残り一一〇両は十月二十五日までの日延べを再三お願いし、格別のはからいで認めていただき有難く思っています。こうなったからには、当人の家財を売り払ってでも日限までに間違いなく上納します。万一当人が納められないときは、親類からきっと納め、ご厄介やご迷惑をかけません。のちの証拠のため親類のものが連印して証文を差し上げます」といった内容である。

連印した四人のうち、文太郎の弟小沢清兵衛（よろずや）、文太郎の子どもが養子にはいった市川久蔵、それに陶山《すやま》家の二人が署名している。このうち、陶山伝兵衛（筑摩郡宗賀村市岡勘之丞三男から、陶山吉右衛門の叔父陶山政盈の養子にはいった）をのぞく三人が平田門国学者であることは注目され、陶山伝兵衛の長兄市岡晋一郎（官之丞）も、平田門人となっている。

また、地域のリーダーであった小沢たちが、生活難、とりわけ日々の米にも不足する人びとの困窮を解決しようとしたが、自分たちの経済的なピンチをも余儀なくされていったことがわかる。もっとも、小沢の経済的なピンチは、ただちにかれの地域における指導的な力を失わせることにはならなかった。むしろ、変革期の民衆の期待を反映させて、地域のあたらしい社会づくりの先頭をになおうとする傾向をつよめていった。

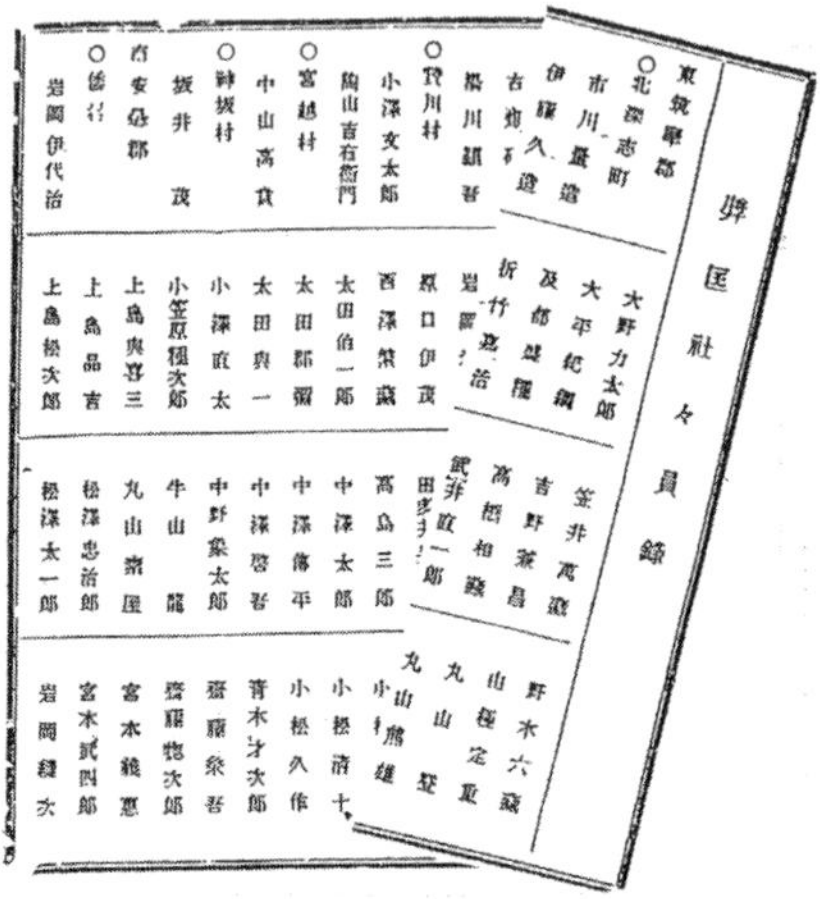
東筑摩郡
○北深志町
市川量造
伊藤久蔵
小沢文太郎
陶山吉右衛門
○宮越村
岩岡伊代治
大野力太郎
太田伯一郎
太田与一
小沢直太
上島品吉
上島松次郎
高島三郎
中沢太郎
松沢忠治郎
松沢太一郎
小松久作
青木才次郎

写真７　奨匡社社員名簿（1880年８月）

その一つは、文太郎の自由民権運動（注15）への参加である。一八八〇（明治十三）年四月に松本で結成され、全国的に注目された国会開設運動をくりひろげる自由民権結社の奨匡社《しょうきょうしゃ》社員名簿のなかに、小沢文太郎の名を、同じ平田門人であった陶山吉右衛門の名とともに見出すことができる（後述）。また、それよりさき、一八七四（明治七）年五月二十九日、木曽の民衆を文明開化におもむかせるため、筑摩県福島取締所が木曽博覧会（注16）を計画し、博覧会世話役三六人を村ごとに選んだなかに文太郎がいた。博覧会は、松本城天守閣を会場に、一八七三年十一月から十二月に懸けてひらかれたものを皮切りに、七四年には飯田・松本・上諏訪・大町・高遠で開催されていた。木曽福島では、興禅寺を会場に八月十日から二十五日にかけて開催される。その準備をすすめた世話役のなかに、奈良井村の野村忠一郎とともに贄川村の小沢文太郎の名があったのである。さらに、文太郎は、学制による教育行政にもたずさわった。

贄川村戸長の千村三郎次郎のもとで、文太郎は贄川学校主管人を一八七六（明治九）年五月から十二月まで、つづけて同校執事を一八七七年から一八八〇年二月までつとめている（『明治三十五年四月　贄川尋常小学校沿革誌』贄川小学校所蔵）。主管人とは、筑摩県が明治五（一八七二）年五月に小学校設立のために任命した学校世話役のなかで中心となってはたらく人で、七六年四月にもうけられた役職であった。就学しない子どもたちへの督励、教員や生徒の出欠席簿の提出、校費の出納、教員などの給料の支払い、書籍や器械の保管など、学校の管理・運営にあたる、いわば現在の教育委員会の仕事を担当した。いっぽう執事は、筑摩県が長野県へ合併したあと、一八七六年十一月におかれることとなった学校の管理責任者であった。

本陣・問屋・年寄クラスの平田門人

贄川宿については、贄川清吉家所蔵の宿絵図がある（独立行政法人文化財研究所奈良文化研究所編『加納屋深澤家住宅調査報告書』楢川村町並み文化整備課　二〇〇四年　六、七頁）。文久（一八六一～六三年）ころの絵図と推定されている。

贄川宿の町割は、北の「江戸之方入口」から下町・中町・上町となっていた。それぞれの町境は広小路で区切られ、南の「京之方入口」にいたっている。中山道街道の東がわに六二筆、西がわに四九筆、合せて一一一筆の家がしるされ、宿の中心は下町で全家数の半数ちかくの五一軒があつまっていた。床面積が二〇畳から三〇畳ほどの小規模の家がおおいが、中町寄りの下町には西がわに本陣千村右衛門司、年寄太田三左衛門（一〇畳二間、八畳二間、六畳三間、勝手一二畳、板間六坪）、年寄倉沢真一郎（八畳二間、六畳一間、勝手八畳、板間二坪）の三軒が並んでいた。倉沢家のとなりが中町との境

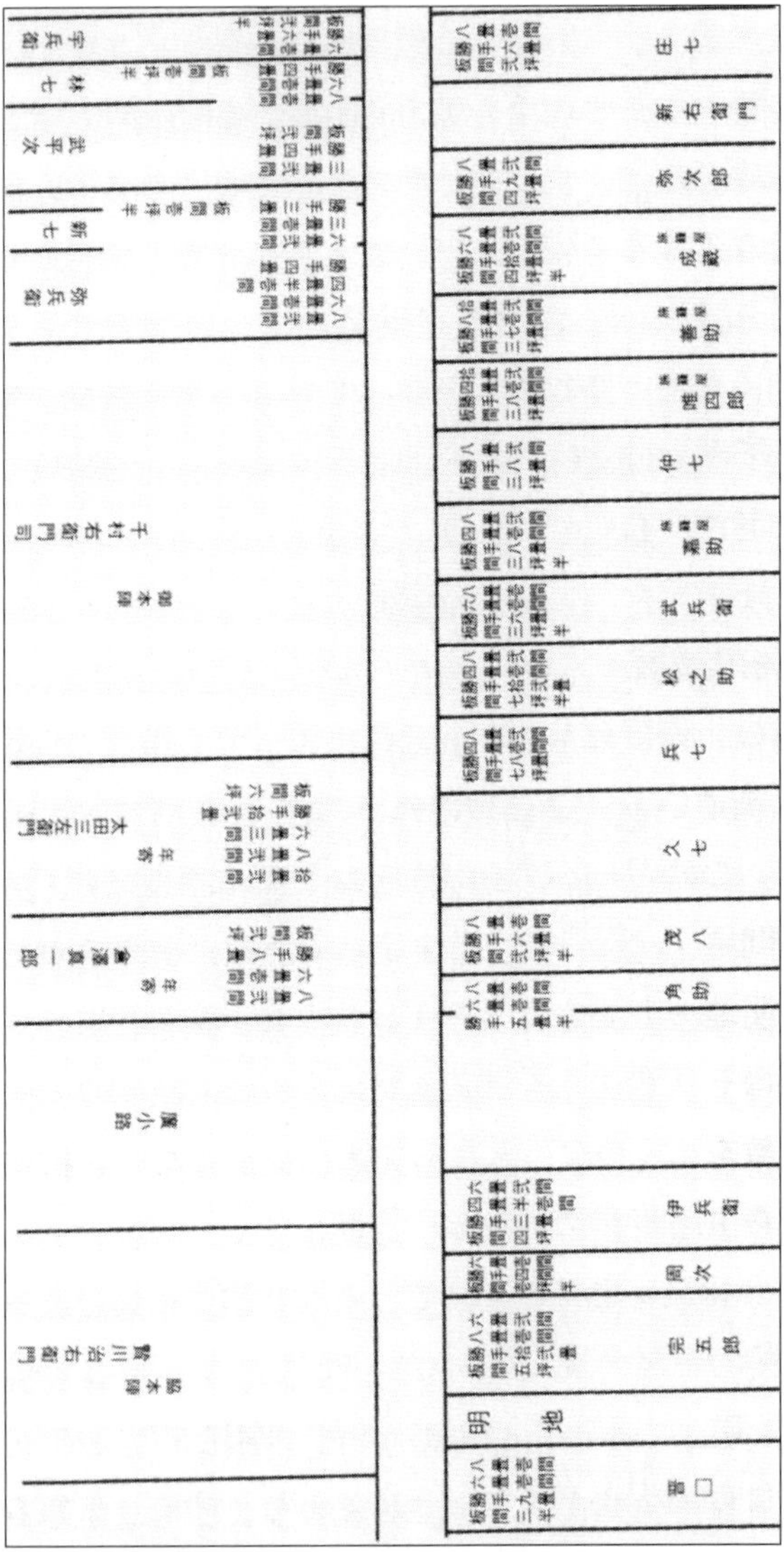

図１　贄川宿絵図翻刻（贄川清吉家蔵　『加納屋深澤家住宅調査報告書』より転載）

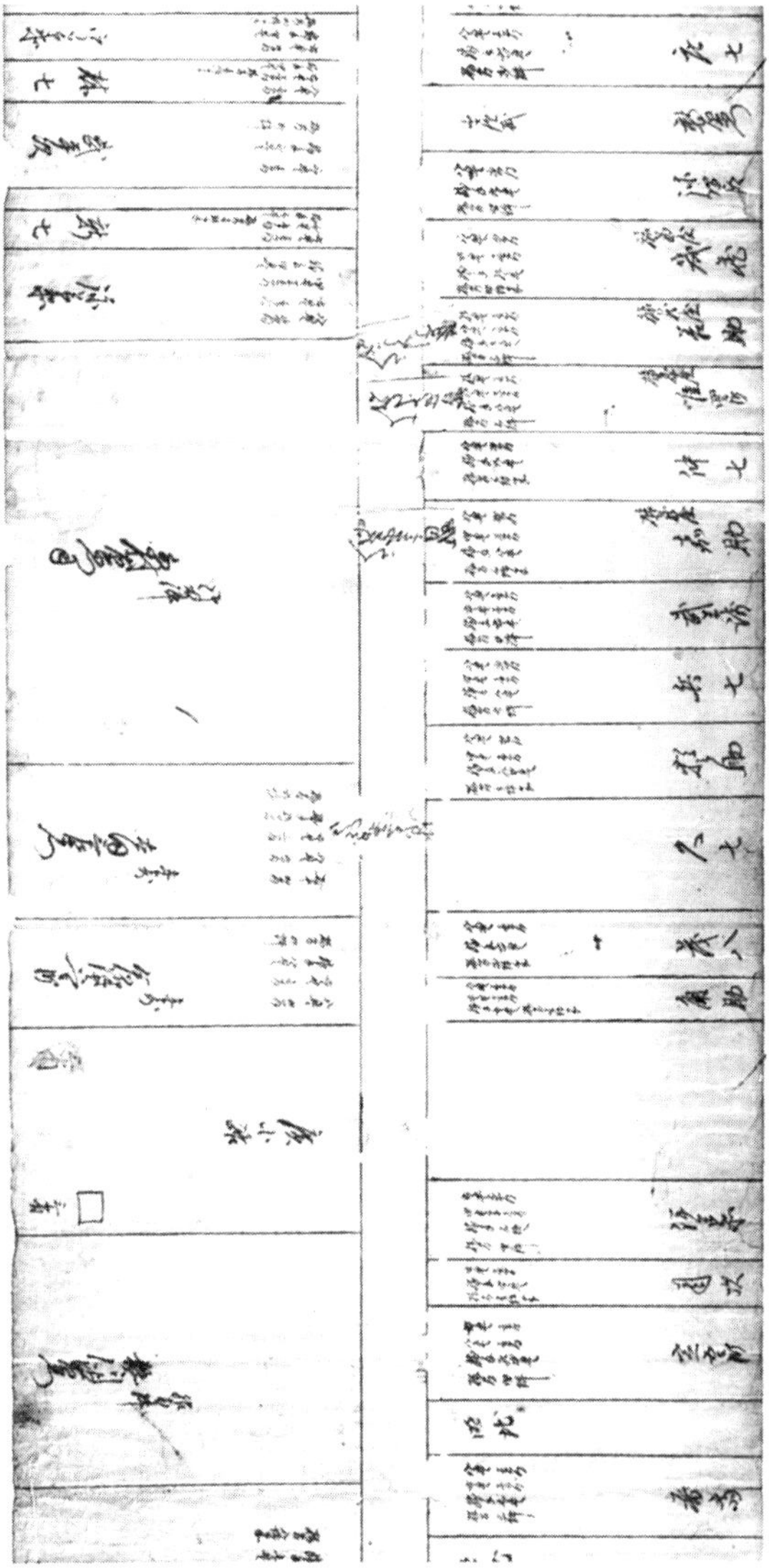

写真８　贄川宿絵図（贄川清吉家蔵　『加納屋深澤家住宅調査報告書』より転載）

の広小路で、中町西がわの最初が脇本陣贄川治右衛門であった。

中町の西がわには、年寄小沢哲右衛門（平田門人小沢文太郎　一〇畳一間、一二畳一間、八畳一間、六畳三間、勝手一三畳、板間七坪半）、二軒はさんで千野長右衛門（平田門人　八畳一間、九畳一間、一二畳一間、六畳二間、勝手五畳、板間四坪半）、問屋倉沢謙十郎（一〇畳一間、八畳一間、六畳二間、四畳一間、勝手一一畳、板間一〇坪）、

旅籠屋陶山吉右衛門（平田門人　一〇畳三間、八畳一間、六畳四間、勝手一三畳、板間一〇坪）が並んでいた。陶山吉右衛門宅の街道をへだてた東がわに旅籠屋市川久蔵宅（平田門人　一〇畳二間、一二畳二間、八畳二間、六畳一間、勝手一三畳半、板間五坪半）があった。

上町の東がわの広小路のとなりが加納屋深沢万助（八畳四間、一二畳一間、勝手九畳、板間八坪）で、その京がわ二軒目が神主小林伊豆（八畳二間、勝手一二畳、板間二坪）であった。京之方入口から西へ三軒目の街道は枡形になっており、枡形から北にはいった三軒目に伊藤金助（住吉屋　六畳一間、勝手六畳半、板間二坪）がいた。上町西がわには、小林伊豆のななめ前に旅籠屋陶山伝兵衛（八畳四間、七畳半一間、六畳一間、勝手一二畳、板間八坪半）がいた。

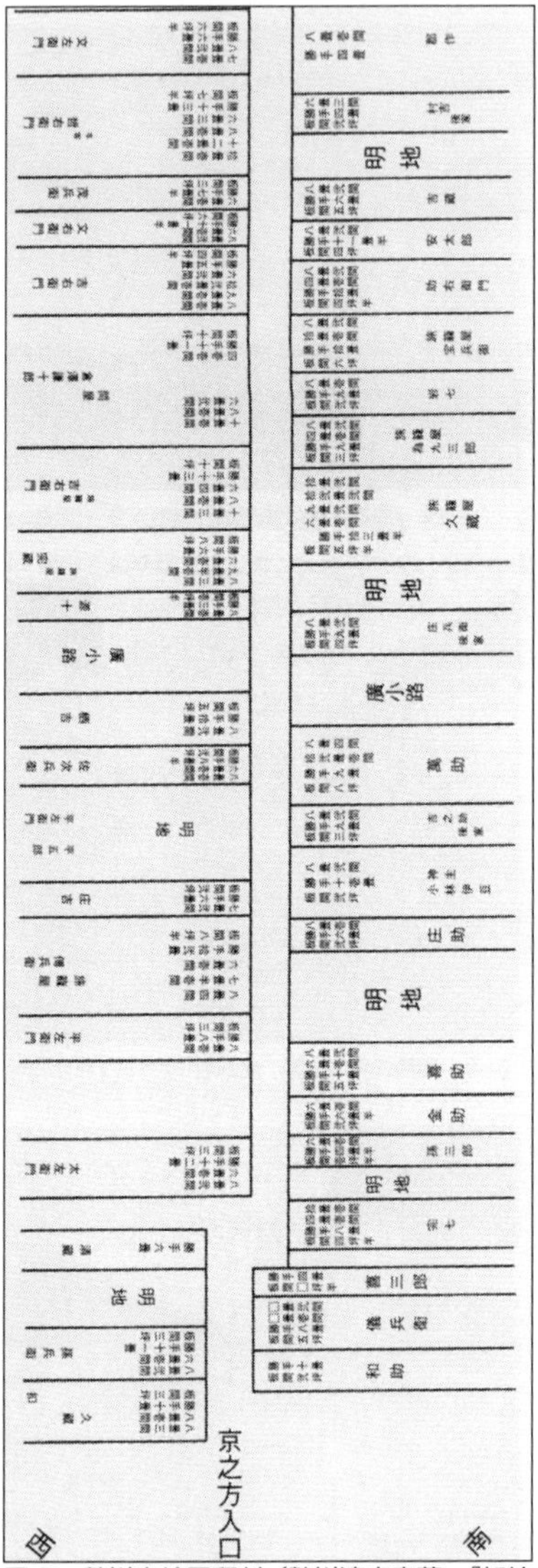

図２　贄川宿絵図翻刻（贄川清吉家蔵　『加納屋深澤家住宅調査報告書』より転載）

贄川宿の町割一一一筆のうち、肩書きがしるされた家は、本陣一、脇本陣一、問屋一、年寄三、神主一、旅籠屋一二、合せて一九軒であった。明地（空地）が一〇軒分あり、本陣・脇本陣のほかには、部屋数が畳・勝手・板間など大きさがしるされている。

贄川宿では、問屋と年寄を兼ねた家の小沢文太郎のほか、問屋の倉沢隆之助（謙三と改名　嘉永元〈一八四六〉年六月二十六日生まれ、一九二二年死去）、脇本陣の贄川克巳（清水と改名　嘉永三〈一八五〇〉年八月十五日生まれ　一九二四年死去）が平田門人になっている。倉沢隆之助は、桂園派の歌人であった倉沢謙十郎武矩の子である。また贄川克巳は、やはり桂園派歌人贄川昌興の子である。さらに、贄川克巳の妻里勢《りせ》は、本山宿の平田門国学者花村左太夫の長女である。花村は、小沢重喬の紹介で平田門

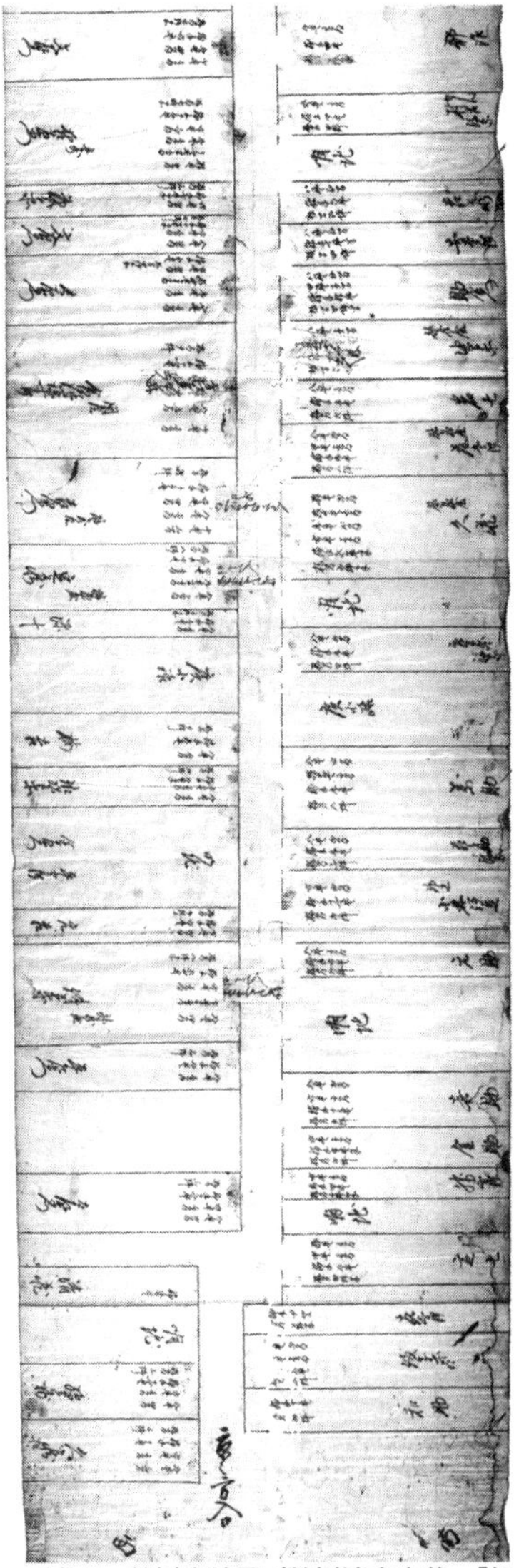
写真９　贄川宿絵図（贄川清吉家蔵『加納屋深澤家住宅調査報告書』より転載）

人となっている。贄川宿は松本平、とりわけ隣接する本山宿や日出塩村・塩尻町村などと姻戚関係をもつ人びとがおおく、社会的地位を姻戚関係で維持しようとする意識もつよかった、とおもわれる。

贄川宿絵図では旅籠屋一二軒があったが、そのうち陶山吉右衛門と市川久蔵が平田門人となった。

和宮通行と贄川宿

『夜明け前』の第一部第六章三には、まず、文久二（一八六二）年十月の和宮通行の木曽谷への影響がえがかれている。おおげさな警護がおこなわれ、西は大津から東は江戸板橋まで、和宮通行にかかわる前後の警衛に一二藩、道中筋の道固めに二九藩がかかわったとある。木曽路の道固めは尾張藩が担当したこと、木曽一一宿の本陣や旅館での宿泊や御小休み、周辺の民衆への助郷による大きな負担があったこと、京都方の役人が木曽の宿で「御祝儀」を巻きあげたこと、などが人びとに口唇《くちびる》をかませた、ともある。

松本市立図書館所蔵の『和宮様下向日記』（文久二年仲春成立）には、現実の和宮通行のさいの木曽谷と松本平の記述がおおい。なかに、つぎのような内容がしるされている（『新編信濃史料叢書　第二十巻』信濃史料刊行会　昭和五十三年）。

和宮通行の準備のため、文久二年九月二十八日には、贄川・奈良井・藪原・宮越四宿の問屋・年寄が連名で、「大助郷」の請書を福島奉行・尾州役人助郷掛に提出している。贄川宿の問屋千村右衛門次《司カ》・年寄小沢哲右衛門（小沢重喬）、奈羅《（良）》井宿問屋六郎左衛門・年寄平蔵が、藪原・宮越の問屋・年寄とともに、署名した請書であった。

十月二十三日には、和宮が泊った藪原と本山のみでなく、奈良井や贄川でまかなう負担の内容をしるした宿方・村むらへの触れがあった。米餅・焼米・味噌・塩・漬物・敷物などの夫喰《ふじき》、高張・まとい・ろうそく、人足ひとりひとりの腰につける木札などの準備や助郷人馬の割賦について、周知するように贄川など四宿に触れがとどいている。四宿の惣代には問屋二人、年寄四人が署名した。問屋のひとりが千村右衛門次、年寄の二人は小沢哲右衛門（小沢重喬）・贄川清右衛門（贄川昌興）であった。

和宮通行の助郷は、中津川から本山までの通し人足が四五五〇人いた。この夫喰は宿ごとにまかない焚き出すように命じられた。ほかに、藪原から本山までの人足が一万三〇〇〇人、囲み人足に宮越・藪原・奈良井・贄川各三〇〇人ずつ、計一二〇〇人が駆りだされた。十月二十六日、和宮一行は藪原を出立し、鳥居峠を越え、奈良井宿・贄川宿をへて宿泊する本山宿に到着した。本山宿では、洗馬宿・塩尻宿と一緒に、人足二万七五五九人、馬九九四疋をそろえていた。

『夜明け前』の第二部第八章には、明治四（一八七一）年十一月に、木曽谷三三か村の総代一五人が名古屋県福島出張所にたいし、維新にともない木曽谷中の停止木《ちょうじぼく》(注17)を開放し、山林なしには生きていけない地域人民を救いだしてほしい、と歎願した経過が描かれている。これは、あたかも廃藩置県(注18)のあとの府県合併(注19)のときとかさなった。藩から県になったばかりの名古屋県が、松本に県庁をおく筑摩県に合併されるときにあたっていたのである。名古屋県福島出張所へは、王滝・贄川・藪原の総代とともに、半蔵も出向いて歎願書を提出した。この運動は、さらに明治五（一八七二）年五月十二日を期して、やはり贄川・藪原・王滝・馬籠の四か村総代による筑摩県への歎願運動に発展する。「五月の十二日を期して再度の歎願書を差し出すことから、その前日まで贄川に集まって、四人の総代だけが一同に代り松本へ出頭するまでの手筈も定まった」のである。しかし、五月十二日が近づいたころ、筑摩県の福島支庁からとつぜんの召喚状が半蔵のもとへ届く。福島興禅寺にあった福島支庁へ、五月十二日に出頭した半蔵は、「今日限り、戸長免職と心得よ」といい渡された。

半蔵は、山林開放問題に熱心にとりくんだことが原因で、筑摩県から戸長をやめさせられたと感じた。「御一新がこんなことでいいのか」と、福島からの帰り道に半蔵が独り言をいい、路傍の石に腰掛けながら考え込むシーンは、『夜明け前』でよく知られてきた。

『夜明け前』のこの場面は、贄川村総代と直接の関係はない。また、四か村の総代で『夜明け前』に具体的な人物として登場するのは、王滝村の遠山五平戸長だけである。しかし、藤村の『夜明け前』の取材の手助けをした歴史学者の所三男氏は、「木曽山林事件の経緯」(『藤村全集』別巻下)という論文のなかで、木曽の「明き山」(注20)の完全開放をめざした運動がはじまったのは、明治四(一八七一)年十二月ではなく、それより二年九か月はやい明治二年三月であったこと、明治四年十二月の木曽三三か村の総代は、一三か村からでており、王滝は松原彦右衛門、藪原(現木祖村)は伊沢源左衛門、馬籠は島崎吉左衛門(正樹)、そして贄川は倉沢隆之助と千村右衛門司であったことを原史料からあきらかにされた。また、奈良井村の総代は手塚儀十郎であった。なお、明治四年の願書は、十二月七日に名古屋県福島出張所へ提出されており、そのときの談合に出頭したのは、島崎正樹・松原彦右衛門・倉沢隆之助と荻原村(現上松町)の飯島要次郎であったことが、所氏によってあきらかにされている。

ところで、木曽の山林事件と国学者青山半蔵とは、切っても切れない関係でむすびつけられているが、「明き山」開放の嘆願書へ署名した三三か村総代のなかで、平田門人は島崎正樹と倉沢隆之助の二人だけであったことに気づかされる。これは、贄川の『夜明け前』をあきらかにしようとすれば、問屋の倉沢隆之助が、注目しなければならない存在であることをしめしている。さらに、最後の贄川宿本陣の役をつとめた千村右衛門司（三郎次郎のこと）の役割もみおとすことができないであろう。

夕立　　景村
中々に晴て
暑さはまさりける
ふりとげざりしゆふたちの雨

写真８〈短歌色紙〉千村景村書（百瀬康氏所蔵）

本陣千村家の人びと

本陣の千村家の人とおもわれる平田門人には、千村精一郎政昇がいる。政昇は、入門慶応四（一八六八）年四月に二十三歳とあるから、弘化二（一八四五）年ころの生まれとなる。すでにふれた兼清正徳氏の研究によれば、香川景恒門人に千村精一郎政成（文化十四〈一八一七〉年～慶応二〈一八六六〉年）と妻静子（文政八〈一八二五〉年～一八九一〈明治二十四〉年 安曇郡郡柏原村〈現安曇野市〉関織江孟雅の長女）がいた。この精一郎は、本名を千村大炊《おおい》右衛門《うえもん》という。かつて「信州木曽贄川宿における平田篤胤没後門人について」研究した百瀬宗治氏は、精一郎政昇にその大炊右衛門の長男千村三郎次郎をあてている（『信濃』第二六巻第一一号・第一二号、一九七四年）。これは、のちにあきらかにするように誤りであろうが、贄川宿の本陣・問屋・年寄クラスの階層から、和歌や歌学、さらには国学に情熱をかたむける人びとがでたことはまぎれもない。

すでにみたように、贄川からの香川景恒門人には小沢文太郎・小林伊豆がいたが、ほかには、千村万作景村（大炊右衛門の弟　文政九〈一八二六〉年～一八八五〈明治十八〉年）、贄川清左衛門昌興（正巳の父　一八一二〈文化九〉年～一八七四〈明治七〉年）、医者の下條行蔵言志《ことし》（大炊右衛門の叔父　文化元〈一八〇四〉年～一八八〇〈明治十三〉年）がいた。このうち千村景村は、本陣の千村氏から一八六四（元治元）年に別家をたてた。かれは、平田門にははいっていないが、和歌をつづけた。一九一〇（明治四十三）年に景村の長男千村退蔵が、景村の妻操《みさお》（大炊右衛門の妻静子の実妹）の七十七歳の祝いに和歌・俳句・詩文・書画などの恵贈をひろく求めた文章には、つぎのようにある。

亡父千村景村若かりけるときより和歌を嗜《たしな》み、嘉永元年申《さる》の年桂園の二世なる香川景恒大人《うし》の門に入り、慶応元丑《うし》の年に至る十余り八とせかほど、一と世も欠くることもなく都に上りて教を受け、諱《いみな》の一字をさへさづかりて景村とぞ称《とな》へける。明治の始つ頃屢《しばしば》東京日本橋西河岸町なる伯父下条行蔵の許に遊び、故八田知紀大人《はつたとものりうし》、松波資之大人、其他諸大家に交り、唱和の栄《さかえ》をさへ荷《にな》へりしに（下略）

景村は小沢重喬とはちがい平田門人にはならず、京都から東京へと学ぶ場所をうつして、桂園派の歌人として精進したのであった。兼清氏は、千村政成（大炊右衛門）と弟政識（景村）の「桂園派への傾倒は出色である」といい、「政識は嘉永元（一八四八）年に二十三歳で景周宅に寄宿して歌学に励んだのち、明治に入っては桂園同門の八田知紀・渡忠秋・松波資之らと交わり、明治九年（ママ）の頃には景恒に学ぶこと一八年の精励を認められて、景の一字を賜られて景村と歌号するに至った」としるしている。景村が、贄川の小学校教育の草創期に重要な役割をはたすことは、のちにみるとおりである。なお、引用した文章のなかの八田知紀（一七九九〜一八七三）は、薩摩出身の歌人で、維新後は東京にでて宮内省の歌道御用係などをつとめる人物である。

　ところで、山林事件に氏名のある、政成の長男で景村の甥にあたる千村三郎次郎（巨《おおい》と改名　父の大炊《おおい》右衛門の大炊＝巨をとったのであろう。天保十二〈一八四一〉年二月十七日生まれ　一九〇九年死去）は、この地域でおおくの村役をながくつとめた。明治五年の郵便制度のはじまりとともに郵便御用取扱[注21]となり、戸籍をつくるための筑摩県第四十三戸籍区（贄川村・奈良井村）の戸長に任じられた。一八七四（明治七）年には、大区小区制[注22]という村のうえにかぶせられた行政区画である第六大区第一小区（贄川村と奈良井村がはいる）の戸長となった。一八七九（明治十二）年一月、大区小区制が廃止されて郡区町村編制法[注23]により、西筑摩郡ができるとそのもとで贄川村戸長を担当している（後述）。村政ばかりでなく、かたわら教育行政にもかかわり、一八八二年には西筑摩郡第十一番学区学務委員となった。いっぽう、一八八〇年に木曽谷を明治天皇が巡幸[注24]したさいには贄川宿御小休所[注25]を担当し、短歌「大君の渡ります日をいのちにと　かけてぞ祈る木曽の桟」を奉呈している（後述）。かれが和歌の世界に通

写真9　御小休所の看板
（百瀬康氏所蔵）

じていたことは兼清氏の研究でもあきらかになっている。行幸のさいには、十一歳八か月の長女三芳（戸籍では美芳　明治元〈一八六八〉年生まれ　景村の長男退蔵と結婚）も贄川学校簡易小学校第一級生で奉呈文を書いている（乙部泉三郎編『信濃御巡幸録』信濃御巡幸録刊行委員会　一九三三年　四三四頁）。なお、三郎次郎はのちにもみるように一八八五年からは奈良井村をふくめた連合戸長役場の行政に重要な役割をはたし、一八八九（明治二十二）年に贄川村と奈良井村が合併して楢川村となると、初代の村長にえらばれている（「履歴書」長野県庁文書『明治二十二年　戸長履歴之部』所収）。

しかし三郎次郎は天保十二（一八四一）年生まれであるから、政昇が平田門人となった慶応四（一八六八）年には二十七歳である。百瀬宗治氏は、平田門にはいったとき二十三歳の精一郎政昇を三郎次郎と同一人物とみているが、年齢からみて無理である。三郎次郎には、嘉永六（一八五三）年十二月二十六日生まれの弟で大炊右衛門三男の虎雄がいることがわかっているが、かれは慶応四年には十五歳に過ぎない。精一郎政昇が千村であることは間違いないから、三郎次郎の次弟、虎雄の兄（不詳）が政昇であるとみて誤りないと、わたしにはおもわれる。

陶山吉右衛門と周辺の同士

小沢重喬についで、陶山吉右衛門正名《すやまきちうえもんまさな》が贄川の平田門人では注目される。正名は、贄川では小沢重喬と神主小林伊豆正方についで、三十二歳のとき平田門にはいっている。

陶山家のうち、正名は北陶山・柏屋《かしわや》の屋号で知られた有力商人である。贄川宿絵図では、一〇畳三間、八畳一間、六畳四間、勝手一二畳、板間一〇坪の旅籠屋となっている。天保三（一八三二）年十一月三日、父吉右衛門・母さだ（筑摩郡南栗林村〈現松本市島立〉大久保九右衛門の長女）の長男として生まれ、一九〇四（明治三十七）年五月二十日に七十一歳で逝去する。

かれが、平田門へ勧誘した贄川の人は、恒徳という名前で姓が門人録には書かれていない座頭（盲人）と山口栄蔵（天保七〈一八三六〉年～一九一一年）であった。また正名は、筑摩郡日出塩村（現塩尻市）の市岡官之丞《かんのじょう》を紹介して平田門人としている。日出塩の市岡と陶山氏とのかかわりは強く、陶山でも正名の叔父伝兵衛政盈《まさみつ》がはいった西陶山には、その養子に市岡家から伝兵衛政興《まさおき》がきている。その政興の長兄が官之丞であった。

東陶山といわれる贄川の陶山文一さんのお宅にあった史料には、陶山伝兵衛政興について、東筑摩郡宗賀村日出塩市岡官之丞三男とあった。政興の長兄市岡官之丞（のち晋一郎と改名）は、慶応四年三月に岩倉東山道鎮撫《とうさんどうちんぶ》総督《そうとく》（注26）にしたがって戊辰戦争に参加、のち三井組にくわわって下総国東葛飾郡小金ケ原を開墾している。（注27）

陶山正名は、のちにややくわしくみるように慶応二（一八六六）年の木曽騒動で指導的な役割をみずからはたした模様であり、その後も贄川で指導的な仕事につく。さらには、国学者から自由民権運動へ参加した一人となり、自由民権結社の奨匡社に加入する。なお、市岡官之丞の次男伝太も奨匡社員となった。

陶山正名は、筑摩県のもとですすむ近代化が人民保護を重視したものであることに関心をもっていた。松本平の初期民権家市川量造・窪田畔夫などが発行していた『信飛新聞』(第一一一号 一八七六〈明治九〉年一月十二日)の投書欄に、贄川駅陶山吉右衛門のつぎの投書が載った(句読点は上條)。

夫レ、売淫ノ害タルヤ杯ト六ケ敷事ハ存ゼネド、往昔吉原全盛ノ時、一婦ノ為メニ数百人ノ命ヲ損亡シタト聞キマスレバ、実ニ恐ルベキノ第一ナル。爰ニ我本県明府君ハ疾ニ其弊害ノ根原ヲ絶チ、人民保護ノ厚キ事、他県ニ卓越セル処ト、余ガ輩歓喜ニ堪ヱザルナリ。偏ニ望ム、猶向来厳禁ノ令ヲ布セラレン事ヲ。余《予カ》ヤ、従来売淫巣窟ノ中ニ在テ、常ニ其弊害ノ原素ヲ熟知スルヲ以テ、聊カ老婆心ヲ吐露シ、貴新聞紙ノ余白ヲ汚サント欲スル者ハ贄川駅陶山吉右衛門

筑摩県は、置県以来、売春制度をきびしく取り締まった。明治五(一八七二)年十月二日、政府の芸娼妓解放令にあたって、長野県が芸妓は許可し娼妓は禁止したのにたいし、芸妓も娼妓も厳禁の方針をとった。陶山は、これを評価したのであった。人権の視点からとはいえないが、人民の生命保護の観点から、陶山はその厳禁を支持し、継続を主張した。『信飛新聞』には、民衆の病気について報道しており、梅毒がひろくみられたことも、陶山の投書の背景にあったとおもわれる。

また、陶山正名は、一八九〇(明治二十三)年前後には俳句の世界で、地域では知られた存在であっ

た。平沢の橋戸姓の人びとが祀る小社に橋戸大山神社がある。この神社の社殿に、木製の「奉額　橋戸大山神　冠字附　集吟三百余草　一題抜草六十吟　判者　鶯語」がかかげられている。「明治二十二年八月朔日祭礼　寄進氏子中　催主　冨寿　駒末　一亀」と、奉額の末尾にある。氏子を代表する三人が俳号で祭礼のさいに句会を開催し、奉納したもので、六十吟は「橋」「戸」「大」「山」「神」の漢字を一字目に入れて詠った俳句が、それぞれ一二句ずつ、合計六〇吟、同神社の氏子の詠んだ「三百余草」からえらばれて墨書されている。この判者の俳号「鶯語」が贄川から招かれた陶山正名であった（『檜物でくらす人々　木曽・楢川村誌　第三巻　近世編』では、この奉額を幕末のものとしているが誤り）。

『信濃明治俳家集』（上　和本）が、南安曇郡豊科鳥羽の菱月舎井口翠湖編輯、松本町土井尻の叢月堂金丸対山校閲で、一八九六（明治二十九）年春に「神道権大教正　八十四齢　月之本素水」の序を得て発行された。その西筑摩郡の冒頭に、楢川村贄川の「留春園鶯語　陶山吉右衛門」、つづけて「仝　仝　鶯鳴亭　梅友　斎藤恒徳」がある。つづいて平沢の六人、奈良井の二人の俳人の俳号と俳句が載っている。陶山の句は「敷島の道に薫るや梅さくら」、斎藤の句は「雉子鳴や水に影引く山かつら」であった。平田門国学者であった贄川のふたりが、俳句の友であったことがわかる。また、『信濃明治俳家集』（下　和本）は、上とおなじく井口翠湖編輯・金丸対山校閲で、長野県東筑摩郡松本町第二千三百十五番地寄留の井口浦太郎の編輯兼発行人によって、一八九八（明治三十一）年三月五日に発行された。上が春の部であったのにつづき、夏の部、秋の部、冬の部が載り、贄川の鶯語（陶山吉右衛門）と梅友（斎藤恒徳）の俳句は、つぎのとおりであった。

夏の部　月も出て　客饗応《もて》なすや　なつざしき　鶯語
　　　　山寺のかねや　茂りに籠るおと　梅友
秋の部　樹の蟻の　葉うらへ廻る　残暑かな　鶯語
　　　　思ひ合ふ　こゝろも晴れて　今日の月　梅友
冬の部　綾錦　着るも甲斐なき　落葉かな　鶯語
　　　　我借りし　覚ゑて貸すや　ゆきの宿　梅友

なお、この俳家集を編集するにあたり、各郡に「特別補助員」を依頼したが、西筑摩郡は、平沢の巣山亀残（巣山亀之助　吉雪庵亀残）がえらばれた。

正名といっしょに平田門人となった人に坂本屋の千野長右衛門がおり、やはり小沢の紹介によっている。「さかちょう」と略称される千野長右衛門は、奈良井宿の長泉寺の檀家である。だが地域の有力者のため、観音寺過去帳にも、一八八二（明治十五）年二月二十日に「他旦」（他の寺が旦那寺であるという意味）として七十四歳で逝去したこと、戒名は鶴長斎教運心譲居士であることがしるされていた。

千野幸作さんのお宅には、神宮の小林伊豆が千野長右衛門にあてた二つの証文がのこっている。ひとつは、元治元（一八六四）年七月一日、金一〇〇〇疋（二五貫文）を寄付したので、産土《うぶすな》神社の祭礼や神幸のときお神輿《みこし》・御杖《みつえ》の神主門祓《かんぬしかどばら》いを永代につとめるという「證状之事」である。もうひと

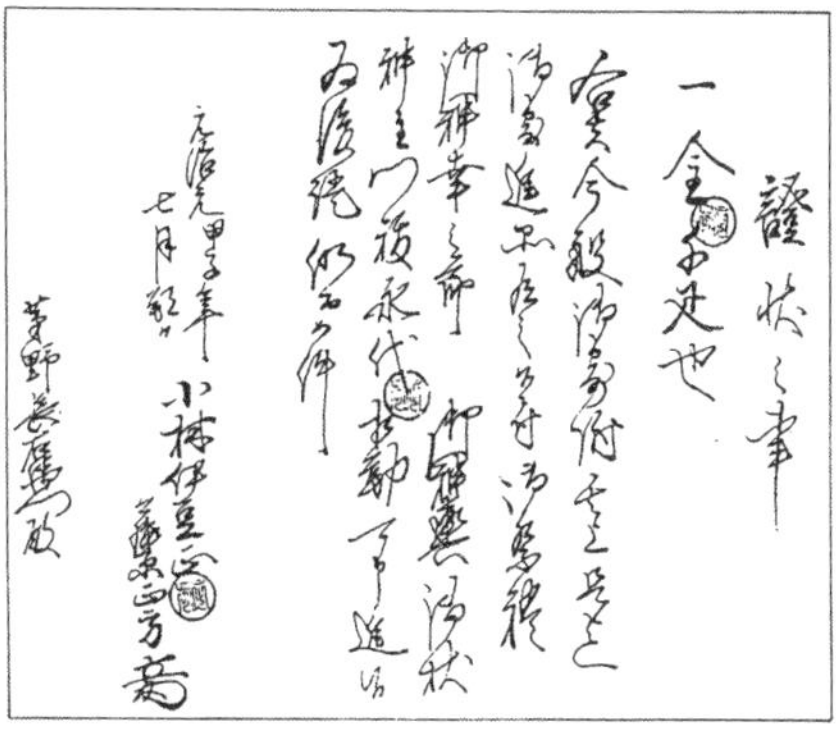

写真９　神官小林伊豆正方が書いた「證状之事」
（千野幸作家文書）

つの「後証」は、慶応元（一八六五）年六月に、産土神社の造営に格別の世話をしてくれ、「御信心寄《（奇）》特」であるので、小林伊豆が神官の一代は、元旦・五節句・御祭礼社頭式日などに幣《ぬさ》を奉《たてまつ》って祈念し、お神酒《みき》開《びら》きのときには特別の杯《さかづき》をさしあげる、とするものである。長右衛門が豪商であって神信心に熱心であり、特別な寄付をしているようすがわかる。

また、長右衛門晃吉は、現在わかっているなかでは、木曽の平田門人の最長老である。かれの後継ぎは伊那郡横川村（現上伊那郡辰野町）の一ノ瀬市十の弟（嘉永元〈一八四八〉年二月十九日生まれ）で、一八七四（明治七）年三月に養子として長右衛門の長女たきと結婚し、長右衛門を襲名したのちに市郎と改名した。

すでに紹介した平田門人の「姓名録」には、慶応四（一八六八）年八月に伊那郡横川村の「市之瀬金左衛門善政」（三十四歳）とともに、すこしはやい同年四月二十六日に同郡同村の「市野瀬市郎政雄二十一歳」が、同郡小野村（現辰野町）の著名な国学者倉沢甚五兵衛義随（一八三二〜一九一二）の紹介で平田門にはいっている。後者は、千野家にはいり長右衛門を襲名し、さらに一八八二年四月に市郎と改名する人物と、年齢も同じであることから、千野市郎その人で、かれは一ノ瀬市郎政雄のころ、現在の辰野町ですでに平田門人になっていたことがわかる。かれまでくわえると、贄川の平田門人は二三人となる。

住吉屋金助と佐藤平助

百瀬宗治氏が贄川の平田門国学者で、やや異質の人びととしてとりあげているのが、伊藤金助と佐藤平助である。百瀬氏は、氏が調査した当時には楢川村役場にあった『明治十二年四月　一人別段《たんべう》別地価明細帳』『地番』などの史料から、贄川村の平田門国学者の土地所有のようすをあきらかにした。それによると、田畑・宅地・山林をふくめた所有面積で、伊藤は一反三畝二三歩、佐藤は五反六畝一四歩、さらには、陶山政兵衛が五畝一七歩と、いずれも畑と宅地しか土地をもっておらず、贄川村内では土地所有からみるかぎり、下層に属する人びととされている。そして、一八六六年の木曽騒動に金助が参加し、「一揆の後、松本御預り役所へ呼出され、調べの結果、手錠宿預けの処分を受けている。伊藤の門人集団参加と共通しているのが佐藤であろう」と、百瀬氏は指摘した（前掲論文）。

伊藤金助は、観音寺の過去帳によれば、「住吉屋金助事　四十四歳ニテ死ス」とある。明治三（一八七〇）年七月十九日が命日で、戒名が露覚道夢信士、「右ハ願《ねがい》ニ付、二字増、後例ナシ」とある。観音寺のご住職である本多邦全さんのお話では、住吉屋は有力な家であった時期があるとのことであった。

陶山晋一さんのお宅にあった『明治三庚午《かのえうま》正月十二日ヨリ　宿在極難救施行米割渡人別《しゆくざいごくなんすくいせこうまい》』（写真10）という横帳の史料には、「宿極難之者」＝「宿のなかでたいへん生活に困っている者」のなかに「住吉屋林右衛門悴《せがれ》金助」がいた。大人二人・子ども三人の家族で、生活困窮者に与えられた割渡しの米が三升五合（四升に改める）であった。この時期には生活に困窮するものがかなりいたようすがう

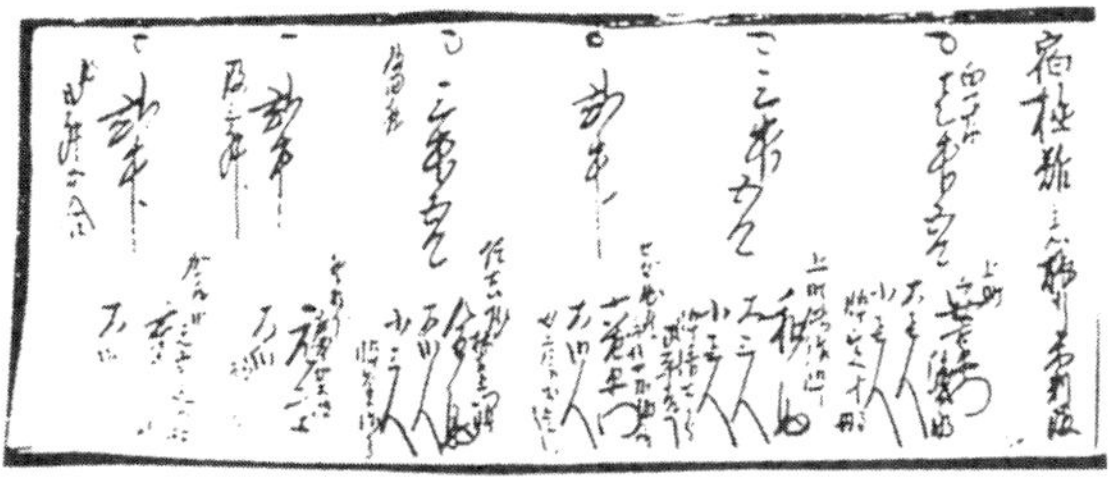
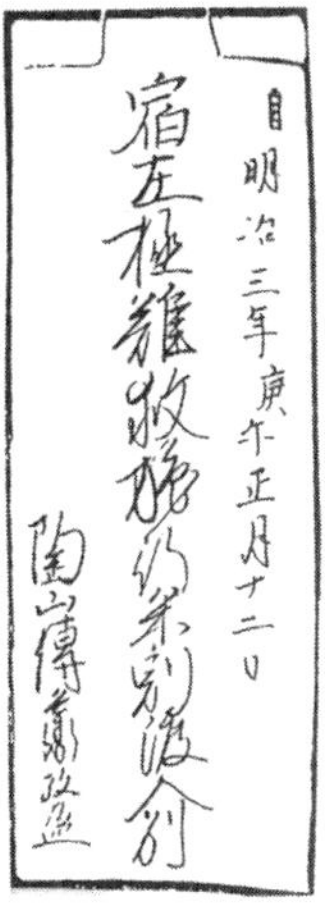

写真10　生活困難な人びとに米を配布したときの『宿在極難救施行米割渡人別』（陶山晋一家文書）

かがえる。すなわち、贄川宿の生活困難な家は三二、大人六一人・子ども四六人であった。また、贄川の宿以外の在には一三戸、大人三一人・子ども二〇人の「極難之者」がいた。なお、幕末の贄川宿の宿割絵図には、金助宅が六畳一間、勝手六畳半・板間二坪からなっていた。木曽騒動から五年後、平田門国学者となってから二年後に、金助は四十四歳の若さで死去しているが、戒名で特別に二字を増したとあるのは、木曽騒動などのはたらきが関係しているのかどうか、興味をおぼえる。

いっぽうの佐藤平助は、佐藤利兵衛の長女きし（天保四〈一八三三〉年生まれ）のところへ、筑摩郡日義村の原佐兵衛の長男から養嗣子(注28)として、文久二（一八六二）年に入籍した人であった。この佐藤は麻屋といわれる旧家のひとつであった。平助は天保二（一八三一）年九月二十日生まれ一八九三（明治二十六）年八月十二日に死去する。観音寺にある墓石には「佐藤平助・佐藤岸墓」と俗名が書かれており、平助には「明治二十六年八月十三日　齢六十三」と没年月日・没年齢が刻まれている。

金助も平助も、小沢重喬の紹介で平田門にはいっており、それはあたかも江戸開城があり、倒幕軍が江戸城へはいった時期にあたっていた。

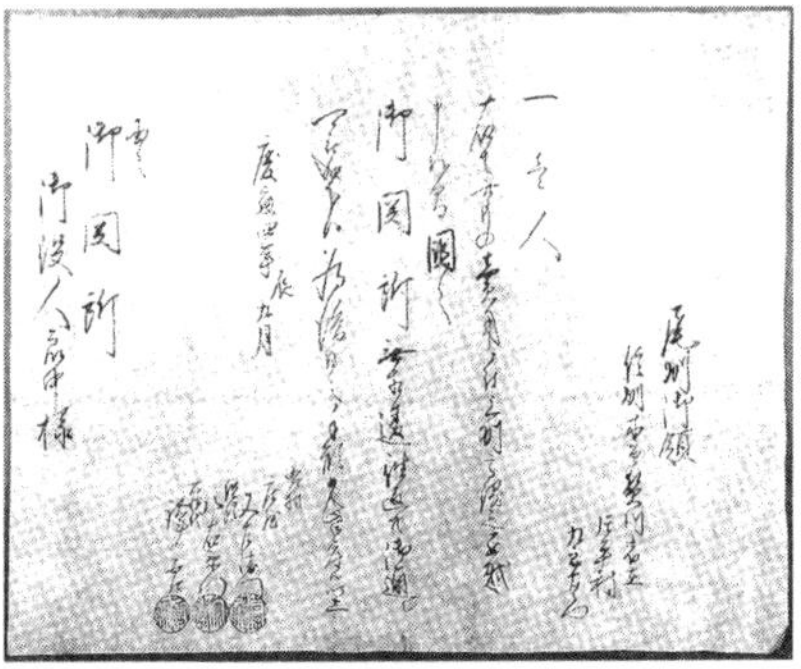

写真11　片平村の村役人たちが書いた慶応4（1868）年の「関所手形」（百瀬邦夫家文書）

桜沢・若神子の平田門人たち

贄川桜沢からは百瀬九郎右衛門（天保六〈一八三五〉年八月六日生まれ　のち金吾と改名）が平田門人になっている。かれの家は、桜沢ではやくから御嶽教信者の旅舎をいとなむかたわら、熊胆（注29）などの薬や櫛類などを信濃国佐久方面から関東・江戸へ売りあるいていた。この営業のための通行手形（写真11）につぎのようなものがある。百姓代の謹吾は、あるいは百瀬九郎右衛門（金吾）自身かも知れない。

尾州御領
信州木曽贄川宿在
片平村　九郎右衛門

一　壱人

右はこもの（小物）売用ニ付《つき》上州高崎迄罷越《まかりこし》申候間、国々御関所相違無く往返共御通し成し下さる可《べ》く候。後日の為《ため》の手形かくのごとく御座候。以上

慶応四年辰《たつ》九月

右村
庄屋　又左衛門　印
組頭　八右衛門　印

百姓代　謹　吾　印

国々

御関所　御役人衆中様

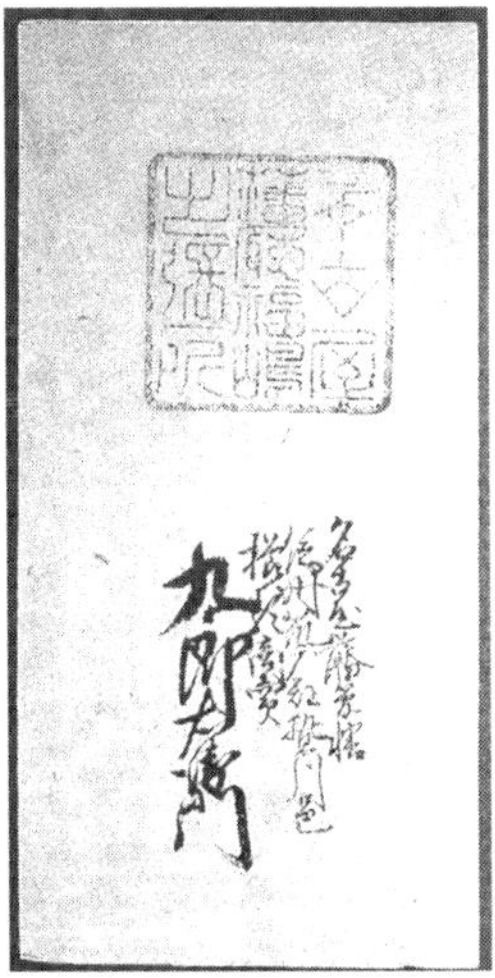

写真12　名古屋藩福島出張所の発行した鑑札（百瀬邦夫家文書）

写真13　「掛軸」百瀬尚守の画（百瀬邦夫家文書）

百瀬家には、「名古屋藩庁福島出張所」の朱印を押し、その下に筆字で「名古屋藩管轄　信州筑摩郡贄川邑　櫛類商売　九郎右衛門」と書いた紙製の鑑札（注30）ものこっていた（写真12）。尾張藩が名古屋藩となった明治二（一八六九）年七月の版籍奉還（注31）以後、しかも明治三年閏《うるう》十月に福島総管所が福島出張所となってからの鑑札であり、奈良井あたりから櫛を仕入れて売ったのである。また、九郎右衛門は、百瀬尚守《なおもり》の名で絵画（写真13）も描き、いくつかの作品をのこした。たとえば、一八七六（明治九）年六月に筑摩県へ提出した『贄川村誌』に載せられた贄川関所（注32）の絵図は、尚守の描いたものであった。

おなじ桜沢で下藤屋《しもふじや》の屋号をもつ百瀬栄右衛門

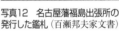

〈天保七〈一八三六〉年〜一九一八年〉が書きのこした『御巡幸御小休《おこやすみ》略記』という冊子がある（百瀬元雄氏所蔵）。これは、一八八〇年に明治天皇が木曽路を巡幸したさいのものである。なかに、贄川桜沢でまず百瀬九郎右衛門が「率先《そっせん》御小休請願書ヲ県庁へ提出」し、いっぽう、栄右衛門宅で酒井光雄に依頼してべつに請願書を提出し、両者の併願となったすえに、栄右衛門が後見人となった百瀬栄之助宅が御小休所に決定したとしるされている。巡幸のさいの桜沢の対応を、巡幸にともなう下賜金のようすでみると、御小休所手当てが百瀬栄右衛門に一〇円（べつに百瀬栄之助宅に二五円など）、百瀬定四郎宅の騎兵休憩、百瀬惣右衛門宅の東京巡査休憩にたいして二円ずつ、百瀬九郎右衛門宅には近衛士官・御厩課《おんうまや》から三円、さらに給仕三人に計三〇銭が渡されている。栄之助宅以外の九郎右衛門宅など周辺の家にも、巡幸にともなう役割分担があったことがわかる（明治天皇巡幸は後述）。

九郎右衛門宅は、一八七四（明治七）年五月に栄右衛門宅が旅舎営業をはじめるまで、夏季御嶽登山の休泊を独占的にあつかっていた。栄右衛門の子百瀬文弥の『履歴雑録』には、父が旅宿としての営業に努力し、「明治九年父ハ東京遊覧傍《かたわ》ラ御嶽諸講ノ社長宅へヨリ登山ノ際休泊タラン事ヲ請フテ帰宅、后《のち》百瀬九郎右衛門ト争論ニ及ビ不和トナル」とある。九郎右衛門宅がもっぱらおこなっていた御嶽教信者を休泊させる旅舎営業を、栄右衛門宅ではじめたことが「不和」の原因となった模様であるが、三年後に和睦したとしるしている。九郎右衛門は、島崎正樹とも親交があり、平田篤胤の色紙も所持していて、旅籠屋のほか熊胆などの薬の行商でひろく知られた（百瀬宗治氏前掲論文）。

贄川若神子《わかみこ》の山口金次郎は、慶応元（一八六五）年五月に平田門人となっているが、前年十月九日

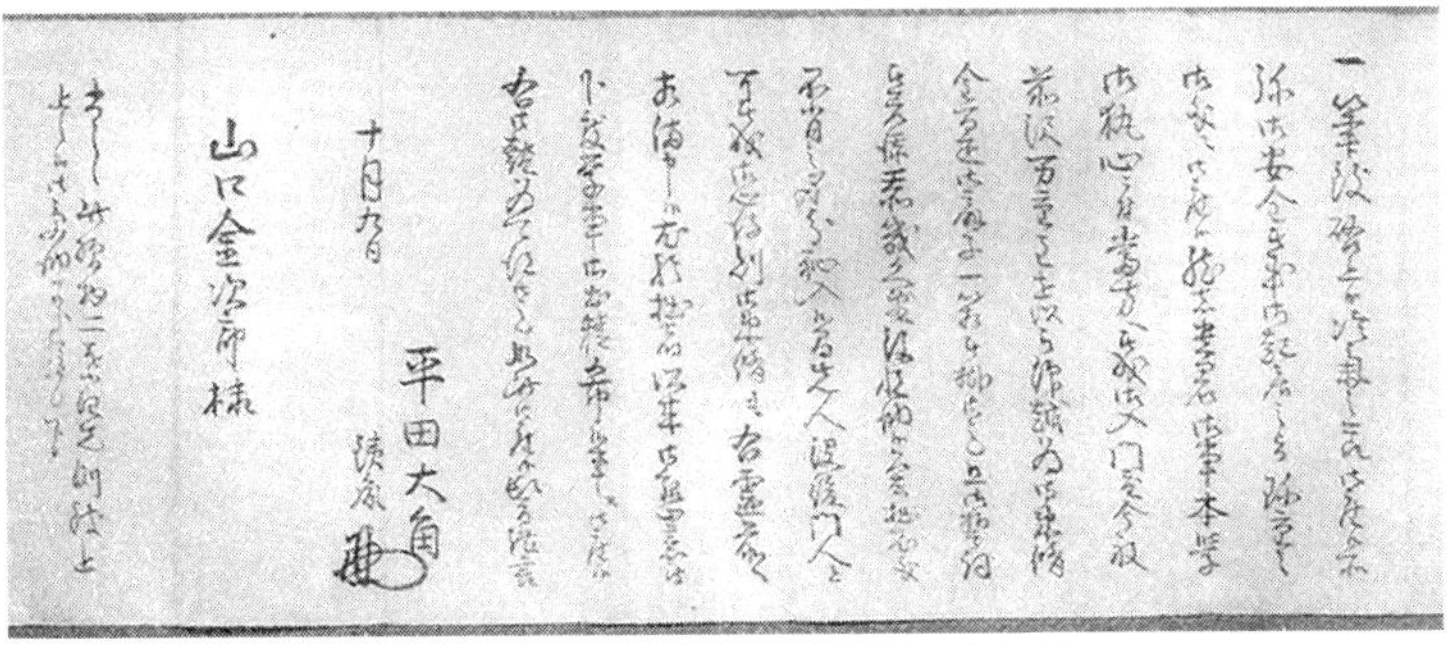

写真14　平田鋕胤が山口金次郎の入門を認めた書状（山口家文書）

づけで平田大角鋕胤から、篤胤没後門人として入門をみとめる挨拶状（写真14）を得ている。その全文はつぎのとおりで、平田鋕胤によって篤胤没後門人として入門をどのように許されたのかがわかる。これは、伊那谷の国学者たちが入門にあたって鋕胤から与えられた書状とほぼ同一の文面であった（前掲『伊那尊王思想史』）。

一筆致啓上《けいじょういたし》候。冷気之節御座候所、弥《いよいよ》御安全被成《なられ》御起居之旨、珍重《ちんちょう》之御儀ニ御座候。然者《しからば》、貴君御事本学御執心ニ付、当方へ被成御入門度《ごにゆもんなられたく》、今般前沢万重主《よろずえぬし》を以被仰越《もっておおせこされ》、為御束修《おんそくしゅうとして》金百疋・御扇子一箱被掛御意《ぎょいをかけられ》、且《かつ》御誓詞被差添《さしそえられ》、忝《かたじけなく》　幾久敷《いくひさしく》致祝納候《しゅくのういたしそうろう》。乍去《さりながら》、拙者儀不肖之身分恥入候間、先人没後門人と可被成御心得《おんこころえならるべく》、則《すなわち》御束修も右霊前へ相備《あいそなへ》申候。尤於拙者《もっともせつしゃにおいては》、以来御懇意被下度《くだされたく》、学事御出精希《ねがい》候事ニ御座候。右御報《おしらせ》、為可得御意《ぎょいをうべきため》、如此《かくのごとく》御座候。頓首謹言《とんしゅきんげん》。

十月九日

平田大角

鋕胤《かねたね》　花押《かおう》（注33）

山口金次郎様
尚々《なおなお》、此摺物《このすりもの》二葉、任先例、致進上候《せんれいにまかせしんじょういたし》。御受納可被給候《たまわらるべく》。　以上

本文を現代語訳すると、およそつぎのような内容である。

一筆手紙を差し上げます。気候が涼しくなってきておりますが、いよいよ安全に生活されておられるようす、めでたいことでございます。ところで、貴方は平田学に深く心をかけ、私のところへ入門されたいと、今度前沢万重ぬしを通して申し出され、入門にあたって納めるお金百疋（二貫五〇〇文）とお扇子一箱を心配下され、さらに御誓詞を添えて下さいました。かたじけなく、いくひさしく納めさせていただきます。しかしながら、私は不肖の身分で貴方の師となるのは恥ずかしいので、先人である平田篤胤の没後門人と心得ていただきたく、そのため入門料も篤胤の霊前へお供えいたしました。もっとも、私にたいしても、今後御懇意にしていただきたく、平田学にも精を出していただくようお願いいたします。右お知らせいたし、御了解をいただきたいとおもいます。頓首謹言

山口金次郎が入門にあたって仲介の労をとってもらった前沢万重《よろずえ》（一八三六〜一八七七）は、のちに清嶺《きよね》といい、上伊那郡片桐村田島（現中川村）の人である。万重の姉は同郡山吹村（現高森町）の片桐

写真15　贄川観音寺の金次郎地蔵

春一《はるいち》（一八一八～一八六六、伊那谷を代表する国学者）の妻になるなど、国学にかかわって知られた。金次郎は、この前沢の紹介で、元治元（一八六四）年三月に「気吹屋大人爾進留誓廼詞《いぶきのやうしにすすめるちかいのことば》」を平田家に送付している。「信濃国筑麻（ママ）郡木曽贄川宿山口金治郎　四十四才　藤原正房」と書き、花押を記した下書きがのこされていた。贄川の平田門国学者たちがすべて篤胤没後門人といわれるのは、平田銕胤とのあいだで、金次郎のように銕胤の申し出によって先師＝平田篤胤と師弟の関係をもつかたちにしたからである。

金次郎は、洗馬村（現塩尻市）の田中源七の子で若神子の山口善太郎の二女さだと結婚した。慶応三（一八六七）年七月十一日に四十七歳で死去し、一乗院賢深夢相《いちじょういんけんしんむそう》居士の戒名をもった。

観音寺の山門をくぐると、向かって左がわに特色ある石仏があり、観音寺では金次郎地蔵と呼んでいる。高遠の石工守屋八百蔵《もりややおぞう》（注34）の名が刻まれ、「文化四年」「文化五年」の年号の女性二人と男性一人の戒名がほりこまれている。金次郎正房の先祖にも金次郎を名乗った者がいるので、金次郎地蔵は正房が造立させたものではなかろう。それにしても、本多邦全さんのいうように、金次郎家が観音寺の有力檀家のひとつであった時期があったことは間違いないであろう。金次郎正房は久太郎といい、長男直樹は久兵衛を名乗った。直樹も、戒名は興学院阿浄吽《こうがくいんあじょううん》居士という院号で（注35）あった。

『夜明け前』では、青山半蔵が江戸へでて平田門人となったようすが、第一部第三章三に「半蔵も佐吉を供に連れて山下町の方に平田家を訪問し、持参した誓詞の外に、酒魚料、扇子壱箱を差し出したところ、先方でも快く祝い納めてくれた。平田家では、彼の名を誓詞帳（平田門人の台帳）に書き入れ、先師没後の門人となったと心得よと言って、束脩[注36]も篤胤大人の霊前に供えた。彼は日頃敬慕する鉄胤から、以来懇意にするように、学事にも出精するようにと言われて帰って来た」とある。半蔵の場合、直接平田家をおとずれて入門の手続をしたことになっているが、入門の手続やそのさいのやりとりは金次郎の例とあまり異なっていないようすがわかる。贄川の国学者たちは、おおむね金次郎のように、誓詞を書いたものに束脩金や扇子をつけて送り、入門したと推定されるのである。

なお、すでに陶山正名の紹介した平田門人としてふれた山口栄蔵も若神子の人で、金次郎の属する山口一族の一人であった。

ティーンズの国学者

贄川の平田門国学者たちの最長老は千野長右衛門で、入門のとき五十六歳であった。ついで、四十歳台に贄川諏訪神社の神主伊豆正方、山口金次郎、市川久蔵、伊藤金助の四人がいる。三十歳台は、小沢重喬をはじめ、陶山正名、清水信敏、山口栄蔵、小沢清兵衛、小沢兵右衛門、佐藤平助、百瀬九郎右衛門と八人であった。

さらには、二十歳台の平田門人には、斉藤恒徳、千村政昇、陶山政兵衛と千野長右衛門のところへ養子にくる千野（一ノ瀬）市郎の四人がいた。くわえて、小沢重喬の子どもである小沢邦太郎・小沢時之助と市川虎三の三兄弟、倉沢隆之助、贄川克巳、神主小林伊豆の子どもで麻衣廼神社の神

写真16　贄川の麻衣廼神社

主小林左仲が、十歳台である。とりわけ、小林左仲は十四歳、小沢時之助は十三歳、市川虎三は十二歳の少年であった。ティーンズの国学者たちは、いずれも父親が平田門国学者であり、その影響により国学へ関心をもったことが予測される。なかでも、小沢邦太郎と小林左仲は、「激烈なる排仏論者」であったという。年少で急激に国学へ傾倒していったようすを、うかがうことができよう。

　これら贄川の平田門人二三人の入門したときの平均年齢は、二十九・六歳で三十歳以下となっている。これは、平田門人の考えが現状を打破しようとする傾向をもっていたことと無関係ではないであろう。

注

1　妻が夫の家にはいり、結婚生活が夫方でおこなわれる婚姻形態

2　婿入り婚。結婚生活が妻方でおこなわれる形態

3　母の系統の血縁者とともに家族・血縁集団を形成している社会

4　神道の儀式による葬式。平田派の国学者が葬祭を寺院から取り戻すことをすすめた。

5　寺院で檀家・信徒の死者の法名・俗名・死亡年月日などを記しておく帳簿

6 廃仏毀釈を支えた背後の思想。神道思想、国学、とくに平田派の国学、儒教や経世の立場から、仏法を廃し、釈迦の教えを棄却する考え方

7 内山真弓は、江戸後期の歌人。現在の北安曇郡池田町に生まれ、京都にでて香川景樹のもとで歌学を学ぶ。のちには江戸にもでて学んだ。天保十三（一八四二）年に帰郷し、地域の豪農で景園派の萩原貞起の支援によって筑摩郡荒井村（現松本市和田蘇我）に塾をひらき、信濃での桂園派歌風の普及につとめた。一七八六～一八五二

8 破魔弓。魔障を払い除くという神事用の弓。男児に正月の贈物とした。

9 賀茂真淵は、江戸中期の国学者・歌人。万葉集を中心とした古典の研究で知られ、おおくの国学者を育てた。一六九七～一七六九

10 本居宣長は、江戸時代中期の国学者。賀茂真淵に入門して古道研究を志し『古事記伝』を執筆、儒教・仏教を廃して古道に帰るべきと説いた。一七三〇～一八〇一

11 平田篤胤が三七巻を文政八（一八二五）年に完成させた。自分の著書である『古史成文』を注解し、わが国の古道を詳述した書

12 古代からの道義・精神文化

13 慶応四・明治元、戊辰（一八六八）年におこなわれた官軍と旧幕府軍との戦いの総称。鳥羽伏見の戦い、上野での彰義隊の戦い、奥羽越列藩同盟との戦い、会津藩落城、函館戦争などをふくむ。戊辰の役ともいう。

14 総管所は、尾張藩が木曽を支配するために明治二（一八六九）年正月福島の興禅寺においた。明治三（一八七〇）年閏十月に福島出張所となる。

15 自由民権運動は、藩閥政治に抗して、人民の自由と権利の伸張を鼓吹し、政治への参加を要求した明治前半期の政治運動

16 木曽博覧会は、いろいろな産物を集めて陳列し、民衆の観覧や購買に供し、産物の振興をはかるために開催された会

17 停止木とは、江戸時代前期には住民が自由に出入りした「明き山」でも、木曽五木の伐採は許されておらず、この伐採禁止木をいった。尾張藩は木曽の森林資源保護策として、宝永五（一七〇八）年停止木制を打ち出した。

18 廃藩置県とは、明治四（一八七一）年七月、政府が旧来の藩政を廃して全国に府県をおき、中央集権化をはかった施策。

19 府県統合により、廃藩置県のさいには三府三〇二県の府県がおかれたが、明治四年十一月に一使三府三五県に統合された。

20 巣山・留山以外の山地を明き山という。木曽住民が自由に立ち入ることができる開放地で、日常生活に必要な家作の用材・薪・下草などを採取する、生活に密接した山。木曽山のうち九四％がこれにあたった。

21 贄川では一八七三（明治六）年八月におかれた、最初の郵便局

22 筑摩県では一八七三年四月に贄川と奈良井が一つの小区となり、四つの小区が一つの大区に属した。大区に区長、小区に戸長がおかれ、長野県に合併されてからもしばらくつづいた。一八七九年一月に郡区町村編制法が施行されて廃止となった。

23 一八七九（明治十二）年一月、統一的地方制度を確立するため実施。町村の地方団体としての性格をみとめ、町村＝自治体、郡＝行政区域の原則によった。このとき贄川村・奈良井村となり、村の上に西筑摩郡がおかれた。

24 天皇が各地をまわること

25 天皇巡幸のさいの休憩場所

26 東山道から幕府側の軍を鎮定するため派遣されて維新政府側の軍隊を率いた最上の官の岩倉具定

（一八五一〜一九一〇）。岩倉具視の三男

27　市川晋一郎と千葉県内でおこなった小金原開墾については、土屋浩『小金原開墾の記録』（ほおずき書籍　二〇一七年）がある。

28　家督相続人たるべき養子。家督相続制度の廃止までつづく。

29　胆汁をふくんだままの熊の胆嚢を干したもの。味苦く、腹痛・気付け・強壮用として珍重

30　幕府や藩から商工業者がその営業免許の証として与えられた木札または証状のこと。木札のおおくは焼き印を押し署名されていた。

31　明治二（一八六九）年全国の各藩主が旧来領有していた土地と人民とを朝廷に返還したこと。廃藩置県の前提となった。

32　贄川宿の北端、江戸方面からの入り口にもうけられていた関所で、その創設は戦国期にまでさかのぼるといわれている。寛保元（一七四一）年に幕府の公式関所となっている。

33　署名の下に筆で書く判。草書体で書いた「草名」がさらに様式化したもの

34　高遠藩の石工には、石仏で有名な守屋貞治（一七六五〜一八三二）がいた。この系統の石工であろう。

35　法名・戒名に「院」の字が付くもの。より社会的地位の高いものに与えられる。

36　師のもとに入門するときに贈呈する礼物。授業料に相当するもの

三　贄川の国学者たちの思想形成

贄川の平田門人が入門した理由　贄川の平田門国学者たちが誕生した時期は、安政七・万延元（一八六〇）年四月から慶応四（一八六八）年四月にかけての九年間であった。まず、小沢文太郎重喬が安政から万延へと年号がかわった一八六〇年に入門し、文久二（一八六二）年に神主の小林伊豆正方、その翌々年に陶山正名と千野長右衛門がはいった。

その後、慶応元（一八六五）年には清水信敏と山口金次郎が平田学にはいったが、翌年には入門者がいない。この年には、のちに見るように木曽騒動があった。ついで、慶応三（一八六七）年に座頭の恒徳が入門し、明治へと年号がかわる慶応四・明治元（一八六八）年には、一月から四月にほかの一五人が入門した。月ごとにみると、一月三人、二月一人、三月四人、四月七人となっていて、この年の入門者がいちばんおおかった。なお、一八七四（明治七）年に現在の上伊那郡辰野町から贄川の千野家に養子にはいる一ノ瀬市郎も、おなじ慶応四年の四月に平田門人となっていた。

贄川の入門者がおおかった時期は、鎖国がうちやぶられて黒船により欧米の文明がおしよせ、幕府政治が崩壊していった激動の時期にあたった。この激動の波は、山国信州へも直接的なものがあり、そのひとつのいちじるしい現われが、平田門国学に民衆が入門する動きともなったのであった。

とりわけこの激動期にふえた平田篤胤の没後門人が、国べつにどのように存在したのかについては、国学の研究者芳賀登氏の作成した国学各派の門人数の一覧でわかる。贄川の二三人がどのような意味をもつのかを知るためにも、門人の地域的な動きのちがいをみることは必要であるから、芳

表１　桂園派・平田篤胤門・平田篤胤没後門の国別人数一覧

国	桂園派	篤胤門	没後門	国	桂園派	篤胤門	没後門
常陸	5	6	29	和泉		2	21
下野		9	97	河内	3		2
上野		7	95	紀伊		2	11
武蔵	16	123	293	伊勢	3	13	26
相模		2	48	伊賀	2		1
下総		108	29	近江		5	192
上総		19	40	志摩			1
安房		1	6	淡路		2	
陸前*	1	15	160	伊予	7	5	35
出羽*	2	58	271	阿波		7	3
渡島			9	讃岐		3	12
佐渡	1		1	土佐		6	21
越後	4	23	99	因幡			6
越中	2		25	伯耆		1	
加賀	1	5	17	出雲		3	7
能登			1	石見		3	26
越前		4	39	美作		1	8
飛騨	1		2	備前	8	12	45
信濃	23	3	627	備中	1	9	12
甲斐		2	84	備後	9		17
伊豆		4	68	安芸	4		6
駿河		10	36	周防	4	1	5
遠江		9	46	長門			11
三河		20	78	筑前	6	1	47
尾張	3	3	39	筑後		2	2
美濃	4	2	375	肥前	1		
若狭	3		1	豊前			25
丹波	4	4	10	豊後	4		27
丹後	I		5	日向		1	10
但馬	1		2	大隅	6	10	3
播磨	5	1	8	薩摩			35
摂津	11	6	49	壱岐			1
山城	64	7	73				
大和	1		77	合計	211	540	3, 457

芳賀登『幕末国学の展開』（塙書房 1963 年 290 ～ 291 頁）より作成。

陸前*は、陸前・陸中・磐城・岩代・陸奥をさし、出羽*は、羽前・羽後をさす。

賀氏のまとめを参照することとしたい。なおそのさい、すでにみたように、贄川には桂園派の門人もいたので、桂園派門人をふくめ、平田篤胤門人、平田篤胤没後門人の二種類の門人数を表1と表2にしめしてみることとしよう。全国で、桂園派二一一人・平田篤胤門人五四〇人・平田篤胤没後門人三四五七人となっている。そして驚くべきことに、表2で信濃国は桂園派で第二位、篤胤没後門人数で断然第一位であること、平田篤胤門は三人にとどまったことがわかる。

表2　桂園派・篤胤門・没後門の門人数の国別ベスト５

順位	桂園派	平田篤胤門	平田篤胤没後門
第1位	山城　64人	武蔵 123人	信濃　627人
第2位	信濃　23	下総 108	美濃　375
第3位	武蔵　16	出羽* 58	武蔵　293
第4位	摂津　11	越後　23	出羽* 271
第5位	備後　9	三河　20	近江　192
		信濃　3	
全体計	211	540	3,457

表1と同じ。

そこでまず、桂園派の歌人の信濃国二三人に関連して、木曽の歌人、なかでも贄川の歌人について検討してみよう。木曽の桂園派歌人については、前章でふれたように、さいわい兼清正徳氏の研究があきらかにしてきた。香川景樹の門人は九人、香川景恒門人は八人が木曽でわかっている。そのうち、景樹門人には贄川嘉助克巳（一七四四〜一八二三）、巣山永清（平沢の神官）、小坂道賢（奈良井、一七五三年生まれ）と、贄川・平沢・奈良井から一人ずつがいた。また、景恒門人には、下條行蔵言志・贄川清左衛門正興・千村精一郎政成・千村静子・千村万作景村・小沢文太郎重喬・小林正方の贄川の七人が参加していた。このほかに木曽からは、景樹門人に藪原一人、宮越一人、福島三人、上松一人がおり、景恒門人には宮越一人、福島一人がいた。こうした事実から、楢川、とりわけ贄川に和歌の道にははやくはいった人びとのいたことがわかる。

表３　信濃国の篤胤没後門人の年別・郡別の人数

年＼郡	伊那	筑摩	佐久	諏訪	小県	埴科	水内	更級	安曇	高井	計
安政 1				1							1
2			1								1
4	1										1
5			1								1
6	3		2	1							6
万延 1	3	1	2								6
文久 1	8	2		1							11
2	7	1		1							9
3	9	1	3	3				1		1	18
元治 1	5	2	1							1	9
慶応 1	23	1		5	3						32
2	43	2	1	4	2	1	1				54
3	32	5	4	2	1						44
明治 1	120	33	33	4	5	5	1	3	2		206
2	109	23	23	8	12	3	3	1			182
3	19	3	3	I		8	1				35
4	4	1			1		2				8
6				2							2
7					1						1
計	386	75	74	33	25	17	8	5	2	2	627

市村咸人『伊那尊王思想史 J (204 頁) より作成。

この贄川に桂園派や篤胤没後の門人がおおかった理由はなぜだろうか。それについては、本陣の千村家や脇本陣の贄川家が、庶民文芸である俳諧への関心を手始めに、和歌を学ぶ方向へとすすんだことが指摘されてきた。なぜ、贄川にこうした文芸への関心がたかまったのかについて、兼清氏は、木曽谷が江戸と京都とをむすぶ中山道の中間地点として交通の要地であったことを重視している。すなわち、東西の商品流通の道であるとともに、江戸と上方《かみがた》の文化交流の接点であったから、というのである。これは、木曽谷の一般的な説明としては納得できる要因である。

しかし、これだけでは木曽谷のなかで、もっとも北がわであり、上四宿のうちでも木曽のはずれにあたる贄川に、いちはやく和歌への関心がたかまった理由は、説明できていないといわなくてはならないだろう。

その説明に関連して、信濃国がとぴぬけておおい平田篤胤没後門人について、木曽谷のなかで贄川の入門者の研究がどのようになされてきたのか、をみておこう。表3に、伊那の歴史家市村咸人氏の研究によって信濃国の平田篤胤没後門人の郡べつの数をしめしたが、伊那の圧倒的な門人数と、木曽をふくむ筑摩郡と東信の佐久郡のそれにつぐ数に、まず気づかされる。筑摩郡のうちの木曽谷の門人数は、「はじめに」のなかで具体的な人名をあげておいたように、贄川の二二人、馬籠の島崎正樹一人のほかには、福島の一三人、山口村・三尾村（現三岳村）・黒沢村（現三岳村）各一人がいるだけである。すなわち、木曽には三九人の門人がおり、そのうち二二人（ほかに千野市郎がいた）が贄川の人びとであったことがわかる。ここでも、桂園派歌人とおなじように贄川に門人がとくにおおいことが指摘できる。奥屋の陶山家も平田門人とかかわりがあった（写真1）。

平田篤胤没後門人が贄川になぜおおいのかについて、はじめて贄川の平田門人を研究した百瀬宗治氏は、どのようにみていたのだろうか。まず第一に、中山道の存在があげられた。小沢重喬が、中津川の間秀矩の紹介で平田門にはいっていることなどの事実から、中山道が商業とともに文化の交流の道となったというのである。また、門人たちの婚姻関係が、福島方面だけでなく、塩尻方面にもみられる点に注目している。贄川が、中津川・福島など南方面だけでなく、塩尻・松本など北方面、さらには伊那谷との交流の要地であったことに着目しているのである。贄川が、いわば二つの地域との交流の接点にあったことを重視しているのである。これは、中山道のみによる説明よりは

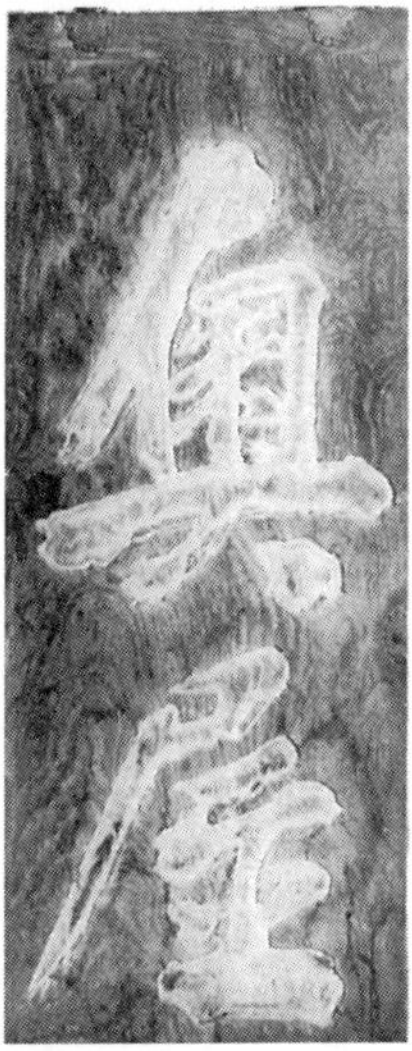

写真１　贄川商人の陶山氏「奥屋」の看板
（陶山文一氏所蔵）

贄川の特性をみているといってよいであろう。尾張藩と塩尻・松本方面の幕領・藩領の錯綜した地域との「くにざかい」の特色と、木曽谷から松本盆地へとひろがる地勢的な条件のふたつにわけで、その特色をみていることにも教えられる。

第二には、贄川の豪農商層の文化的水準の高さがあげられている。桂園派の歌人のおおいことを指摘した兼清氏の研究は、百瀬氏のこの指摘をそののちに実証したものとなっている。もうひとつの文化的水準として、百瀬氏は「塾の存在」を指摘した。この塾について百瀬氏は、「山形重兵衛・千村景村・倉沢謙十郎（隆之助の父）、そして小林伊豆がそれぞれ経営していた」と書いている。たしかに、景村と謙十郎（正興・昌興・武矩）は桂園派の歌人であり、小林伊豆は桂園派歌人であり平田門人となった。かれらが寺子屋や塾の教師であったことは、すくなくとも平田篤胤没後門人を生みだす条件となった可能性を予測させる。

手習場と学問所の役割

一八八三（明治十六）年九月に、福島出身で『夜明け前』にもしばしば登場する漢学者の武居用拙が調べた「西筑摩郡私塾・寺子屋取調べ」と、一八八六年六月に西筑摩郡役所が調べた「長野県西筑摩郡家塾・寺子屋取調表」がある。それによれば、福島村（のち木曽福島町）に塾二・手習場《てならい》八、上松《あげまつ》村（のち上松町）に手習場四、読書《よみかき》村（のち南木曽町）に手習場七、吾妻《あがつま》村（のち南木曽町）に手習場四、神坂《みさか》村に手習場三、山口村に手習場二、田立村（のち南木曽町）に手習場三、王滝村に手習場五、三岳村に手習場三、日義村に手習場一二、藪原村（のち木祖村）に塾二、荻曽村（のち木祖村）に手習場三、菅村（のち木祖村）に塾一、奈川村（のち松本市）に手習場一二とともに、贄川村に学問所二・手習場二、奈良井村に学問所一・手習場三があったこととなっている。すなわち、木曽谷に塾・学問所が合せて八、手習場が七一を数えた。村べつにみると、手習場＝寺子屋は日義村や奈川村におおい。また、たとえば神坂村には、島崎正樹が弘化三（一八四六）年から明治五（一八七二）年までひらいた手習場があり、吾妻村には、正樹の妻の兄島崎与次右衛門が嘉永六（一八五三）年から一八七三（明治六）年までひらいた手習場があった。

贄川村と奈良井村の場合、手習場は二か所と三か所でそれほどおおいとはいえない。しかし、この二か村にだけ学問所と呼ばれる塾が存在していて注目される。これらを一覧すれば、つぎのようになる。

贄川村

学問所　文化四（一八〇七）年創置　文久二（一八六二）年廃止

塾主　小林伊豆　教員男三人　生徒男三五人・女三人

（天保十一〈一八四〇〉年調査）

手習場　文政四（一八二一）年創置　慶応三（一八六七）年廃止

師匠　山形重兵衛　教員男三人　生徒男四五人・女一五人

学問所　天保六（一八三五）年創置　明治五（一八七二）年廃止

（嘉永元〈一八四八〉年調査）

塾主　千村景村　教師男二人　生徒男三八人・女九人

（安政五〈一八五八〉年調査）

手習場　天保八（一八三七）年創置　明治元（一八六八）年廃止

師匠　倉沢謙十郎　教員男一人　生徒男三二人・女一〇人

（安政五〈一八五八〉年調査）

奈良井村　学問所　文化元（一八〇四）年創置　慶応三（一八六七）年廃止

塾主　奈良井梅夫　教員男三人　生徒男五〇人

（天保十四〈一八四三〉年調査）

手習場　天保八（一八三七）年創置　明治三（一八七〇）年廃止

師匠　鈴木友吉　教員男二人　生徒男三二人・女一〇人

（弘化四〈一八四七〉年調査）

手習場　天保十（一八三九）年創置　明治四（一八七一）年廃止

師匠　江間勘兵衛　教員男二人　生徒男三三人・女五人

（嘉永六〈一八五三〉年調査）

手習場　天保十（一八三九）年創置　慶応元（一八六五）年廃止

師　匠　巣山宮沢　教員二人　生徒男三八人・女一五人

（弘化元〈一八四四〉年調査）

贄川に焦点をあてているので、奈良井は参考までにしめしたが、この二か村の学問所・手習場に共通したところがいくつかある。まず、十九世紀にはいると、手習場ではなく、ただちに学問所が創立された。なお、調査の当時に西筑摩郡に属した村むらの教育機関で創立年がわかっているうち、もっとも古く創立された手習場は、いまは南安曇郡にはいっている奈川村の林照寺住職無外和尚が、寛政二（一七九〇）年に創立したものであった。これより古いと推定されるものには、福島村で秋元広一（享和元〈一八〇一〉年十二月死去）が習字を教えるためはじめた好古堂があるだけである。贄川の小林伊豆による学問所と奈良井の奈良井梅夫による学問所は、それについで早い時期にあたる「文化」年間の創立であった。おなじ時期には、日義村に手習場二つ、奈川村に手習場三つがあるが、いずれも手習場であって、学問所＝塾ではなかった。楢川の地域には、比較的早く学問所ができたことがあきらかである。寺子屋と塾＝学問所のちがいは、寺子屋が読み・書き・ソロバンなど、生活上で最低限に必要な知識を民衆が身につける場であったのにたいし、塾は支配層とも共通する文芸や政治学としての儒学などを学ぶことのできる場であったことである。塾・学問所は、カリキュラムが身分によってちがっていなかったといってよいであろう。

第二に、贄川・奈良井の学問所・手習場が、倉沢謙十郎の手習場を除いて教員が二人か三人いることが注目される。贄川と奈良井を除くと、さきに概観した木曽の塾と手習場は、秋元広一・一菴・文菴・公褒の四代にわたった福島村の好古堂を例外に、他はすべて教員が一人であった。一つの塾・寺子屋に二人以上の教員のいることは、地域の教育機関として安定していたことをおもわせる。なお、山形重兵衛は飫富《おぶ》十兵衛のこと。贄川関所の役人で、屋号を山形といった。飫富は、一八七六（明治九）年五月から十二月まで贄川学校の主管人をつとめることとなる。

また第三に、奈良井梅夫の学問所を除いて、楢川の手習場・学問所の生徒が、いずれも男女からなっていることが指摘できる。他村をみると、福島村には、女子だけの手習場が二つあり、男女の手習場・塾が各一つあった。ほかの村では、上松村に三、読書村に六、吾妻村に三、王滝村に一、藪原村に二あり、木曽谷にあった七九の塾・手習場のうち、福島村と合せて一九（二四％）、楢川の七をくわえて二六（三三％）の女だけか男女にひらかれていた塾・手習場があっただけであった。贄川村ではあたりまえであった女も学べる手習場や塾は、木曽では少数派であったといってよいのである。これは、川上静子のような女性歌人のでた贄川の特色と無関係ではなかろう。贄川では、女性が学ぶことを肯定的に考える雰囲気ができていた、といってよいのである。

写真２　贄川鶯着寺の筆塚「崇敬誠徳　持光敬書」とある

第四に、幕末の子どもたちが、かなり数おおく学んでいたことにふれておきたい。ふつう、近代の教育は、明治政府の学制頒布《はんぷ》で(注1)各地に小学校ができてからはじまったように考えやすい。しかし贄川には、明治になる二〇年ほど前の一八四〇年代になると、すくなくとも学問所と手習場が二つずつあったのであった。このほかにも、片平の鶯着寺《おうちゃくじ》に、慶応三（一八六七）年九月十八日に建てた筆塚(注2)（写真2）がのこっており、鶯着寺の僧侶が寺子屋師匠であったと考えられるなど、べつの寺子屋＝手習場のあった可能性がある。それらを、とりあえず除外して、四つの学問所・手習場で学んでいた生徒数を、さきほどかかげた天保十一（一八四〇）年から安政五（一八五八）年の調査の数字で計算すると、男一五〇人・女三七人となる。これは、開国直前の四つの教育機関に学んでいた生徒の数を、単純に合計しただけである。だが、開国以降の幕末の激動期には、平田門人の増加にみられるように、さらに民衆の学習熱が高まっていったと推定される、すなわち、贄川には一八〇人をこえる生徒たちが学問所や手習場へかよっており、さらにそれ以上に、日頃学んでいた人びとのいたことが推定できよう。生徒たちのなかには、青年や村外の子どもたちがいたと考えても、無理がなかろう。

　明治四（一八七一）年に、木曽の地域が属することとなった筑摩県は、学校教育への関心が高かったことで知られている。その筑摩県へ第六大区第一小区の戸長千村三郎次郎と副戸長の山口昇造（国学者山口金次郎の五男、帰一と改名）・倉沢隆之助が、一八七六（明治九）年六月に提出した『贄川村誌』をみると、贄川の公立学校の生徒数が八九人となっている。これは、二〇年前の四つの学問所・手習場に学んでいた生徒数の二分の一以下の数である。明治政府や筑摩県は、子どもたちの学校への就学をさかんに督励した。それにたいし、幕末にあっては尾張藩などの督促はなかった。学問所や手習場は、民衆の自発的な学習への関心にささえられていたことを、わたしは重視したい。
ところで、贄川の学問所や手習場の教師が、歌人や国学者となる人びとからなっていたことは、ただちに歌人や国学者が贄川の学問所や手習場で学んだことを意味しないであろう。たとえば、桂園派の歌人であり、学問所の師匠ともなった千村景村の場合、『西筑摩郡誌』（西筑摩郡役所　一九一五年）の「木曽人物誌」のなかの「千村萬作景村」の項につぎのようにある。すでに、景村の履歴を紹介したが、ここではかれの学習と教授の経歴がわかるので引用する。

千村景村は、通称萬作、本名は政識。木曽贄川村の人、右衛門司重琦の第三子なり、母は山村氏、文政九年十月二十一日生る。資生剛直にして阿諛《あゆ》を喜ばず、幼より学を好み、山村家の医秋元一菴に学び、得る所頗《すこぶ》る多し。旁《かたわら》書を巧《たくみ》にし、奕碁《えきき》を善《よ》くし初段三棊子《さんきし》に至る。嘉永元年京師《けいし》に上り、桂園二世香川陸奥介景恒の門に入り、和歌を専攻し従遊する者前（ママ）後十八年、其蘊奥《そのうんのう》を極《きわ》め社友と競《きそい》、点歌を試むる毎《ごと》に先輩を凌駕《りょうが》するの作あり。景恒之《これ》を愛し景の一字を贈り、改めて景村と称せしむ。景恒卒後、景村の名声世に聞ゆ。明治の初年東京に遊び、時の御歌所長八田知紀、渡忠秋（二人は桂園一世門四天王の内）、宮内省御用掛松波資之等の諸大家と交り、常に相唱和して名声漸《ようや》く都下に顕《あら》はる。既《すで》にして郷里に帰る、遠近男女其門に入り和歌を学ぶ者甚だ多し。是に於て私塾を開き、和漢学、数学、習字を教授せり。明治十八年八月俄《にわか》に病に罹《かか》りて起《た》たず、享年《きょうねん》六十一、聞く者哀惜せざるはなし。

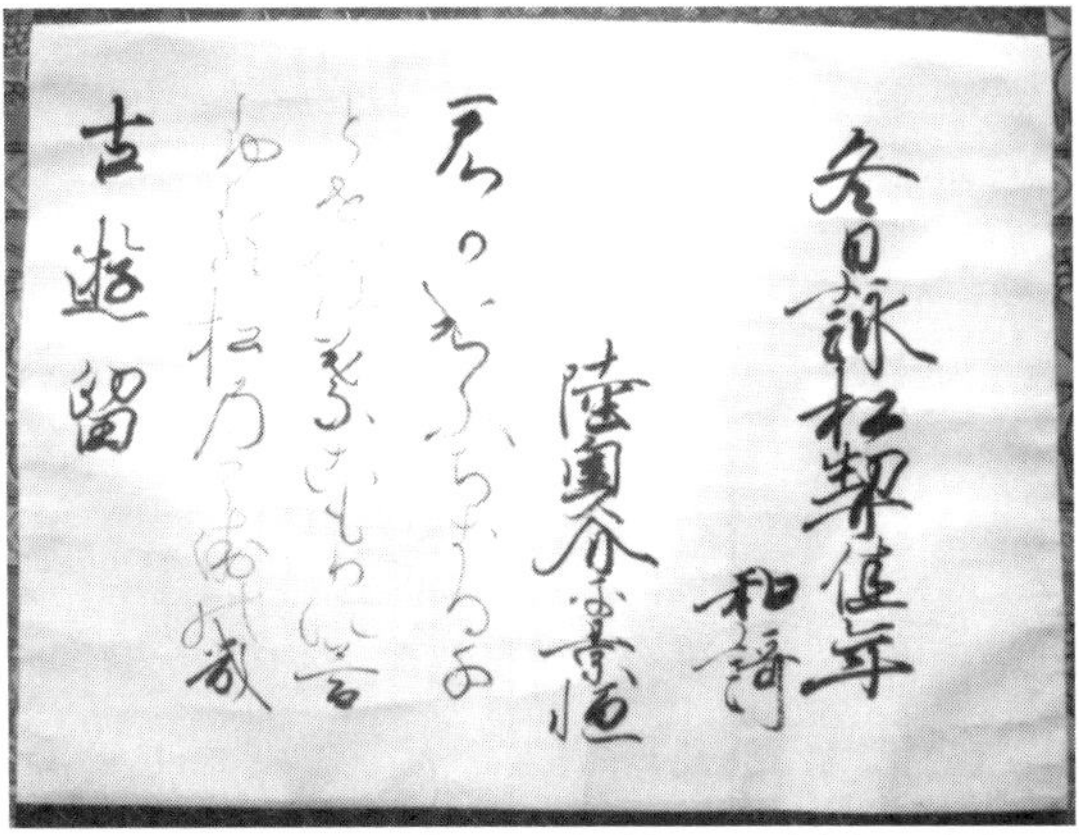

写真３　香川景恒の和歌　「冬日詠松契佳年和謌　陸奥介平景恒」（上條宏之蔵）

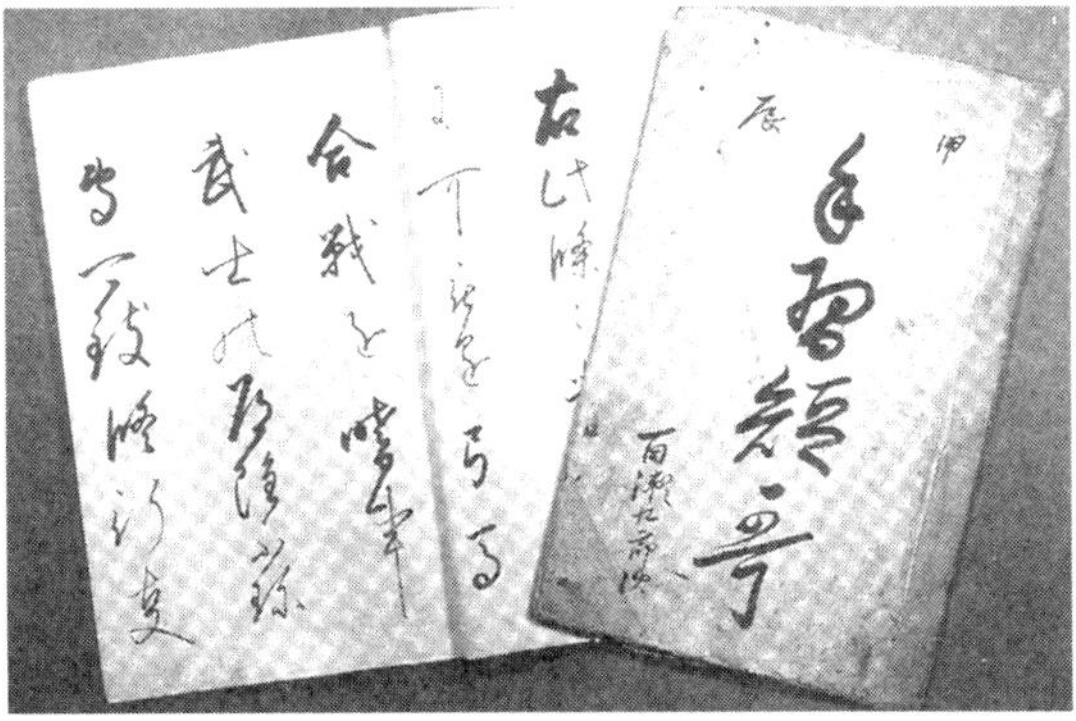

写真４　手本『手習短歌』と『今川』（百瀬邦夫家文書）

これによれば、景村はまず福島村の山村家の医師秋元一菴に学んでいる。一菴は、父秋元広一がはじめた習字の教授をひきつぎ、医術の余暇にやはり習字を教えたという。さきにふれた武居用拙の調査によれば、習字・読み方・算術を教え、習字では「いろは」「仮名手本」「手習短歌」「捷径往来《しょうけい》」「洛陽往来」などを読み方とともに学び、読書は「庭訓往来《ていきん》」「実語教」「今川」などを授け、さらに生徒の希望で「三字経」「孝経」「四書」「五経」「文選」の素読を教えたという。景村は、まず福島村の秋元の好古堂で学び、「奕碁《えきき》」＝囲碁《いご》にも通じていた模様である。その後、京都にのぼって香川景恒（写真３）について和学・和歌を修めたのであった。千村家は和歌などに通じた人びとがいたので、景村は父親などに文字を学んだと推定されるが、福島村の塾から京都へと学ぶ場所をひろげていった。なお、景村が私塾をひらいたのは、『西筑摩郡誌』の文章では、東京から帰ってからのようにおもわれるが、すでに紹介したように、天保六（一八三五）年から明治五（一八七二）年までであった。なお、寺子屋や塾は、学制による小学校を重視した筑摩県によって原則として禁止された。そのため、贄川の手習場や学問所が、明治五年の学制頒布の年に廃止された。

いっぽう、桜沢の百瀬九郎右衛門尚守（天保六〈一八三五〉年生まれ　嘉永四〈一八五一〉年元服　翌年結婚）の場合、手本がいくつか現存していて、九郎次といった幼年・少年時代の学習の一端がわかる。かれが学んだと推定される手本には、まず、表紙に『天保十四歳卯水無月《うみなづき》吉日　御手本』とあり、裏表紙に「中山道　蒲美控《かばみひかえ》　藻屠山《もとやま》志人」とある「いろは」を内容とするものがある。九郎右衛門の妻みわは、東筑摩郡宗賀村（現塩尻市）本山宿の蒲《かば》良左衛門の三女であった。百瀬家は蒲家と姻戚関係にあるので、蒲氏が与えた手本であろう。「藻屠山」は「本山」をあらわしている。そのほかの現存する手本類は、つぎのとおりである。

『甲辰《きのえたつ》　手習短歌　百瀬九郎次』（木曽桜沢　百瀬九郎次　弘化元年＝一八四四年）（写真４）

『甲辰　御手本　全　百瀬九郎次』（尾州領木曽桜沢村　百瀬九郎次孝利　十三才　翠雲堂門人　弘化元年＝一八四四年～嘉永元年＝一八四八年か）

『弘化四年未霜月吉日　商売往来』（尾州御領　木曽桜沢　百瀬九郎次　弘化四年＝一八四七年）
『嘉永二酉年七月吉日　消息往来』（嘉永二年＝一八四九年）
『嘉永三戌年六月吉日　風月往来』（百瀬九郎次　嘉永三年＝一八五〇年）
『嘉永三戌年八月吉日　庭訓往来』（桟東木曽桜沢　百瀬氏　嘉永三年＝一八五〇年）
『嘉永三年十月吉日　御手本』（いろは　尾州御領　百瀬九郎次　嘉永三年＝一八五〇年）
『今川』（尾州御領　百瀬九郎次　年不詳）

九郎次は、九郎右衛門尚守の幼名であろう。かれの学習は、九歳ころからはじまり、十六歳にいたった模様である。裏表紙に翠雲堂《すいうんどう》門人とあるのが、かれの学んだ手習場なり学問所をしめすとおもわれるが、翠雲堂がだれを師匠とする教育機関かを確定するデータがいま手元にない。さきにみた贄川の学問所や手習場以外のもので、たとえば本山宿や洗馬地域とかかわりがある可能性が高いようにおもわれるが、九郎次は片平の鶯着寺にあった手習場でも学んだ。さらに、奈良井宿上問屋の手塚家でも学んでいる（松田之利ほか著『檜物と宿でくらす人々　木曽・楢川村誌　第三巻近世編』長野県木曽郡楢川村　一九九八年。六三九〜六六一頁）。また、千村景村が福島村の好古堂で学んだテキストである「いろは」「手習短歌」「庭訓往来」「今川」などと類似のテキストを学んだようすがうかがえ、手習場というよりは塾でも学んだ可能性が考えられる。

百瀬宗治氏は、塾の存在と平田学との関連について、小林伊豆の学問所がその子小林左仲や小沢邦太郎・市川虎三などへおよぼした影響を想定している。しかし、小林伊豆の学問所は伊豆が平田門にはいった文久二（一八六二）年に廃止されたというから、小林左仲や市川虎三の七歳のときに廃止されたことになる。小沢邦太郎も十歳、その弟小沢時之助が八歳のときに、小林伊豆の学問所は廃止になっているので、かれらが塾に学んで平田学に入門したというより、紹介者である小沢重喬らの日常的な働きかけや学問所のそとでの学習が、贄川の平田門人の増加に重要であった、とわたしは考えている。

加納屋深沢茂吉三代と贄川宿での役割

二代目深沢万助の子である深沢安次郎（茂吉治道　安政四〈一八五七〉年生まれ、一九三八〈昭和十三〉年八十二歳で逝去）が一九一二（大正元）年に、『永代諸事書留帳』などの史料や父母からの伝聞、みずからの経験をもとにまとめた『深澤家代々の歴史』によると、初代深沢茂吉（茂吉治喬　安永八〈一七七九〉年生まれ、元治元〈一八六四〉年八十六歳で逝去）、二代深沢茂吉（萬助茂吉前定　文化十一〈一八一四〉年生まれ、一八九八〈明治三十一〉年八十五歳で逝去）と家の歴史をまとめた三代深沢茂吉治道の三世代が、贄川宿および地域の近代化でそれぞれ重要な役割をはたした（前掲『加納屋深澤家住宅調査報告書』（以下『調査報告書』と略す）九―一三頁）。

二代万助は、嘉永元（一八四八）年に家督をつぎ、上町増惣代をつとめ、翌年から慶応三（一八六七）年まで上町惣代として指導的役割を果たした。初代万助は上町惣代をつとめたふうがないが、二代万助は、家督をついだ嘉永元年に、木曽の統治者であった山村家に献金して「御通懸御目見」格となり、安政五（一八五八）年には「一代苗字御免」(注3)をうけて苗字の使用を公的に許された。『調査報告書』

（一一〜一二頁）には、山村家への加納屋の献金についてつぎのようにある。

文久三年（一八六三）の山村家への献金では、五〇両の諏訪坂勘助に次いで三五両を陶山傳兵衛とともに上納しているし、明治二一年（一八八八）の贄川村遷宮寄進帳でも、この三人が寄進額の上位を占めていて、幕末から近代初頭にかけて安定した経済力を保持していたことがわかる。

二代万助は、引きついだ商家としての経済的実力を背景に、個人のすぐれた政治的力量を贄川宿で発揮し、宿民の信頼を得ていたのであった。木曽騒動にあたっての二代万助について、『調査報告書』（一二頁）には、つぎのように書かれた（横書きの算用数字は、縦書きの漢数字に変更―上條）。

木曽騒動と呼ばれるこの騒動で処分を受けた関係諸村は四九を数え、騒動の発端とされた洗馬宿では一六人が処罰を受けた。贄川村ではこれに次ぐ一五人の処罰者を出し、萬助も贄川勢の頭取として江戸払いの重罪に処せられた。同年八月末から一四ケ月程、萬助は松本に入牢したが、同家の「寅八月一九日御叱之節御見舞覚」によれば、騒動直後から深澤家には見舞客が殺到し、贄川宿内および在郷はいうにおよばず、贄川北隣の本山宿や塩尻宿、木曽谷北部の遠方も含め、総勢一〇〇人をこえる来訪があった。

騒動以前から、萬助は地域の実力者として米問題の解決に真摯に取り組んでおり、騒動に参加した地域全体からの同情と支持が強かったことを知ることができる。

明治三年（一八七〇）、贄川村は各町から一人ずつの頭惣代の新設を決定し、上町からは萬助が選出された。頭惣代は小前層の総意を代表して村政に参画し、村方からの訴願でも指導的役割を果たすことを期待される存在であった。萬助の頭惣代への選出は、騒動後、萬助が地域社会の指導者として名実ともに認められたことの現れといえよう。

東京大学の高村直助《なおすけ》教授の研究によれば、安政五（一八五八）年に、すでにつとめていた御用達所の仕事のうえに御運用方となっており、木曽の山村氏から一代苗字御免をみとめられた加納屋万助＝深沢茂吉が、宿内有力者として木曽騒動にも関係した。山口和雄・石井寛治編『近代日本の商品流通』（東京大学出版会　一九八六年）におさめられた高村直助氏の論文「木曽商人の遠隔地商業」によれば、深沢万助（二代茂吉）と木曽騒動の関係は、つぎのようなものであったことがわかる。

この時贄川宿にも参加を求め、不参の場合は米の供給を差止める旨の通知がもたらされた。これより先安政五年（一八五八）万助は、「先般御用達所御奉公相勤猶又《なおまた》今般御運用方御奉公申達候段寄（奇）特之至《いたり》」として、木曽代官山村氏から「一代苗字御免」を認められており、その意味でも宿内有力者になっていたと考えられ、これへの対策の協議に加わったようである。その結果、暴力行為には巻込まれないように注意しつつも一応参加することとなり、桔梗ケ原に向った。ところが情勢不穏なので引返そうとしたところ松本藩士に勾引され、八月十八日から万助ら約一〇人の贄川宿の者は入牢させられてしまった。ようやく翌年十月になって「江戸払」ということで放還され、明治二年七月に「御赦免」となったが、「其長年月ノ間ニ要シタル費用内外共巨額ヲ失費セリ。是レ万助継世中生命財産共ニ大関係セル大打撃」（「深沢家代々の史」）であった。

これは、木曽騒動が地域ぐるみで展開したことをしめすが、陶山吉右衛門らの参加は、深沢万助よりは積極的であった、といってあやまりないであろう。贄川宿の国学者たちは、維新の変革に積極的に行動をとおして取組んでいたのであった。その点、一揆に傍観者的であった島崎正樹とは、たしかにちがっていた。

四　贄川の平田門国学者の社会的・政治的行動

世ならし様への期待と国学者

慶応二（一八六六）年の八月十七日から二十日にかけて、奈良井・贄川宿と藪原宿の人びとが、松本平で騒動をおこした。幕府領から松本藩預所となった本山宿や洗馬宿の人びととともに、四次にわたり松本平の南部の豪農商にたいし、米をやすく販売するように要求してたちあがったのであった。これは木曽騒動と呼ばれ、徳川幕府が倒れる前年で慶応と呼ばれる年号のうちにおこった、幕末ではもっとも大きい信濃国の世直し一揆であった。(注5)そのため、何人かの歴史研究があり、いまや全国的に有名になっている騒動といってよいであろう。

そのなかで、信州大学で学んだ研究者横地譲治氏の「松本周辺(直轄領)における〈世なおし〉の状況」(佐々木潤之介編『村方騒動と世直し』上　青木書店　一九七二年)、林淳一氏の研究「慶応二年木曽一揆の背景」(『信濃』第三二巻第七号　一九八〇年)は、この木曽騒動について、いくつかの史実をあきらかにした。

この騒動は、天候不順で凶作の気配のあったうえに、旧暦八月七日に松本平を台風がおそい、そのため凶作をみこした松本藩が穀物が藩のそとへ出ていかないように穀留《こくどめ》をし、いっぽう米商人が米を買い占めたことに、直接の原因があった。穀留は、米の生産がすくなく、松本平からはいってくる米にたよっていた洗馬・本山の畑作地域や、贄川・奈良井など木曽谷北部の山間地域の宿駅＝マチに打撃をあたえた。そこで、洗馬宿の人びとが、松本平の米を買い占めた商人たちへ、やすく米を売るように要求する一揆をおこすと、奈良井や贄川の民衆も参画していった。

贄川の人びとは、洗馬・本山周辺の動きについで、第二波の一揆に中心となって参加した。そのために、一揆のおさまったあと、江戸十里四方追放二人、江戸払い二人、手鎖一一人の合せて一五人の贄川の人が処罰された。そのなかには、旅籠屋《はたごや》の陶山吉右衛門、高崎に漆器販売の支店をかまえていた千野長右衛門など、贄川宿の上層民がはいっていた。これはすでに、百瀬宗治氏の研究であきらかにされている平田門国学者の騒動への参画の事実である。林氏は木曽騒動を、贄川や奈良井では米穀が底をつき、宿やその周辺全体の生活が危機におちいったので、階層の上下のべつなく、させまった要求であるやすい米を手に入れる目的で民衆が立ちあがった一種の米騒動であった、と指摘した。林氏の論文は近世木曽谷の米の流通の実態を復元した研究であった。

この騒動で、松本平の米商人や米をたくわえていた豪農層は、五つに分割支配されていた五一か村にわたり、一〇五軒が襲撃された。いっぽう、安米の要求とともに、ときには打ちこわしをかけた人びとのなかに、平田門国学者であった陶山吉右衛門や千野長右衛門がいたことは、『夜明け前』の青山半蔵とのちがいとして注目される。

贄川では、陶山や千野のような有力商人だけでなく、前章でもふれたように、伊藤金助も参加して手鎖(注6)で宿預け(注7)となった。この伊藤金助は、二年後の慶応四・明治元(一八六八)年に平田門国学者となっている。

おなじ平田門国学者の島崎正樹をモデルとした青山半蔵は、慶応四(一八六八)年五月、戊辰戦争への軍夫へのかりだしをめぐり中津川へ押しだす一揆が、野尻(のち大桑村)、与川・三留野・柿其《かきぞれ》・田立(のち南木曽町)などの小前層(下層民衆)によっておこされたことにたいし、ある程度は理解し同情した。しかし、あくまでも宿の問屋がわの立場を忘れることはなく、一揆に参画まではしなかった。

作家大岡昇平氏は、『歴史小説論』(岩波書店　同時代ライブラリー47　一九九〇年)のなかで、『夜明け前』を飛騨の百姓一揆をテーマとした江馬修の『山の民』(角川文庫　一九五一年)とくらべて論じ、半蔵の一揆観を問題にした。そして、維新期の民衆を描いた歴史小説としては『夜明け前』の方が劣ること、それは、地域の有力者と貧農・小作人との矛盾など「農村の政治的経済的構造」を藤村が説得的にとらえることができなかったからである、と指摘した。

　わたしは、『夜明け前』の青山半蔵のもつ特質は、島崎正樹のもつ平田門国学者としての特色を反映したところが大きいと考えている。島崎正樹のような平田門人もじじつ存在したのであった。いっぽう、贄川の平田門国学者は、一揆の先頭にたつ存在でもあった。かれらが、贄川の特色ある地域民衆の経済生活をどのように組み立てていくべきかを、地域のリーダーとしていつもトータルに考えていなくてはならなかったからである。それはまた、山林に依拠して生活しながら、交通の要地である宿＝マチに住み商品の流れにたいへん敏感な贄川の人びとの特色でもあった。たとえば小沢重喬は、木曽騒動に参画した事実はないものの、すでにみたように、明治三（一八七〇）年、貧窮な地域民衆のための米の安売りに必要な費用一五〇〇両を、名古屋藩の福島総管所から借りている。それが豪商俵屋の身代をかたむける結果をもたらすことともなったが、それをあえてこばまなかったし、こばむことができなかったのであった。

写真５　奈良井の鎮神社

　木曽騒動の終わったあと、いまは松本市今井の南山文書にふくまれている『慶応二寅《とら》八月騒動ちょぼくれ』がつくられた。それには、騒動に参加した人びとが「世ならし様」への期待をもっていたことがうかがえる。「ちょぼくれ」とは「ちょんがれ」ともいう。いっぱんには乞食僧が、ちいさい木魚《もくぎょ》二つをたたきながら口早にうたってあるくものであった。その一節につぎのようなくだりがある。

奈良井宿では、御米がないとて、鎮之宮《しずめのみや》えと、願《がん》を至せば神の神の、難有《ありがて》もんだよ。やれやれ皆の衆、此度《こんど》の願《ねがい》は、神ではいけない、菩《ぼ》さつのおかげで、命《いのち》をたすかり、是《これ》から致《いたし》て、松本平の、大家の家より、御米を買請《かいうけ》、女房や子供の、命をたすけて、神の御差《おさし》づ、難有《ありがて》もんだよ。

「奈良井の宿では、民衆が鎮神社（写真5）にあつまって願がけをしたところ、ありがたいことにおつげがあって、神様ではなく菩薩（ミロク菩薩か）のおかげがあり、松本平の豪農商からやすく米を買受けることができ、女や子どもの命がたすかることになってありがたい」といった主旨である。民衆を救済してくれる菩薩が、「世ならし様」＝「世の中を平等にしてくれる救世主」と認識されていたのであった。平田門国学者たちは、こうした意識をもった民衆のなかにあって、生活苦の打破のために立ちあがったのである。

騒動といっても、むやみに暴力をふるったのではない。陶山吉右衛門のような贄川のリーダーは、筑摩郡長畝《ながうね》（現塩尻市）の豪農吉江平八郎のところへ出向いたときなど、一揆グループの統制をきちんととり、堂々と吉江らと米の安売りの交渉をおこなって、買入れに成功した。そのようすは、吉江の書きのこした記録にはっきり書かれている。紙ののぼりへ「尾州」と書いたり、白旗をかかげたりした一揆勢は、単なる暴徒ではなく、一種のプライドをもって松本平へ押し出したのであった。これは、幕府の親戚筋である大藩尾張藩の民衆であるとともに、「世ならし様」の庇護をうけていることへの自信、国学などの思想にささえられていたからではなかったか、とわたしにはおもわれる。

戊辰戦争と国学者たち

桜沢の百瀬尚守が書き留めた『慶応四年辰四月二十一日　福島御陣代幷《ならびに》御家中軍事方御《お》操出控《くりだしひかえ》』という横帳が、百瀬邦夫さんのお宅にあった。これは、慶応四（一八六八）年の四月二十二日に、旧幕府軍による衝鋒隊《しょうほうたい》（注8）が越後から松本まで進出するむねの情報がはいったので、福島の山村氏の軍勢一行がその進出を防ぐための松本平にたいする固めから、さらには飯山方面に兵を操りだすために、桜沢にはいりこんだときの記録である。『西筑摩郡誌』によると、慶応四（一八六八）年三月、尾張藩の千賀与三郎が兵をひきいて木曽を通過し、東北での戦争におもむいたとあり、四月十八日には、越後口からの旧幕府軍が飯山方面へ侵入する動きにそなえた出兵の命令があり、山村家の向井五左衛門が「農兵」二〇〇人をひきいて進発した、とある。この飯山戦争（注9）への出兵を準備する動きが、百瀬家の記録にうかがえるのである。

まず慶応四（一八六八）年四月二十一日、桜沢の百瀬栄右衛門方に福島から先手一番の高瀬氏など上下の身分あわせて二〇〜三〇人がはいりこみ、泊まりこんでこの地を維新政府がわの軍事的な出先きにした。翌二十二日には、平田門人であった百瀬九郎右衛門尚守の家（写真6）へ、千村喜又など上下八人がはいって宿泊している。御陣代千村喜又、御書役用人下山折之進・古坂権内、山村次右衛門、沢田速水、千村についていた忠次郎、山村のお供の兼吉、沢田のお供の新七などの名が、

写真６　戊辰戦争のころあった扇屋百瀬九郎右衛門家の建物

記載されている。大将のいるところに立てる大旗である刷牙旗《すりがき》がもちこまれ、幕を張り高張り提灯を立てて、軍夫も一〇〇人ほどがいた。九郎右衛門宅では、「焼兵食」の賄《まかな》いにあたっている。馬一疋は、九郎右衛門宅の向かいの雪隠《せっちん》のところへ入れた。

また、定四郎宅に泊まった山村軍には、向井五左衛門・原宇兵太などのほか、贄川宿方役人の千村左太夫・倉沢謙十郎や片平の八右衛門・庄右衛門がくわわっていた。ここでも幕を張って、軍夫がやはり一〇〇人ほどはいった。千村左太夫は千村三郎次郎[注10]（のち巨）、倉沢謙十郎は倉沢武矩のことで、いずれもすでにみたように桂園派の和歌をよくした贄川の有力者であった。ここに御台場《おだいば》を固めるために、かれらは人別で出動して普請《ふしん》を命ぜられ。さらに、民右衛門宅には原左兵太らがはいり、幕内に高張りを立て、昼夜兼行で改めをしたり、見張りをしたようである。これは、民右衛門宅の張り幕のなかに鎗や鉄砲をそなえておいたからである。福島からきたり、ちかくの村からあつめられた軍夫たちは、桜沢だけでは宿泊が間にあわず、片平の村中に宿をしている。

いよいよ四月二十五日には一番手の高瀬・沢田と軍夫七〇人ほどが、まず百瀬栄右衛門宅に集結し、刷牙旗・大筒・小筒をもって松本へ操りだしていった。千村喜又が操りだしたあとの九郎右衛門宅へは、大目付・勘定兼役の横山右衛門太と小荷駄《こにだ》兵食方賄《まかな》い下役の渡辺泰助・原林次・鈴岡浅次などがはいりこんできた。二十七日には、二番手として向井五左衛門を大将とし、軍夫三〇〇人ほどのものが、洗馬でつぎの宿泊をする段取りで、桜沢から出発していった。向井の軍隊は、奥信濃の飯山まで出向き飯山戦争に参加した模様である。べつに、「向（井）五左衛門様、飯山迄御出向同勢上下弐百人程四月二十七日定四郎宅御宿へ泊《とまり》候。是にて仕度いたし御立に相成、閏四月七日七ツ時に御帰り、夫《それ》より贄川御泊り御越遊ばされ候」という記載が、さきの記録にあることから判明する。なお、ここでは省略するが、戊辰戦争が一段落して帰宅するために、山村氏の軍勢がまた桜沢や贄川に宿をとって福島へ帰っていったようすも、この記録に書き留められている。

この記録をここで紹介したのには、ふたつの理由がある。ひとつは、飯山戦争へ山村氏の軍勢が出兵したさい、贄川にも直接影響をおよぼしていることをあきらかにするためである。しかし、それ以上にわたしの指摘したいことがある。それは、平田門国学者に焦点をあててこの記録をみたとき、九郎右衛門宅へ宿泊した千村喜又・沢田速水・横山右衛門太が、そののち平田門国学者となっていることである。すでに紹介した木曽の平田門人の名簿を、もう一度みなおしていただきたい。千村喜又は明治元（一八六八）年十二月、沢田速水・横山右衛門太は翌年二月朔日に、平田門人となっていることがわかる。このうち、千村は紹介者がなく、沢田・横山の紹介者は飛驒通光とある。飛驒は、本名肥田通光のこと。かれは、中津川の庄屋役をつとめた家に、文化十一（一八一四）年十一月八日に生まれている。市村咸人著『伊那尊王思想史』におさめられた「人物略志」によれば、「平田門人となり(注11)皇学を修め、勤王の義をとなへ、維新の際岩倉公の征東軍来るや、同志と共に木曽路を嚮導《きょうどう》し、輜重《しちょう》(注12)運搬に力を致した」とある。

九郎右衛門宅にとまった山村甚兵衛の家来三人だけが平田学へ入門しているのは、たいへん興味深い。戊辰戦争が終結し、かれら山村氏の家来たちが福島に帰ってから、入門までにやや時間は経過しているが、わたしのこの文が文学作品であったら、さしずめ肥田九郎兵衛通光（間秀矩の紹介で文久三〈一八六三〉年三月二十二日に平田門人となったとされる）も九郎右衛門宅に宿泊し、すくなくとも千村・沢田・肥田と百瀬が語り合う場面を設定したくなる史実である。千村喜又・沢田速水・横山右衛門太ら武士国学者は、戊辰戦争をへて平田門人になっており、そのあいだに九郎右衛門宅への宿泊があったことだけは、たしかである。なお、九郎右衛門とくらべ、肥田は一四歳も年上であり、千村喜又はほぼ同年であった。

いずれにしても、木曽における平田学への入門は農民から武士へとひろがったことはまちがいない。

あたらしい政治にとりくむ

東京大学に寄託されている深沢家文書のなかに、『明治三年午《うま》正月頭物代勤役中諸事書留　深沢茂吉』という小冊子がある。これに、贄川宿で頭物代《かしらそうだい》を三人おき、宿の三つの町の一人ずつを一年任期で入札《いれふだ》＝投票でえらぶことなどをきめた「定《さだめ》」が記録されている。小役・寄合宿・夜番といった役職を除いて入札をおこなうこと、三人の頭物代は必要があれば増《まし》物代をおいてつとめさせられること、役元の御用や願い筋のことは三人でおこなうが、三人ともに留守のときは人選した代理人を呼びだし御用をつとめてもらえることなどが、一統申し合せとして、明治三（一八七〇）年正月十九日にきめられている。

この入札による頭惣代の選出は、同年正月二十日におこなわれ、太田三左衛門・丸吉屋藪原十右衛門・加納屋深沢茂吉が高点で当選した。もっとも、太田はべつに年寄役をつとめていたので、兼任はむずかしいのではないかとの意見がでた。だが、入札を入れ替えた例はこれまでないので、太田がとくに忙しいときには惣代のなかから見立てて仕事をしてもらうことに決定している。入札による役員の決定は、はじめてではなかった。

このように廃藩置県以前の贄川で村人の代表をえらぶのに投票制度を採用していたことに注目しておきたい。入札制度は定着していった。一八七九（明治十二）年十二月十七日には贄川村戸長役場へ町方の伍長たちが寄合い、村役人たちとも相談し、町方にいた伍長二六人のなかから伍長惣代九人を入札でえらび、三人ずつが月番をつとめることをきめている。（注13）日当は、一日一〇銭・半日五銭とする、役場から呼びだしがあったときは月番三人でふつう対応する、もし三人できめられない問題がおきれば惣代九人で相談し、それでも行き届かないときは伍長二六人で評議する、などがきめられている。そして、十二月二十日までに入札し、二十一日に開札した結果、陶山伝兵衛・陶山吉右衛門・千野長右衛門・大久保勝蔵・深沢茂吉・太田三左衛門・太田猶之助・斎藤嘉助・藪原十右衛門の九人が惣代に当選した。惣代の月割り勤務は年四回の交替とし、まず十二月からの三か月は深沢茂吉・千野長右衛門・藪原十右衛門の三人が担当することとなった。

一八七九（明治十二）年には、郡区町村編制法で、大区小区制がなくなった。西筑摩郡役所がはじめてでき、そのもとで贄川村がひとつの村として行政をおこなう単位となった。はじめて公選の戸長が生まれ、倉沢謙三（旧名は隆之助）が戸長についている。村会も、公選の議員によって創設されたはずであるが、いまのところ詳細はわかっていない。

この年から翌一八八〇（明治十三）年の年明けにかけては、村にひとつの事件がおきていた。贄川上町《かみまち》の用水普請をし、その樋《とい》に椹《さわら》七一本を使うこととし、べつに新道の水掛りに用いる二五本といっしょに伐《き》りだす仕事の入札《にゅうさつ》をおこなった。五、六人があつまって落札《らくさつ》したので、買いとった木を伐採させたところ、檜《ひのき》・椹を余分に切ったといううわさがながれた。村では、実地に取り調べることとし、一月七日に木を切りだす山である御柱沢へ、倉沢戸長、九人の伍長惣代、桃岡の惣代、山案内二人ででかけている。酒二升・秋刀魚《さんま》一〇本・干物《ひもの》一〇枚などを山方へ持参した調査でもあった。このとき山登りをした一三人のなかには、戸長の倉沢謙三、伍長惣代の陶山吉右衛門・千野長右衛門の三人がいた。

いっぽう、一八八〇（明治十三）年には、松本で自由民権運動の結社である奨匡社《しょうきょうしゃ》が結成された。この結社の目的は、民衆が団結して政府に国会を開設させ、民意を反映させた国政を実現させることであった。同年二月につくられた奨匡社規則の第一条は、「民権ヲ伸張シ国権ヲ拡充シ、人民本分ノ義務ヲ講明スルニ在リ」とし、とくに「国会願望ヲ以テ創立ノ基礎ト為ス」とうたっている。奨匡社の社名は、『夜明け前』にもしばしば登場する木曽福島出身の漢学者武居用拙が、中国の古典『孝経』の「事君」にある「その美を奨順《しょうじゅん》し、その悪を匡救《きょうきゅう》す」（美をすすめて、おこなわせ、悪をただし、悪から人びとをすくうの意味）からとった。美とは民主主義であったといってよい。具体的には、民権を求め国会の開設を実現させることであった。

　四月十一日、東筑摩郡南深志町の青龍寺（現在の松本市宮村町の青龍山全久院の地）を会場に、県内各地から戸長や町村会議員など七四五人ほどがあつまって、奨匡社の創立大会がおこなわれた。四月二十七日からは、同社創立事務委員のひとり大伴敬臧《おおともけいぞう》が、東筑摩郡の西南部や西筑摩（のち木曽）郡下を社員勧誘のために遊説《ゆうぜい》した。そのとき贄川などをおとずれたようすを、大伴は「木曽ニ亙《わた》リ各地ヲ遊説、或ハ演説ス。事ノ情況殆《ほとん》ド東筑ニ及《およ》ズト雖《いえど》モ、人心ノ真実卓乎《たくこ》トシテ撓《たわ》マザルノ気力アリ。殊ニ贄川・藪原駅・福嶋ノ如キハ、有志ノ士陸続《りくぞく》、入社ノ人員日ニ追加シ、分社ヲ設置セント欲ス」（『奨匡雑誌　第壱号』一八八〇年六月一日）と報告している。

　贄川は、民権運動の遊説への反応がつよかった地域とされている。一八八〇（明治十三）年八月に印刷された奨匡社員名簿には、西筑摩郡下の村むらからは、野尻村と須原村（のち大桑村）、吾妻村（のち南木曽町）、宮越村（のち日義村）、神坂村（のち岐阜県中津川市）が一人ずつであるのに、福島村は一〇人、藪原村は四人、そして贄川村は二人が載っている。あわせて二一人の社員は、大伴のいうほどの数ではないが、贄川は小沢文太郎・陶山吉右衛門である。二人ともに、もとの平田門人であったことは確認するまでもないだろう。かれらの背景に民権・国権・国会に共鳴した村民がいたようすを大伴の報告にうかがうことができる。

　なお、吾妻村の社員は島崎与次右衛門（青山半蔵の妻お民の実兄青山寿平次のモデル）、神坂村のそれは教員の坂井茂であった。福島村では、すでに戊辰戦争に関連してふれた、もと平田門人の千村喜又を見出すことができる。

一八八〇年五月、東京へでかけた奨匡社の代表松沢求策（現安曇野市穂高町）と上条螘司《ありじ》（現松本市今井）がたずさえていた国会開設請願書（注14）には、二万一五三五人が署名していた。そのさいのものとおもわれる委任状には、河野常吉（現松本市島内出身、当時福島小学校教員）が西筑摩郡福島村ほか三か村有志八一二人の惣代となっている。

村政への多彩な尽力

ところで、酒井勝さんのお宅の文書に、明治時代にながく村の行政にたずさわった酒井光雄（写真7）がつくった一八八五（明治十八）、八六（同十九）年の奈良井村と贄川村の職員録がある（写真8）。このときは、連合戸長役場時代で、八四年までべつべつであった奈良井・贄川二か村が、ひとつの役場で行政をおこなうようになっていた。一八八五年十二月現在のその連合戸長役場の関係職員をみると、戸長千村三郎次郎（巨と改名、四十四歳十一か月、月俸一二円、所有地価二五六円一三銭四厘）、千村のもとで仕事をする吏員である筆生《ひっせい》四人のうちの一人が小沢文太郎（五十九歳三か月、月俸四円、所有地価四〇円二〇銭九厘）であった。また、奈良井村・贄川村連合会議員六人のうち贄川がわの議員は倉沢謙三（三十七歳七か月、所有地価一〇五円一五銭四厘）・陶山吉右衛門（五十二歳二か月、所有地価四七円六六銭四厘）・山口直樹（四十二歳九か月、既に死亡した平田門人山口金次郎の長男）であった。なお、贄川村村会議員はこのとき四人で、もうひとりは倉沢政之助（三十八歳十か月、

写真7　酒井光雄 37 歳 3 か月のとき（1884 年 10 月）

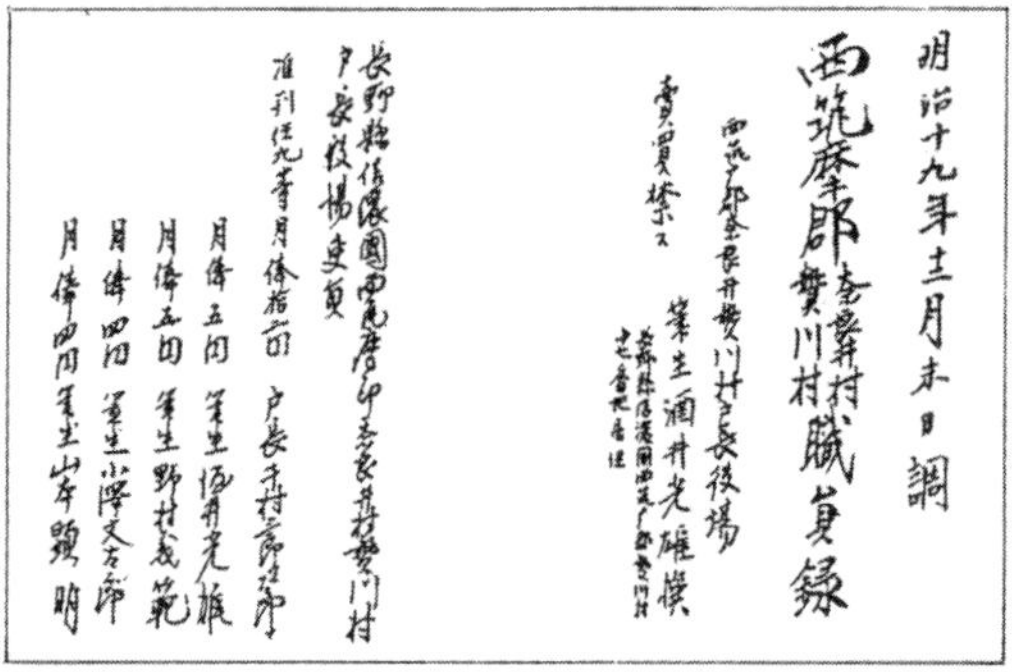
明治十九年十二月末日調
西筑摩郡奈良井村贄川村職員録

写真８　酒井が自ら作成した「連合戸長役場職員録」（酒井勝家文書）

表１ 1889(明治 22) 年の楢川村村税等級と平田門人

等級	戸数	平田門人	等級	戸数	平田門人
1 等	1		13 等	42	1
2 等	5		14 等	50	
3 等	1		15 等	42	2
4 等	4	1	16 等	69	
5 等	11		17 等	35	
6 等	12		18 等	71	1
7 等	7	2	19 等	116	
8 等	22	2	20 等	16	1
9 等	10	1	21 等	53	
10 等	19		22 等	49	
11 等	24	2			
12 等	15		合計	674	13

『明治 22 年以降 25 年迄村・会決議書西筑摩郡楢川村役場』より作成。

所有地価一四円四二銭）であった。二か村を代表して郡全体の会議に出席する西筑摩郡連合会議員は、倉沢謙三がつとめている。

いっぽう、贄川学校の学区である第十一番学区事務掛は贄川清見（清水とも書く、三十五歳五か月）・陶山吉右衛門・深沢茂吉（三代　安政四〈一八五七〉年生まれ、二十八歳三か月）の三人であり、教員は千村景村の子千村退蔵（二十七歳、月給八円、所有地価三七円二銭八厘）であった。

さらに、贄川村の勧業会員(注15)二五人のなかには、陶山吉右衛門・倉沢謙三・市川久蔵（三十歳二か月）・贄川清見や山口直樹がいた。贄川村の植林委員は小沢文太郎ら四人がつとめ、贄川村の諸営業年行事(注16)は陶山吉右衛門と山口直樹であった。さらに、贄川村伍長四五人のなかにも、勧業会員にあげた五人のほかに、百瀬九郎右衛門がいた。

このようにみると、かつて平田門人であった人びとを除くと、村政が停滞するといってよい状況をうかがうことができる。贄川の平田門人たちは、地域文化の担い手であるとともに、政治・産業・教育など多方面にわたって、近代初期のあたらしい時代の創造に尽力したのであった。

かれら平田門国学者たちやその後継者は、地域の近代化がすすみ、楢川村ができた時期にあっても、所有地価はかならずしも高くないが、全体に地域で占める経済上の地位が比較的高く、村のリーダーでありつづけていた、といいなおしてもよいであろう。表1にみられるように、一八八九（明治二十二）年の楢川村役場における村税等級表には、かつての平田門人（その子）がおおむね中位以上の位置を占めていることを推察させる。なかには、経済的にはかならずしも恵まれなくなった人もいたが、その知的蓄積を惜しむ周囲の人たちから、行政や教育の場に登用された。

ただ、神主であった小林伊豆やその子どもたちのその後は、いまのところよくわかっていない。酒井光雄の職員録によれば、一八八五年十二月、麻衣廼神社・諏訪神社の神主は、奈良井の鎮神社、平沢の諏訪神社、贄川の白山神社とともに、巣山茂雄（二十歳八か月）が祠掌をつとめている。あるいは、飛騨水無神社の神宮となった島崎正樹とおなじように、小林神主たちの場合、振幅のおおい生活を余儀なくされていたのかもしれない。今後の調査にまちたいとおもう。

学校教育の創造

明治政府・筑摩県のもと、学制頒布による贄川学校が発足したのは、学問所や手習場が廃止されたことになっている年の一年後、一八七三（明治六）年十一月で、観音寺の庫裡を仮校舎に、千村万作景村が教員であった。生徒数は、男四〇人・女一六人の五六人、「受業料」は年額一三円四四銭、教員給は三六円であった。一八七六（明治九）年に長野県に提出された『贄川村誌』には、公立小学校は「村の西方」にあるとだけ書かれ、生徒男六六人・女二三人、学校元資金一五一四円七五銭とある。筑摩県が廃され信濃国の領域が長野県に統合された一八七六年まで、千村万作が教員をつとめ、観音寺の庫裡でおこなった。『文部省年報』では、七五年度の贄川学校は旧寺院を借用し、教員一人、生徒男四五人・女六人、「受業料」はなく、扶助金四円九五銭八厘、七六年度は、教員は三人にふえ、生徒男五六人・女二〇人、扶助金三円九六銭八厘であった。受業料をとらなくなり、授業生（代用教員）であったとおもわれる教員がふえると、生徒数もふえてきていた（『長野県教育史　別巻一　調査統計』一四三頁、一六五頁）。七六年の贄川村の戸口は、戸数二二六に一〇二八人が住み、学齢期の子ども一一三人のうち七五人が就学していた。元資金のほかに寄付金二円、校費二四五円九五銭三厘にたいし経費は二七六円一二銭一里で、三〇円一六銭八厘の不足であった（前掲『村を築いた人々　木曽・楢川村誌四　近代』一七三、一七五―一七六頁）。

千村万作は、すでにみたように、山村家の医師秋元一菴に学び、京都にでて香川景恒にも和学・和歌を学んでいたが、それで満足しなかった。文政九（一八二六）年十月十一日生まれの万作は四十六歳で、一八七三年十二月から筑摩県小学師範科を卒業して教員免許を得ていた（『明治九年六月　訓導卒業生名簿　第五課』長野県庁文書）。贄川学校の教員は、千村万作が草創期に基礎づくりをし、かれに代わり、長男の千村退蔵が一八七七年度から首座教員となり、助手・授業生も男三人がいた。一八八二年には、訓導千村退蔵、授業生五人、生徒男八〇人・女二二人となった。八四年度は、千村退蔵が学校長となり、校舎も和風平屋の二八坪ができた。教員は訓導一人・授業生六人、出席生徒男七九人・女三五人、学齢未満幼児も男女七人ずつ就学、卒業生も初等科卒業男四人となっている（前掲『長野県教育史　別巻一　調査統計』五四九頁）。八四年九月十五日、贄川学校（一八八二年に西筑摩郡第一一学区となった）の学校事務掛に西筑摩郡役所から深沢茂吉が任命された。それでも、近世の学問所・手習場で学んでいた人びとの数より、贄川学校の生徒数はすくなかった。初期小学校の教育内容が、生活実態から乖離していたことが要因であったと、当時指摘された。女子の就学者のすくないことに、とくにあらわれていた。

贄川学校の校舎が観音寺の庫裡借用から独自の校舎が落成し、そこにうつると、学校長千村退蔵の父万作景村が、木曽福島出身の漢学者武居用拙の添削をうけて、「祝贄川学校落成」という文章を書いた（写真9）。

祝贄川学校落成

国ノ盛衰ハ人民ノ盛衰ニアリ。人民ノ盛衰ハ教育ノ盛衰ニ基ヅクトハ先哲ノ士往々説ケル所ナリ。蓋《けだ》シ国ハ菓実ノ如ク人民ハ花弁ノ如ク、教育ハ幹《みき》ノ如ク根ノ如シ。是故《これゆえ》ニ美花ヲ開カシメ良菓ヲ結バシメント欲セバ、必先《かならずま》ヅ其根幹ヲ培養シ、教育ヲシテ繁盛ナラシメザル可カラズ。夫惟《それおもんみ》ルニ我国維新爾来《じらい》、教育ノ道夙《つと》ニ其荊棘《けいきょく》ヲ闢《ひら》キ玉フ如ク、学事其方向ヲ得テ駸々乎《しんしんこ》相《あい》進ミ、僻《へき》村ト雖《いえど》モ小学校ノ設《もうけ》アラザルナク、又都邑《とゆう》トシテ大中学校ノ備《そなえ》アラザルハナシ。此《ここ》ニ於テカ雍々《ようよう》ノ

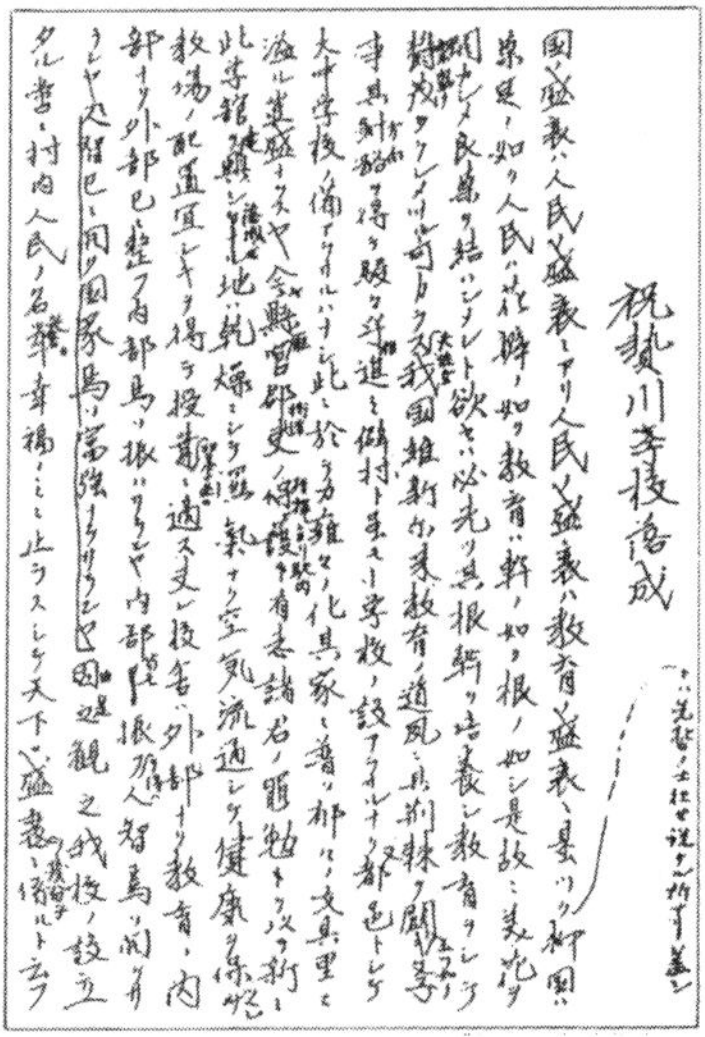

写真９　千村景村の文に武居用拙が添削した「祝贄川学校落成」の一部（千村巨海家文書）

化其家々普《あまね》ク郁々《いくいく》ノ文具里ニ溢《あふ》ル。豈盛《あにさかん》ナラズヤ。今ヤ県庁郡衙《ぐんが》諸吏ノ指揮ニヨリ駅内有志諸君ノ黽勉《びんべん》ヲ以テ、新ニ此学館ヲ建興シ落成ス。地ハ乾燥ニシテ湿気ナク、空気流通シテ健康ヲ保《たも》ツベシ。教場ノ配置宜《よろ》シキヲ得テ、授業・習字並ビニ適ス。夫《そ》レ校舎ハ外部ナリ、教育ハ内部ナリ。外部已《すで》ニ整《ととの》フ。内部焉《いずくん》ゾ振ハザランヤ。由是観之《これによりてこれをみれば》、我校ノ設立タル啻《ただ》ニ村内人民ノ名誉・幸福ノミニ止《とど》ラズシテ、天下幾分子ニ係ルト云フモ実ニ誣言《ぶげん》ニ非ザルベシ。予此校ニ従事スル、前後通シテ八年幸《さいわい》ニシテ開業ノ栄典ニ與《あずか》ル、何ノ欣幸カ之レニ若《し》カンヤ。唯愧《ただはずら》クハ、未ダ寸功ノ効ヲ奏スル事ナキヲ。今ヨリ以後猶《なお》感奮勉励努力シテ、以テ償《つぐな》フ所アラントス。因《より》テ聊蕪詞《いささかぶじ》ヲ調シテ祝辞トス。

文のなかで、学校のある地が湿気や空気の流れまで考慮してえらばれたらしいことには感心させられる。この祝文は、なかなか心配りのゆきとどいた名文におもえる。

この祝辞は、千村景村が、当時東京銀座四丁目四番地の吉村忠道方に(注17)寄寓していた武居用拙へ案文を送り、全面的に手をいれて返送してもらったものであった。一八八五（明治十八）年六月十二日と

写真9　奨匡社名付けの親武居用拙とその署名

七月十日に、用拙から万作（景村）にあてた手紙が、千村巨海さんのもとにのこされている。添削した文に寄せて、用拙は文章論も書き送っている。

一八八一（明治十四）年に父兄のすすめで三兄友弥とともに東京に出て、泰明学校（注18）の児童となっていた島崎春樹は、一八八三（明治十六）年秋に代言人（弁護士）をしていた吉村忠道（春樹が東京に出て最初にあずけられた姉の嫁ぎ先の高瀬薫と同郷の旧山村氏家来野口忠淑の四男）のところへ下宿するようになった。そのとき、甥である吉村宅に武居用拙がいた。そして、一八八六（明治十九）年には、十五歳の春樹に用拙は『詩経』『左伝』など漢学を教えた。

『夜明け前』に用拙はしばしば登場する。たとえば、第一部第三章の三で、半蔵が平田学へ入門するためもあって江戸へ出たところ、「唯一人、木曽福島の武居《たけい》拙蔵《せつぞう》、この人は漢学者としての古賀侗庵《どうあん》（注19）に就き、塩谷宕陰《しおのやとういん》（注20）、松崎慊堂《こうどう》（注21）にも知られ、安井息軒《そつけん》（注22）とも交わりがあって、しばらくお茶の水の昌平黌《しょうへいこう》（注23）に学んだが、親は老い家は貧しくて、数年前に郷里の方へ帰って行ったという噂だけが残っていた」といった記述がある。

用拙は、漢学者として木曽谷はもとより伊那や松本平に知られた。わたしは、かれの漢学者の業績とともに、すでにふれたように、松本平で自由民権結社の奨匡社の名付け親になるなど、文明開化期から自由民権期にかけてきわめて大きな教育的影響力を松本平で発揮した点に、注目してきた。贄川にも用拙の漢学の力量が知られていたようすは、千村景村が贄川学校の祝辞について添削をうけている以外にもうかがえる。たとえば、観音寺にある陶山兵輔政明の墓が、一八七四（明治十七）年三月、用拙の撰文を得て陶山繁太郎（吉右衛門長男）・小沢邦助（邦太郎のこと）・岩田利助・市岡伝太（日出塩の国学者官之丞の二男）・太田宗助・陶山兵一郎らの連名で建てられているのである。

ところで、千村景村は、贄川学校開校の祝辞からもわかるように、贄川の近代教育の発足期に重要な役割をはたした。贄川小学校に保存されていた筆書きの『明治三十五年四月　贄川尋常小学校沿革誌』をひもとくと、教員の最初に千村万作の名と、「任命明治六年二月　俸給金五円　退職明治十年三月」の記述があった。つづいて、万作の子千村退蔵が、一八七七（明治十）年四月に贄川学校に就任したことはすでにみた。一八八七（明治二十）年に小学校が尋常科と高等科にわけられ、平沢尋常小学校に本校、贄川（尋常科）には奈良井（簡易科）とともに平沢尋常小学校の支校がおかれた。そのときの贄川支校は、千村退蔵が教員であった。この年、桑崎派出所（簡易科）がおかれた。一八八九（明治二十二）年四月に奈良井と贄川が合併して楢川村が成立したのちも、平沢と贄川に尋常小学校、奈良井と桑崎が簡易科の四校制で、贄川小学校訓導は、やはり千村退蔵であった。一八八八年には、贄川宿の町裏中央西がわに、二階建ての贄川小学校校舎が落成された。千村万作が武居用拙の添削を得て落成を祝う文を書いたときにつぐ、二度目の校舎建設であった。千村退蔵は、地域出身の教員として一〇年を超える長い期間を贄川の小学校につとめ、父万作とともに、故郷の

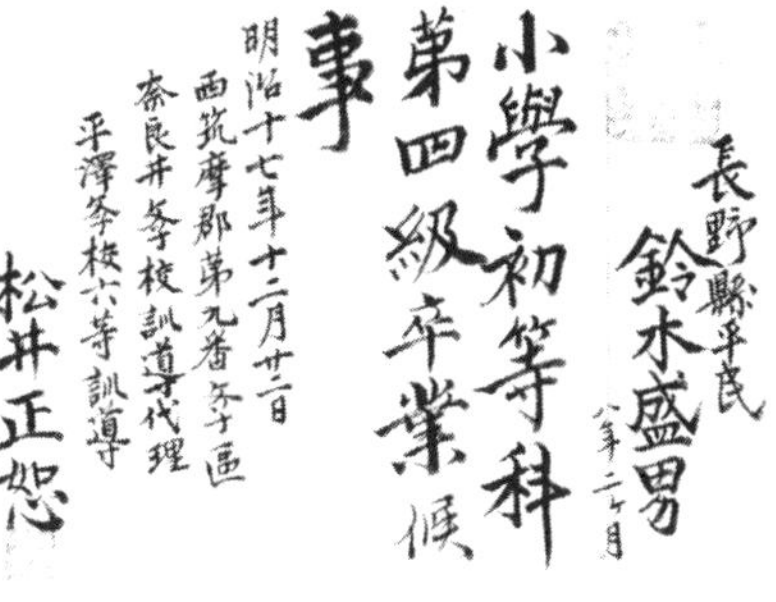

写真10　鈴木盛男の卒業証書

学校の子どもたちにとって「郷先生《ごうせんせい》」と呼ばれてよい存在となった。
千村万作・退蔵父子が贄川学校教員として重要な役割をはたした時期、福島の山村氏家来で、明治二（一八六九）年に三十八歳で平田門国学者となった松井正恕は、一八八二（明治十五）年度から八五年度まで西筑摩郡奈良井村平沢学校（明治七年設立　和風平屋）の首座教員であった。松井訓導のもとで、平沢学校は生徒の出席状況がふえ、学資金も充実した（前掲『村を築いた人々』一七九〜一八〇頁。『長野県教育史　別巻一　調査統計』長野県教育史刊行会　一九七五年）。また、八四年度には、平沢学校六等訓導と奈良井学校訓導代理をつとめ、小学初等科第四級卒業証書をだしている（写真10）。

松井は、山村氏の菁莪館で漢学者武居用拙に弘化三（一八四六）年から嘉永七年・安政元（一八五四）年のあいだ漢学を学んだが、明治二年六月十七日の尾張藩の版籍奉還、山村氏の知行返上と笠松県への所属替えにともなう身辺の激動のなかで平田門人となり、やや高齢であったが、木曽路の小学校教員となる道にはいった。一八七三（明治六）年には須原学校教員（須原村は、のちに大桑村となる）となり、一八八一（明治十四）年度に西筑摩郡上松村（のち上松町）の上松学校首座教員をつとめたのち、平沢学校に赴任した。

『明治九年六月　訓導卒業生名簿　第五課』（長野県庁文書）によれば、松井正恕は高瀬薫（安政三年生まれ、一九一四〈大正三〉年死す。妻は島崎正樹の長女、藤村の姉その）・吉江久一郎（東筑摩郡長畝村吉江平八郎長男）・河野常吉（筑摩郡島内村出身、福島学校教員で奨匡社員として活動）などとともに、つぎのように、一八七七（明治十）年十一月に四十五歳で四等訓導になったとされている。

第拾五号　　　　　　　　　　　　当県士族
　第弐号ノ証　　　　　　　　　　　松　井　正　恕
　（明治）十年十一月十二日　　　　　　　四十五年五月

しかし、写真でしめした卒業証書では平沢学校六等訓導であった。なお、贄川学校の千村万作は、松井が四等訓導となったと記録されたとき、「等外教員の部　明治六年十二月ヨリ下等小学師範学科　卒業免状ヲ与ヘシ者」の一人と記録された。

一八七六年の『贄川村誌』は、「風俗」の項で「頑固淳朴、古を存す。然れども、維新後、学制の御主意漸々貫通し、即今就学開化の域に進めり」と、教育の効果を唯一つ挙げた。

いっぽう、贄川村戸長は千村巨（「本校設立前」～一八八〇年二月）から倉沢謙三（一八八〇年四月～一八八一年八月）、さらにまた千村巨（一八八一年九月～一八八五年四月）へと交替した。はじめての公選戸長の時期にあたる。また、すでにふれたように、小沢文太郎が贄川学校の主管人（一八七六年五月～同年十二月）、執事（一八七七年一月～一八八〇年二月）をつとめた。学務委員には、山口帰一（一八八二年七月～

一八八三年一月、山口金次郎五男）や倉沢謙三（一八八三年二月〜一八八五年八月）の名が掲載されている。
学校教育を創出する場面でも、村政と同様に、和歌をよくしたり、平田門国学者であった人物やその子どもの世代がはたした役割の大きさが、うかびあがってくる。

注

1 明治五（一八七二）年八月に明治政府が定め、全国に布達して実施させた、わが国最初の近代学校制度に関する法令

2 使い古した筆の供養のために、筆を地に埋めて築いた塚

3 江戸時代に、一代に限って平民が苗字を唱えることを許されたこと。

4 松本藩に預けられた幕府領

5 幕末から明治にかけて発生した農民一揆。世の中を平等にすることをめざして豪農などを打ちこわし、年貢の減免や村役人の交替を要求した。

6 江戸時代に庶民に科した刑罰。両手に鎖をかけ錠をした。

7 江戸時代、江戸に召喚した被疑者を公事宿に預けること。

8 旧幕府歩兵頭の古屋作左衛門が、官軍への徹底抗戦をとなえて江戸を脱出し、およそ六〇〇人を編成して、みずから隊長となりつくった軍隊。

9 信濃における戊辰戦争の最大の戦闘。一八六八（慶応四）年四月越後側から飯山に進軍した衝鋒隊と、尾張・松代両藩とが戦い、衝鋒隊が敗北して北越に撤退した。この戦いが信濃諸藩の北越地方への出兵の契機となった。

10 要害の地にもうけて大砲を備え付け、敵襲に備えた砲台。贄川桜沢には地名として二か所のこっている。

11 先に立って導くこと。またその人。案内。

12 軍隊に付属する糧食・被服・武器・弾薬など軍需品の総称。
13 筑摩県は一八七四（明治七）年に「五伍之法」を決めて、住民を五軒ぐらいずつ一組とし、その長を伍長とした。
14 政府にたいし国民の権利として法律を制定するように文書で要求したもの。それを受け入れるかどうか政府から返事を受け取るつもりであった。
15 農業・商業など産業をすすめるために一八八四（明治十七）年に贄川村につくられた組織。
16 毎年交代で商工業にたずさわる人びとの代表として、事務にあたった人。
17 他人の家に身を寄せること。
18 東京市京橋区数寄屋町一丁目一番地（現在、中央区銀座五丁目一番地）にあった小学校。一八八一（明治十四）年、藤村は三兄友弥とともに上京、この学校へ入学した。
19 江戸末期の儒学者。博覧強記で知られ、父精里と並んで昌平黌の儒官。一七八八〜一八四七。
20 幕末期の儒学者。十六歳で昌平黌にはいり、安井息軒とともに松崎慊堂に師事。一八三一（天保二）年父の死後、水野忠邦に仕え侍講に補せられ、六二（文久二）年には昌平黌儒官となった。一八〇九〜六七。
21 江戸後期の儒学者。肥後掛川藩校教授。宋学を学んだのち考証学を目指した。門人に塩谷宕陰、安井息軒らがいる。一七七一〜一八四四。
22 幕末維新期の儒学者。古賀侗庵につき、のち昌平黌にはいり、松崎慊堂に師事し古注学を修めた。考証学に卓越し、一八六二（文久二）年に昌平黌儒官となった。一七九九〜一八七六。
23 江戸幕府が創立した儒学を主に教授した学問所。昌平坂学問所ともいう。

五　贄川平田門国学者をどう評価するか

贄川と山林開放問題　歴史家服部之総《はつとりしそう》氏は、エッセイ「青山半蔵―明治絶対主義の下部構造」（一九五四年）で『夜明け前』を批判している（『服部之総全集一〇』福村出版　一九七四年所収）。批判はいくつかの論点にわたっていて、手きびしい。しかし、この小説の眼目は、木曽の山林事件であり、山林事件で青山半蔵が人民のがわに立ったばかりでなく、先頭を切ったことが重要だ、と指摘している。

『夜明け前』は、山林の開放をねがう木曽住民の運動が、青山半蔵の世代からその二男で妻籠の青山寿平次のもとへ養子にはいった正己たちの世代へ移っていくプロセスをえがいた。第二部第十三章の五には、一八八〇（明治十三）年二月ころにできた、各村戸長の意見をまとめた請願書の写しを、半蔵が長男の宗太とみる場面がある。そこでは、最初の草稿が、県庁へさしだす段階で異論がでて修正され、「民有の権利」が強調されたため、半蔵は違和感をもってしまう。権利の主張を、半蔵は「官尊民卑の旧習に気づいた上のことであるなら、とにもかくにも進歩と言わねば」と一部分を評価した。でもどちらかというと、「民有の権利」の主張が、自由民権運動の展開にたいする「ただわけもなしに附和雷同する人の声」のようにみえた。そして、「それが郷里の山林事件にまで響いて来るので、半蔵なぞはハラハラした」のであった。さらに、人民の請願が山林局木曽出張所から却下されたと半蔵が聞いた一八八一（明治十四）年七月ころから、二男の正己が「二十四歳の身空で」「山林事件なぞを買って出た」こと、しかも「正己等が地方人民を代表する戸長の位置にあるのでもないのに、木曽谷十六カ村（旧三十三カ村）の総代として起ったこと」に、半蔵は「先《ま》ずすくなからぬ懸念を誘われた」のであった（第十四章）。

この部分の『夜明け前』の記述は、わたしには理解できない。とくに、「戸長の位置にあるのでもないのに」と、正己の運動に批判的なのは理由にもならない。正樹のかわりに、長男秀雄が神坂村戸長として山林事件に関係するようになるのだから。

事実を追うと、木曽谷の山林は、山林の地租改正のさいの官有地と民有地の区分によって、民衆の願いからさらに遠ざかっていった。そのため、一八八一年と八二（明治十五）年に、「木曽谷山地官民有区別ノ儀ニ付御再調請願書」が農商務省へ提出されたが、いずれも却下となった。おなじ主旨の請願書は、八一年六月には、贄川村はじめ二一か村総代の勝野正司（読書村）と島崎広助（吾妻村、青山正己のモデル）によって、八二年六月には福島村の千村喜又ら六人が東京へ直接出向いて、それぞれ農商務省へ提出されたが、二度とも却下されたのであった。

こうして、西筑摩全郡一六か村の総面積約四〇万町歩のうち、八七・五％にのぼる三五万町歩の山林が官有地に確定した。民有地はすべてで四万六七〇〇町歩ほどとなり、そのうち、山林は一万四五二三町八反七畝二九歩にとどまったのであった（木曽福島町教育委員会編『木曽福島町史　第二巻　現代編二』木曽福島町　一九八二年）。

この時期、贄川村でも木曽の一か村として、山林事件に協働して開放運動に参加した。ただ、とくに贄川独自の運動があったかどうかは、わかっていない。いずれにせよ、木曽の官有林は確定し、御料林[注1]となり、やがて木曽の民衆の願いは、恩賜金[注2]の下付を受け入れるというかたちで終息していくのであった。その流れを大きく変えるエネルギーを、木曽谷にだけ求めるのは無理であった。島崎広助らは、むしろ恩賜金獲得の運動へ山林問題を転換させていく。贄川の人びとも、その原則を支持していったとおもわれる。

近代にはいった贄川は、木曽谷では山林構成比が四〇%台で、山林卓越村ではなかったが（この書第一章参照）、山とのかかわりは民業にとって重要であった。一八七六年のまとめでは、本籍の二二五戸のうち一八〇戸（八〇%）が、主として畑を耕し麦・蕎麦・粟・稗や大豆・小豆などを収穫して、野菜とともに生活用にあてたが、全体に不足し、女性の年間六〇日ほどの労働におもに依存した養蚕による繭生産が一二〇〇貫ほどで、上諏訪・深志町に移送して現金収入を得ていたが、それでは不十分であった。奈良井・平沢の漆器の県外への販売、三〇戸がおこなう薪炭業が、現金収入に重要であった（『贄川村誌』）。

活発だった商業と旅宿業

贄川村の人たちは、中山道の宿・在の歴史をふまえて、宿駅制度が廃止されたあとも、商業と旅宿業を生活をささえるなりわいとしていった。商業では、奈良井村の人びととの製作した櫛や塗物などを仕入れ、美濃や尾張へ背負い売りで販売することがおおかった。山で働く人びとはいたが、木を原料に商品をつくるより、奈良井などでつくられたものを仕入れて売る人がおおかった、というべきかもしれない。

平田門人であった人びとも、本陣・脇本陣・問屋であったほか、それぞれ屋号のほうが通りのよい商人であり、旅宿業者であった。小沢文太郎は俵《たわら》屋、陶山吉右衛門は柏屋、千野長右衛門は坂本屋で「さかちょう」と呼ばれた。小沢清兵衛は万《よろず》屋で沢本（小沢の本家）、小沢兵右衛門は新俵屋であり、佐藤平助は麻屋、伊藤金助は住吉屋、市川久蔵は綿屋という屋号で呼ばれるのがふつうであった。

贄川の加納屋深沢家（写真1）のばあい、一八〇〇年代から一八一〇年代にあたる享和・文化期に、上方商業をはじめている。国元特産の櫛類を中心に大坂などへ販路をのばした。最盛期の一八四〇年代はじめには、販売高が一〇〇〇両を超したという。そののち、上方市場が動揺し櫛の品質がわるくなったので、経営はうまくいかなくなっていったが、一八七五（明治八）年から、秋田・津軽など北国市場へ東京から仕入れたものを販売するように商売を転換した。そして、東北地方の鉄道開通までのあいだは、かなり成功した（高村直助「江戸後期における木曽商人」『日本歴史』第四二五号一九八三年十月ほか）。

いっぽう、桜沢の扇屋（本扇屋《もとおおぎや》）こと百瀬九郎右衛門の商業活動をメモした『明治十六年　大福帳』によれば、和田峠をこえた長窪古町・塩名田・桜井村・平賀村など、小県・佐久地域で商売をしている。碓氷峠からさきでは、坂本・松井田・磯部・安中・板鼻・高崎方面に販路をもっていた

写真１　現在の加納屋深沢家

ことがわかる。さらに百瀬は、前橋・伊勢崎・境・目沼・行田・羽生へと足をのばしている。商品は、琥珀《こはく》がもっともおおく、熊胆《くまのい》が貴重品であったためか猪胆《ししのい》・猿胆《さるのい》・犀角《さいかく》など漢方薬をあつかっていた。

このほか贄川の人びとの商業活動の具体的な姿は、これからの調査にまつところがおおいが、贄川は奈良井にくらべて、一九一一（明治四十四）年の中央線鉄道全通までは、かなり商業がさかんであったことは、ほぼまちがいないであろう。

贄川関所が明治二年二月に廃止され、本陣などの宿の機能もなくなり、贄川宿もさびれていった。明治五年の『筑摩県史』には、「中山道壱拾一ケ宿、近頃通リ少ク往還ノ助成薄ク窮迫、手当筋且道路営繕モ少ナカラズ、悪党共潜伏探索モコレ有リ、本庁（松本の筑摩県庁―上條）ヨリ手遠ニテハ取締行届キ難ク候間、旧県（名古屋県―上條）コレ有ル福島宿へ取締所ヲ設」けたとあり、木曽路全体の宿駅が大名による参勤交代などの公的通行がなくなり、安全面でも問題があって、筑摩県福島出張所がもうけられたとある。ただ幕末に起った新興宗教の御嶽教の信者や従来からの善光寺参りの民衆の通行や宿の利用はむしろふえた。奈良井宿の徳利屋の『明治八年亥七月　御嶽山御登山御講中様休泊控』によると、一八七五（明治八）年六月三日～九月七日の三か月間に三二二人が休憩や宿泊をした。県内のほか関東方面から参詣にきた御嶽教講中の人びとがふえた。あらたな交通手段に人力車が、明治五年に松本に導入され、七六年に贄川にも八輌があったが、物資の運搬には馬の背と荷車の時代であった。七六年の贄川の馬の飼育は、木曽谷ではすくなかったが、牡馬七頭、牝馬二七頭であった（本書「第一章」参照）。

本陣であった千村宅は、一八七六年の千村三郎次郎戸長のもとでまとめられた『贄川村誌』に「古宅跡」とあり、天正十（一五八二）年に千村右衛門尉俊政がここに住んでからの歴史がたどられている。俊政の嗣子右衛門尉政知が、木曽氏に属したあと尾張藩に仕えることとなったが、女の子が病気になり、元和元（一六一五）年に官をやめて贄川に隠遁し、「庶人」となり、代々「駅亭の長」をつとめた。祖先の由緒から、維新期の明治二年まで、田圃・宅地の年租をすべて尾張藩から免除されていたが、明治三年一月に「駅長」が廃されると、そののち戸長を命ぜられて千村三郎次郎を襲名したとある。政府・県支配末端の下級官吏としてよりも、駅をまとめる長の系譜に戸長を位置づけたところに、わたしは注目したい。

　このような商業活動にくわえて、街道であった立地条件から、旅宿営業が贄川にはおおかった。たとえば、百瀬九郎右衛門宅は、御嶽教の行者や信者が宿泊先としていた。『慶応三年　御嶽山同行御休記』によれば、五月から九月にかけて、上州の碓氷《うすい》郡・佐位《さい》郡・邑楽《おうら》郡・那波《なは》郡・勢多《せた》郡前橋町・群馬郡・新田《にった》郡・山田郡ほか、武州の比企《ひき》郡・埼玉《さいたま》郡・葛飾《かつしか》郡・新座《にひくら》郡・足立《あだち》郡・入間《いるま》郡・大里郡・幡羅《はたら》郡・高麗《こま》郡・豊島《としま》郡・多摩郡ほか、江戸の高砂・深川・浅草・神田・芝永井町ほかと、常州筑波《つくば》郡・下総《しもふさ》・上総《かずさ》、越後魚沼郡などにひろがる信濃国外から信者たちがきている。信濃国内の松本・筑摩郡・諏訪郡・佐久郡・川中島・小県郡などにあった御嶽教の講仲間や先達(注3)も宿泊している。関東から越後にかけて、ひろく扇屋を定宿とする御嶽教の信仰圏ができていたのである。

したがって、御嶽教が一八八二（明治十五）年九月に教派神道(注4)に再編成されると、一八八二（明治十六）年一月十三日には神習派御嶽教総理から、同年二月、東京上野東照宮社で三行者霊神祭典を執行するので協力をしてほしいといった内訓が、本山駅小林兵三郎、桜沢百瀬九郎右衛門、贄川駅贄川清見、奈良井駅原兵右衛門、洗馬駅吉丸敬次につたえられている。平田門人であった百瀬や贄川清見は、神習教会御嶽講社定休泊所になるようにすすめられたようである。なお、奈良井の原兵右衛門の家とは、徳利屋のことである。

木曽谷道路改修と中山道鉄道への期待

明治政府の道路政策は、一八七三（明治六）年八月にまず全国の道路を三等級に区分し、中山道は一等道路に属したが、七六年六月には道路等級をやめて国道・県道・里道とし、中山道を北国街道とともに国道とした。一八八〇年以降は、河川への架橋が旧中山道に目立った。長野県の管轄になると、大野誠長野県令が長野県内の主要な七道の開鑿事業に力を入れ、一八八二年度から、地方税と民間有志の義援金（寄付金）で道路開鑿をおこなうこととした。八三年の贄川村有志寄付金は一三二円四〇銭で、六円から四〇銭の寄付者が一一五人いた。六円が陶山伝兵衛と陶山兵助、四円が諏訪坂勘助、三円が深沢茂助、以下、二円五〇銭八人、一円七五銭二四人、一円八人、八〇銭三五人、四〇銭三六人の内訳であった。県は、「道路開鑿寄附金願書」を長野県道路開鑿委員局に提出しての寄付金をうながした。贄川村の一八七六年の本籍戸数は二二五戸であったから、寄付者は戸数の五〇％を超え、実質的にはあらたな道路税ともいえた。この時期、福島県では三島通庸《みしまみちつね》県令の道路政策に自由民権家河野広中などが議員であった福島県会の反対と労務を課せられた民衆の抵抗が表面化し、国事犯事件とされた福島事件が起きた。長野県では、七道開鑿が松方デフレ政策下の経済的不況のもとでの提案であったため、県会では中止論が優勢で、常置委員会は全面中止をきめて長野県会にはかることにしたが、自由民権家松沢求策は、八四年二月の道路開鑿を論じた臨時県会に県会議員として初登場し、部分的着工論を主張した。松沢は、生糸生産が卓越していた長野県内において生糸が駄荷物として横浜などに運ばれ輸出産業として重要であることから、道路の改修は必要であると主張し、県会で過半数の賛成を得た（上條宏之「一八八四年の長野県会と松沢求策」『信濃』第二二巻第一一号　一九七〇年十一月）。

県の道路政策と並行して、政府の鉄道敷設政策が一八八三（明治十六）年十月二十三日に中山道鉄道の敷設と準備金支出に五〇万円をあてることに決定した。長野県内各地に中山道鉄道誘致運動が展開された。木曽谷住民は西筑摩郡二五か町村の戸長・惣代が連署し、中山道鉄道木曽谷通過を、八四年二月に請願した。さらに、贄川村の戸長千村三郎次郎・惣代酒井光雄が参画した木曽谷二五か町村は、敷設にあたっては駅はじめ鉄道敷地すべてと人夫三万人を献納することも辞さないと、八四年六月に長野県へ「鉄道布設ニ要スル敷地献納請願書」を提出した。中山道鉄道敷設計画は、東海道鉄道敷設に変更され、ただちには実施されなかったが、島崎藤村『夜明け前』の最後は、半蔵が死去し墓地に葬られるところを、かつて青山家に住みこんで半蔵に教えをうけ、半蔵を師匠と仰ぐ美濃落合の林勝重がみていて、つぎのように悲しむ場面でしめくくられた（前掲『夜明け前　第二部（下）』角川文庫版　三三二頁）。

工事中の鉄道幹線建設に対する政府の方針はにわかに東海道に改められ、私設鉄道の計画も各地に興り、時間と距離とを短縮する交通の変革は、あたかも押し寄せて来る世紀の洪水のように、各自の生活に浸ろうとしていた。勝重は師匠の口から僅かに泄れて来た忘れがたい言葉、「わたしはおてんとうさまも見ずに死ぬ」というあの言葉を思いだして悲しく思った。

「封建時代を葬ることばかりを知って、またまことの維新の成就する日を望むことも出来ないような不幸な薄暗さがあたりを支配している」木曽谷にあって、鉄道敷設に違和感を表明した青山半蔵とは異なる対応が、贄川の平田門国学者たちをふくむ贄川民衆にみられたのであった。それは、鉄道敷設が民衆的近代の創出の糧になるとしての対応であった。しかし、「交通運輸の一大変革の波に押し流されて消えてゆく街道筋の宿場の現実」は、わが国の国家的近代化が木曽谷を解放するものでなかったことは、いまはあきらかとなっている（相馬正一『国家と個人　島崎藤村『夜明け前』と現代』人文書館　二〇〇六年。二二二頁）。

中央集権的な政府のもと、あるいは国際的な背景をもつ広い社会的経済的なむすびつきのなかで木曽の近代化がすすむプロセスでは、贄川の、もと平田門人たちが、地域の変革に取組むいっぽうで、明治天皇を中心に国民の統合をすすめる道に積極的にアプローチしていったふうがみえる。

明治天皇の巡幸と贄川の人びと

一八八〇（明治十三）年六月に、明治天皇の巡幸が贄川を通った。『郵便報知新聞』の記者で東京から随行した尾崎庸夫の書いた『御巡幸日記』には、六月二十六日に本山駅から出発した一行が、曇りの天候のなか、贄川へとすすみ、さらに奈良井・鳥居峠にいたった過程が、つぎのようにある（乙部泉三郎編『信濃御巡幸録』信濃御巡幸録刊行会　一九三三年。二四一～二四二頁）。

観音坂を始め関沢、釜沢などの坂を幾つとなく上下して桜橋といふを渡る。是《これ》は奈良井川に架《か》したる橋なり。贄川村のうち桜沢の百瀬栄右衛門方に御小休《おこやすみ》（写真2）、程なく御立ちになる。又種々の名ある坂を屈曲上下して桃岡橋といふを渡り贄川駅の千村三郎次郎方に御小休あり。駅を出づれば緑陰深《りよくいんふか》き処《ところ》に諏訪の社《やしろ》あり。年老ひし神官が黒の束帯して停《とど》み居たり。神矢橋を渡りしは十一時半なり。奈良井駅の手塚儀十郎方にて御昼食を召され夫《それ》より鳥居峠の嶮に掛らせ玉ふ。登り二十丁、降り二十五丁なり。道の片側には桜の丸太或《あるい》は檜の三寸角の荒削りしたるをもて欄干を作り、車馬の奔逸《ほんいつ》を防ぎたるなどの注意の程至れり。

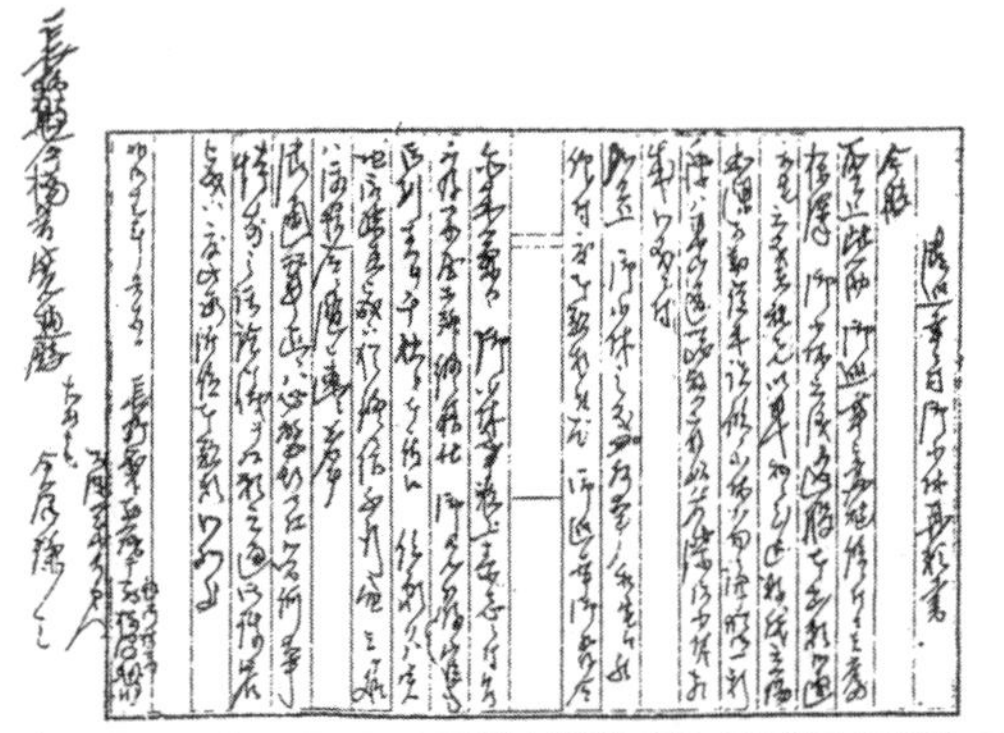
写真2　1880年5月15日百瀬栄右衛門に戸長倉沢謙三が連名して長野県に出した「御巡幸ニ付御小休再願書」の下書き（百瀬康家文書）

また、当時は修史館（注5）の三等編輯官《へんしゅうかん》であり、一八八八（明治二十一）年十月、帝国大学文科大学（現東京大学文学部）教授となる久米邦武《くめくにたけ》の『東海東山巡幸日記』は、データをあつめ生業をふくめてくわしく記録してある。午前六時三十分に本山を出発したあと、桜沢までの道程や贄川のようすは、つぎのようになっている（同前書二七六、二七七頁）。

写真３　桜沢の百瀬栄氏が田中義一首相の書を刻んで建てた〈明治天皇御駐輦址の碑〉の前にて（百瀬康家所蔵）

奈良井渓ノ東崖ヲ行ク。麦穂正《まさ》ニ秀《ひい》デ条桑《じょうそう》猶《なお》存ス。関沢坂ヲ越エ、釜淵ヲ過ギ日出塩ニ至ル。左ニ伊那ノ小野ニ赴ク岐路アリ。一水東ヨリ來ル。桜沢ト曰《い》フ。橋ヲ架ス長サ十間。橋西ヲ木曽谷トス。即チ西筑摩郡ナリ。木曽氏ノ旧封タリ。後チ尾張藩ニ属ス。山ニ檜材多シ。渓村路《みち》ヲ夾《はさ》ミ奈良井川ニ沿《そ》フ。七時十五分桜沢ニ駐蹕《ちゆうひつ》。百瀬栄右衛門宅（写真３）。桜沢ハ奈良井川ノ左右ニ村ナシ、山猟河漁採樵《さいしょう》ヲ業トシ、獣皮ヲ販売シ、又蚕桑《さんそう》ニ従事ス。是時《このとき》正ニ蚕児四眠ノ候ナリ。奈良井川ニ橋ヲ架ス、長サ十四間。此《これ》ヨリ水西ヲ行ク、水勢相迫《あいせま》リ石ニ咽《むせ》ビテ流レズ。道路屈折シテ渓《たに》ニ沿フ。中畑ヨリ坂ヲ上ル。上層ニ関跡アリ。尾張藩贄川関ヲ置キ、檜榑《ひのきくれ》ノ輸出ヲ呵禁《かきん》ス。之ヲ白木番所ト呼ブ。八時四十分贄川ニ駐蹕。千村三郎次郎宅。本山ヨリ行程一里三十五町五十九間。贄川駅。人口五百二十九。百二十戸。此地《このち》古《いにしえ》ハ温泉ヲ出ス。

因《よ》リテ熱川《にえかわ》ト称セシニ、後人《のちひと》火ヲ諱《い》ミ贄字ニ換《か》フ。或《あるい》ハ云フ。時アリテ鮭魚《けいぎょ》上リ来ル。捕《とら》ヘテ諏訪社ニ贄ス。故ニ贄川ト曰フト。今温泉ナシ。又鮭魚ヲ獲ズ。両説孰《いず》レガ是《ぜ》ナルヲ知ラズ。全村ノ石田《こくた》百町ニ足ラズ。稗《ひえ》、粱《あわ》、蕎麦ヲ耕種ス。生意《せいい》桜沢ニ同ジ。押込ヲ過ギ、桃岡橋ヲ越エ、山側ニ傍《そ》ヒ、渓坡《けいは》ヲ行ク。樹アリ楓《かえで》ニ似タリ。秋ニ逢フテ紅葉セズ。ハナノ木ト名ヅク。老樹数根水厓ニ生ジテ陰《かげ》ヲナス。此ヨリ以南木曽谷中ニ此木多シ。人家両三アリ、平沢ト曰《い》フ。山上ニ諏訪祠アリ。其森ヲ宮森ト呼ブ。贄川一村ノ廟社《びょうしゃ》ナリ。武田信玄ノ木曽義康ヲ撃《う》ツ時、此《ここ》ヲ本陣トナセリ。此ヨリ山勢少シク開ケ、水傍《みずはた》ヲ下リ行ク。十町ノ外相望ムベシ。山角ヲ回リ神矢橋ヲ越エ、又渓西ヲ行キ、一上一下スレバ、村家高低路《みち》ヲ夾ム。是ヲ奈良井駅トス。十時三十分行在所《あんざいしょ》ニ著御《ちゃくぎょ》。手塚儀十郎宅。行程一里二十九町五十九間四尺。

贄川の地名の起りについて、久米邦武は、①古くは温泉であって「熱川《にえかわ》」の文字であったが、人びとが火を嫌って「熱」を「贄」の字に替えたとも、鮭が日本海がわに流れる奈良井川を遡上してきたので諏訪社に贄として献上したからだとも、言われていて、どちらが正しいかわからないとしている。『贄川村誌』の地名の起りの見解は、古老のつたえとして、「往古、贄川沢の渓間より温泉噴出、下流して奈良井川に注ぐ。故に地名に取り、熱川の称をなせしが、僅かにして泉路を絶せり。其後里人、今の奈良井川にて、鱒魚を獲、是を国主に献ぜし事あり。夫より熱を贄に改称せし」とあり、川魚の鱒を国主への贄にしたとする説を載せた。久米の聞いた魚は鮭、献上先は諏訪社とちがっているが、火を嫌ったから熱を贄にしたという説は、『贄川村誌』にはない。

桜沢・贄川宿の人びとが、商業・旅宿業以外では、米づくりでなく、猟・漁・樵《きこり》などに従事し、獣の皮を売ったり、養蚕や稗《ひえ》・粱《あわ》・蕎麦などの畑作に、生活の糧《かて》をもとめていたことは、地租改正による水田が二二町四反二畝一八歩（税地の〇・七％）にとどまっていたことからもわかる。楓《かえで》の一種である「はなの木」という、イタヤカエデの大樹があることにも注目している。なお、ここでは平沢を贄川の一部とするあやまりがみられる。

この巡幸について、桜沢の百瀬栄右衛門の書きのこした『御巡幸御小休略記』を百瀬元雄さんにみせていただいた。すると、桜沢では、平田門人の百瀬九郎右衛門が、率先して御小休所の請願書を県庁へ提出したとあった。そこで、酒井光雄を中心にべつの請願運動をおこなって、百瀬栄右衛門が後見した藤屋百瀬栄之助宅が御小休所に決定した。巡幸の一行は、三条実美太政大臣、参議の伊藤博文、内務卿松方正義、宮内卿徳大寺実則をはじめ三八〇人以上の多数であった。そのため、桜沢では、百瀬定四郎宅へ騎兵、百瀬惣右衛門宅へ東京巡査、百瀬九郎右衛門宅へ近衛士官と御厩《おんうまや》課の人びとといったふうに、分かれて休んだ。桜沢で、一度に四〇〇人ちかい人びとが休憩できたのは、旅宿業をいとなむ家がおおかったからであった。

贄川駅でも、千村三郎次郎宅が御小休所となったほか、太田三左衛門・贄川清見・斎藤賀助・千村百作の四軒が供奉《ぐぶ》官員たちの休み場所となっている。（注6）

また長野県は、巡幸にそなえて詩文の奉呈をうながした。その結果、贄川村からは、つぎのような奉呈の和歌があった。いずれも、若く民衆のことをおもう明治天皇の巡幸で木曽の地が見直され、価値を高めたとする内容といってよいであろう（前掲『信濃御巡幸録』「明治十三年　御巡幸奉呈詩文集」）。

大君は老いす信濃に行幸《みゆき》して　さてこそ御代は動かさりけれ　小沢文太郎
かけまくもかしこき君か御車に　我こころさへととろきにけり　千村万作
わか山のかひなき物と誰かいふ　今日の行幸のあるもしらすて　同
松風も千とせを諷《うた》ふ声すなり　御幸待《また》れし木曽の山里　飫富安和
親しくも民のこころをみそなはす　御幸をたれか仰かさらめや　倉沢謙三
おもひきや木曽の棧《かけはし》かけまくも　君かくるまのめくるへしとは　倉沢謙十郎
大君の渡ります日をいのちにと　かけてそ祈る木曽の棧《かけはし》　千村三郎次郎
世も人もみちもひらけて御車の　めくるは君か恵《めぐみ》なりけり　千村退蔵

小沢と倉沢謙三は、平田門国学者であった。万作（景村）・三郎次郎や倉沢謙十郎（武矩）は、桂園派の歌人であった。退蔵は、万作の長男であり、万作についで贄川学校の教員となったことは、すでに書いた。また、贄川学校の簡易小学第一級生の古畑弥十（十三歳九か月）、同千村三芳女（十一歳八か月）、同千村胤弥太《たねやた》（十三歳九か月）、同斎藤竹之助（十一歳八か月）、同校第二級生の百瀬文庫（十一歳八か月）の作文が提出された。三芳《みよし》（美芳）は三郎次郎の長女で退蔵と結婚することとなる人であり、胤弥太は三郎次郎の長男である。胤弥太は、維新以来の進歩はいちじるしく、人びとは知識を研《みが》き芸術を修め、日本が「欧米ヲ駆逐《くちく》スルノ勢《いきおい》」にあるとみた。巡幸は「人民ヲ奨励シ国家興隆ノ基礎ヲ固フシ、我邦ヲシテ開化高等ノ位置ニ居ラシメンガ為《ため》」におこなわれた、とうけとめていた。子どもたちは、進歩や文化のシンボルとして天皇を教えられたようすがうかがえる。なお、三芳（写真4）は一九三二（昭和七）年に、巡幸の思い出をつぎのように語っている（前掲『信濃御巡幸録』四八一頁）。

写真４　巡幸のとき小学生で奉祝文を献上した千村三芳女、64 歳のとき
（『信濃御巡幸録』より）

御先発の山岡鉄舟にお茶と薇餅《ぜんまいもち》とをお給仕した時「山岡様は薇餅がおいしいとて沢山召上がられました」と。又「大帝御発輦《ごはつれん》の時は御駕龍に御召し遊ばされて私の家の門を出御《しゅつぎょ》、その時私はまだ小供であったので、思はず少し首を上げて拝しました処、天子様はこちらの方へ御頭を廻らして門の方を御覧になって居られた様でした。その時の御服の赤の色が今でもはっきりと私の記憶に残ってゐます。」

このとき、西筑摩郡から和歌や文章を提出した人は、神坂村馬籠の島崎正樹、木祖村の寺島新九郎、奈良井村の岩垂静之助、福島村の三七人とともに、この贄川村の一二人がいた。福島村では、少年時代の島崎春樹が東京で寄寓し、武居用拙とも出会うことになる吉村忠道が、短歌二首を奉呈した。平田門人との関係をみると、福島では、平田門人であった山村良貴の母の久留島こう女だけが、短歌一首を奉呈した。贄川の平田門人の方が、福島よりおおく詩文を奉呈したことがわかる。

なお、この行幸一か月まえに県内に結成された自由民権結社の奨匡社にはいった人では、小沢文太郎・吉村忠道と福島村で二首の短歌を奉呈した永井治寛がいた。天皇巡幸のさい、参議の山田顕義らは、そのころ東京で全国から注目される国会開設請願運動をくりひろげていた奨匡社を問題視し、その社員を松本でひそかに呼び付けて運動をおさえようとした。弾圧のいっぽうで、この巡幸は、天皇こそ近代日本を進歩させるシンボルであるとする見方を、山国の民衆にまで浸透させる役割をはたしたのであった。贄川の地でも民衆の天皇への帰属観を強めたようすがうかがえるのである。

こうした動きは、民衆にとって大きな関心事である木曽の山林を、やがて御料林であればみとめる雰囲気をつくりだしたのではないか、とわたしにはおもわれる。

注

1 御料林　一八九〇（明治二十三）年木曽の官有林が皇室所有の深林となった。

2 恩賜金　一九〇五（明治三十八）年御料林を安全に維持管理することに住民を協力させるために、木曽一六か村に皇室から二五か年間下賜されることとなった金

3 先達　修験者の峰入りなどの先導者

4 教派神道　アジア太平洋戦争敗戦以前に、国家の祭祀とされた神社神道（国家神道）の教派の総称で、

一四教（のち一三教）あり、教派神道一三派と呼ばれた。

5 修史館　官立の国史編纂所。一八七五（明治八）年修史局と称して発足、七七年この名に改称。のちに史料編纂所となる。

6 供奉官員　巡幸のさいに、お供の行列にくわわった官員

おわりに

贄川の「夜明け前」の特色

大きな流れでみれば、日本の近代化のプロセスには、地域の住みよい社会を、政治・経済・教育・文化・宗教など、あらゆる面から創造しようとする木曽谷住民たちの努力をみとどけることができた。贄川では、平田門人もそうした努力を惜しまなかったようすがうかがえた。しかし、殖産興業・富国強兵・文明開化といった明治政府の政策には、山林の国有地への囲い込みにみるように木曽谷民衆に犠牲を強要しており、島崎藤村が『夜明け前』でくりかえし半蔵に語らせているような闇の部分を、ぬぐいさることはできなかった。

馬籠でただ一人の平田門人であった島崎正樹は、山と人との自然なかかわりの復古を夢見た。だが、その実現がむずかしくなっていく動きのなかで正樹は悩み、座敷牢で狂死してしまう。それは、悲劇的な生涯であった。しかし、その子藤村は『夜明け前』などにより、民間の国学者たちの運動が、幕府（尾張藩）・維新政府主導の近代化と並行して、黒船来航からはじまる欧米列強の近代像とは異

なる近代像を提示しようとするものとみた。それは国家的近代化とはべつの、民衆にとって意味のある、民衆の立場からの「まことの近代」を創造しようとした仕事のひとつであった、と再評価した。正樹たちの生き方は、十九世紀におこってきた個人や自由を大切にし「自然にかえれ」をかかげた運動であり、あたかもほぼ時をおなじにして、ヨーロッパではジャン・ジャック・ルソー（一七一二〜七八、フランスの哲学者）が日本では本居宣長（一七三〇〜一八〇一）らがはじめたもの、と藤村はみていた。本居宣長を「近代の父」とする流れのなかで、平田門国学は偏狭さをもっていたが、大きくみれば、本居宣長らがはじめた近代への道をひきつぎ、やがて藤村たちがとりくんだ近代文学運動の先駆となった、と藤村はいうのである。

戦後の国学についての研究は、幕末維新の国学が「草莽の国学」と呼ばれるようになっていった変化を重視する。なかでも平田国学は、草深い地域民衆の生活とむすびつき、農民・町人・神官などを主体とする、武士以外の民衆のあいだにひろがった。それは、国学に民衆の立場や願いをもりこませていったのであった。贄川の国学者たちのあゆみは、それをよくしめしていることは、みてきたとおりである。

東京大学の松本三之介氏の「幕末国学の思想史的意義」（『日本思想大系51　国学運動の思想』岩波書店　一九七一年所収）によれば、本来、本居宣長の国学は庶民に政治的な服従を説き、神のこころのままに人事を尽くすべきことを説く、支配されるもののあり方に力点をおいた思想であった。しかし平田篤胤の国学は、民衆にひろく普及したため、民衆の日常生活の倫理となり、農耕など生産に勤勉にいそしみ、租税を負担し、家事や育児にもこころを配るようにうながした。それはまた、政治を担当する支配者に、善良な神のもとで祭政一致をおこない、民衆との人間的で情緒的なむすびつきを大切にすることを期待する性格をつよめていった。民衆にたいしても、受身の態度をすてて、生活をみずから高めるようにうながしていったのであった。また、文芸の方面では、自然な感情で自分の見聞きしたままを和歌などに表現する手法を、民衆ができるようにした。その文芸の世界は、はじめは政治の世界から離れていたが、開国以後の国内外の危機にうながされ、しだいに政治や社会の変革へとむすびつけられていったのであった。贄川の国学者たちが、和歌を楽しむいっぽうで、政治・経済・教育などでもリーダー・シップを発揮しているところに、それはうかがえた。

また、伊那谷の国学などを研究した芳賀登氏が、論文「幕末変革期における国学者の運動と論理」(同前所収)であきらかにしたように、幕末の民衆の世直しへの期待が国学者の言動を左右していった。平田門人たちは宿・在内部の支配層であったため、世直し一揆が高まると、その攻撃をうけるがわにたたされることもあったが、それをさけるため、民衆の経済的な危機を救済する手立てを講ずるようになっていく。そこでは、平田学を「手立ての道具」=自分たちの生活をよりよくするための論理に使っていったのであった。「世ならし様」に期待した木曾騒動に、平田門人陶山吉右衛門らが積極的に参画したのは、木曾谷の特色ある風土をふまえたそうした論理によったものであろう。小沢文太郎が、窮民にやすい米を提供するために藩から大金を借りていることもみのがせない。

平田門人たちが、地域で有力な本陣・問屋などの層や神主など知識層から出ていたことは、贄川

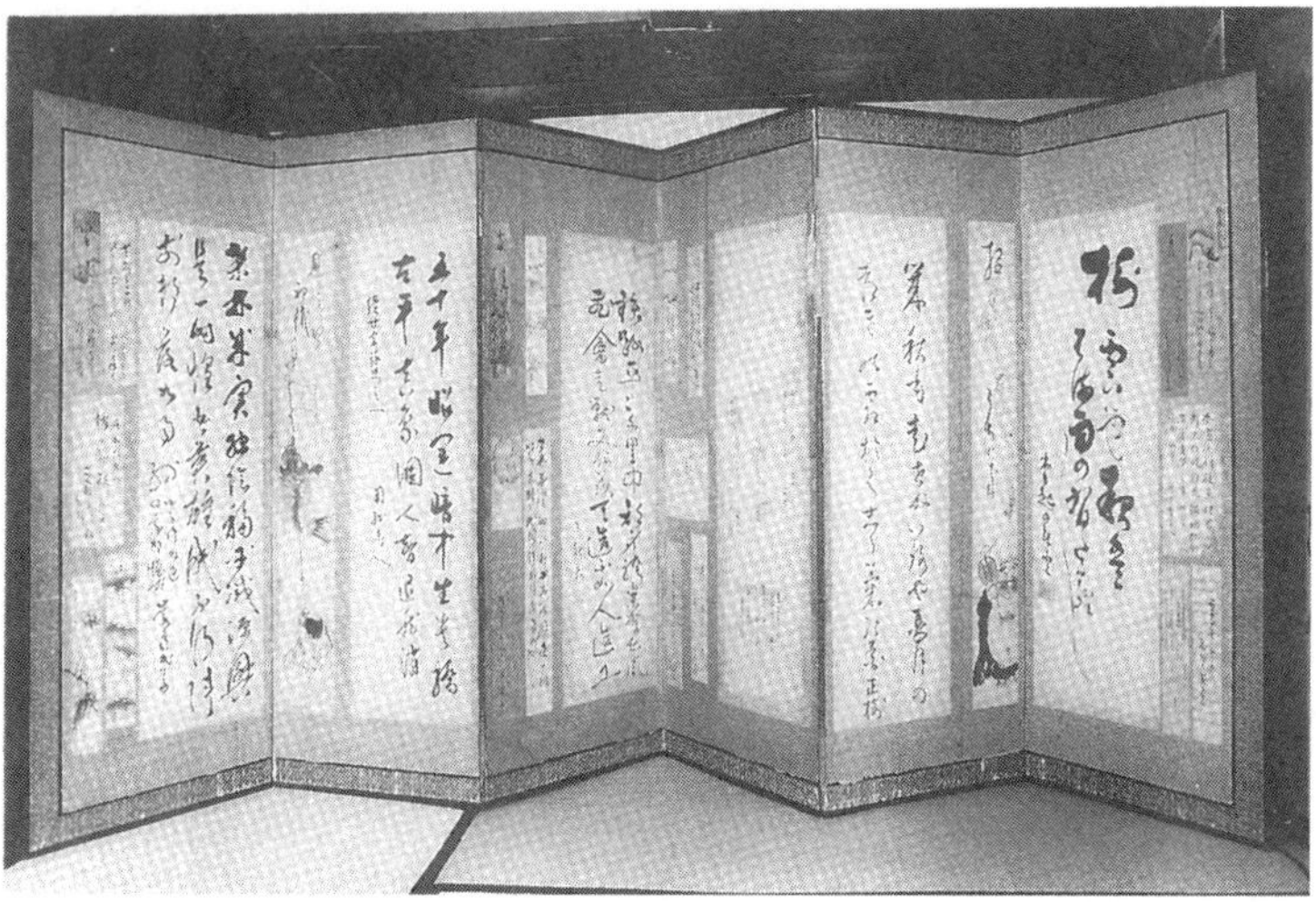

写真５　平田篤胤・島崎正樹・武居用拙などの書が貼られている屏風（百瀬康氏所蔵）

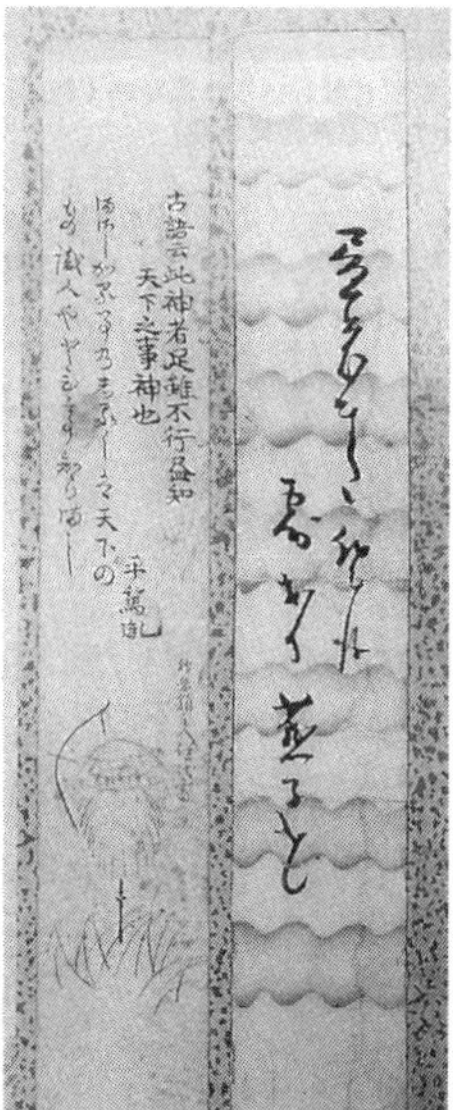

写真６　上の屏風部分　平田篤胤が「かかし」について、この神は足が動かないものの、天下のことを知る神であると書き、神岳館主人が絵を描き添えている

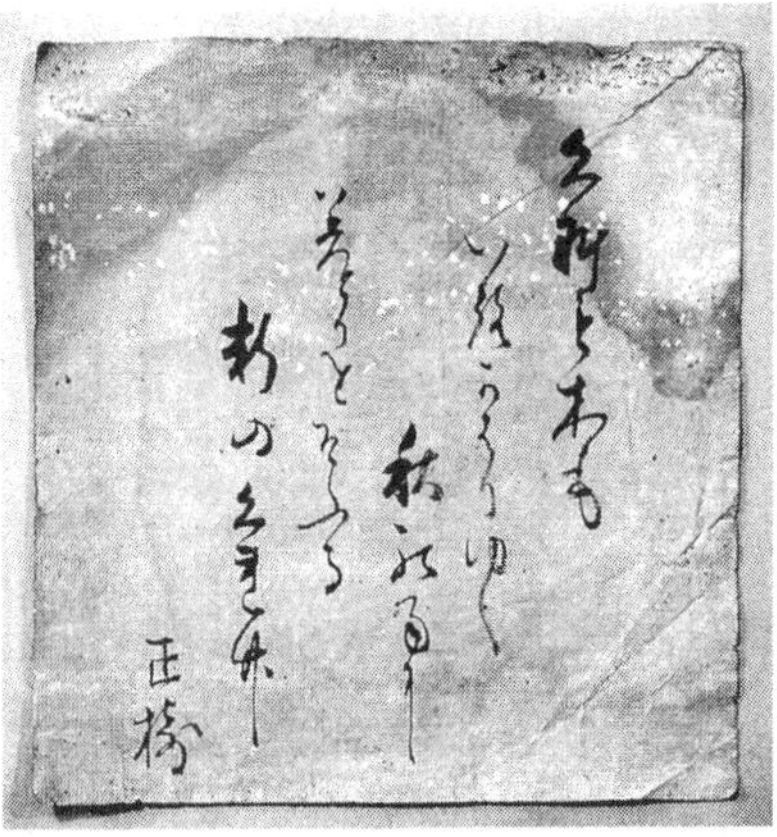

写真７　島崎正樹の短歌「くさも木もいろかはりゆく秋の雨にみどりをそふる軒のくれ竹」（酒井勝氏所蔵）

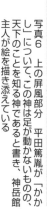

でも指摘できた。しかし、次第に下層の民衆にも門人はみられるようになり、世直し一揆にも平田門人が参画していった。平田篤胤の著書を出版するために出費したり、和歌により自己表現を豊かにし、学問所・手習場から近代学校教育をつくりだすための努力への展開を、かれらは惜しまなかった。いっぽう、仏教を避けて神葬祭による葬式を取り込んだり、民衆宗教としておこってきた御嶽教にかかわるなど、宗教活動に取組むとともに、地域政治の改革にも熱心であった。入札＝投票制度を役職選挙に定着させ、やがて国会開設をおもな目的とする自由民権運動にも参加していったのは、贄川の人びとが、自分たちの主体的力で民衆的近代をつくりだそうとする政治的な動きをしめしていた。

これからの研究課題

贄川で歴史史料を調べさせていただいて気づくことは、おおくのお宅に、和歌の色紙や短冊があることであった。たとえば、贄川軍平さんのお宅には、短冊・色紙のほかに、京都の歌人の手紙や書物がのこっていた。兼清正徳氏の論文に駆使されているものである。百瀬康さんのお宅では、屛風や唐紙に色紙や短冊が活用されていて、そのなかには平田篤胤・島崎正樹や武居用拙のものがあった（写真5・6）。べつに内山真弓が贄川で詠んだ和歌の掛軸もあった。酒井勝さんのお宅には、香川景樹・香川景恒や千村政成・千村景村・小沢重喬・倉沢武矩・贄川昌興など地域の歌人の短冊がたくさんあった。桃沢夢宅（注1）・内山真弓・北原稲雄（注2）など県内の有力歌人や国学者たちのものにまじって、島崎正樹の短冊もあった（写真7）。また、百瀬邦夫さんのお宅には、百瀬九郎右衛門尚守の結婚のとき、小沢重喬の贈った長歌などがあった。小沢逸雄さんのお宅には、北原稲雄の書があった。

いずれにしても、贄川ではおおくの和歌が詠まれ、書が生まれ、それらを楽しむ雰囲気が地域に満ちみちていたようすが、みてとれた。こうした文化の香りは、この地域の維新変革期の人びとの生活のあり方と無関係ではなかった。もちろん、そこには豊かな地域の近代化を充分には成就できなかった問題点もふくまれていたにちがいない。本来、ここでは、そうした作品のなかにも分け入って、贄川の「夜明け前」の世界をトータルに復元しなくてはならなかった。

しかし、わたしの研究は途上にあるため、贄川の宿・在の民衆生活の全体像を描き切る仕事は、今後にのこされている。この作品は、もうひとつの『夜明け前』をまだ充分には描き切れていないのである。

ただ、贄川の「夜明け前」が、馬籠のデータを中心に島崎藤村がえがいた世界より、さらに可能性を秘めた多彩なものであったことを、ここに登場した人びとをとおして知っていただければ、ありがたいとおもう。

注

1 桃沢夢宅　江戸中期の歌人。伊那郡本郷村（現飯島町）に生まれる。名は匡衛、通称は与右衛門、号は敬山・夢宅・振思亭といった。一七三八～一八一〇

2 北原稲雄　江戸後期の国学者。伊那郡座光寺村（現飯田市）に生まれる。平田篤胤直門の岩崎長世に歌道・国学を学び後年は平田篤胤没後門人となった。平田篤胤の著書『弘仁暦運記考』や『古史伝』の出版につとめた。維新にともない伊那県・筑摩県の官吏となったほか、殖産興業にかかわった開産社の運営にもつとめた。一八二五～一八八一

※この論稿は、楢川ブックレット3『もうひとつの『夜明け前』―近代化と贄川の国学者たち―』（長野県木曽郡楢川村　平成三年三月三十日発行）として発表したものを加筆・改稿したものである。三〇年近くまえであったが、この作品を書きあげるために、史料を見せてくださり、聞き取りに快く応じてくださった皆様に、心より謝意を表するものである。

第三章

平沢諏訪神社神官巣山静江春喜による諸書留にみる
世直し一揆・ええじゃないか・戊辰戦争

はじめに

民衆と維新変革とのかかわりを知るひとつの窓口に、島崎藤村の歴史小説『夜明け前』をセットしてみると、木曽谷における維新変革にアプローチする具体的な手がかりがえられる。もちろんそのさい、『夜明け前』が文学としてもつ特性と、舞台である馬籠の特殊性や青山半蔵のモデルである島崎正樹のもつ歴史的個性をみのがしてはならないであろう。それらを相対化・客観化し、歴史的考察を深める視点として、わたしは、贄川宿・奈良井宿とその宿（街部）・在（村部）に住む民衆を馬籠のそれに対置して考察する方法を採用してみた。

木曽谷の歴史的特色をみる視点からはずせない問題に、尾張藩が管理する山林を背景に、中山道一一の宿・在としての存在が維新変革期にどう変わったのか、があげられる。これについては、馬籠が下四宿のひとつで木曽の宿駅の南端にあたるのにたいし、贄川宿・奈良井宿は、上四宿の北端とそれにつぐ宿であること、すなわち、美濃・京都方面だけでなく、松本平から関東・江戸へのひろがりや伊那谷・諏訪方面などとの交流があることを考慮している。また平田学については、馬籠宿ただ一人の平田門人であった島崎正樹にたいし、贄川に二三人の平田門人が存在したこと、さらには、島崎正樹は民衆の一揆におおむね傍観者であったのにたいし、贄川・奈良井には慶応二（一八六六）年八月に世直し一揆がおこり平田門人も参画していること、正樹は自由民権運動に批判的であるのにたいし、贄川の小沢重喬や陶山正名は自由民権運動の結社・奨匡社の社員となって国会開設請願に参加していること、などの条件を念頭においている。

そうした視点から、私はすでに二、三の考察結果を発表してきた。贄川の国学者については、この書第二章に改稿して入れた『もうひとつの『夜明け前』—近代化と贄川の国学者たち』を、一九九一（平成三）年に楢川ブックレットの一冊としてまとめた（この書第二章参照）。しかし、民衆の歴史解明といった立場にこだわると、本陣・問屋層にやや力点のかかる考察となる限界を払拭できないうらみを、わたし自身が感じてきた。

そこでこの章では、平沢諏訪神社の神官巣山静江春喜（天保十二〈一八四一〉年～一九一五〈大正四〉年九月十八日歿　享年七十四）が三十二歳のとき書き留めた記録にうかがえる民衆と維新変革の問題を、騒動＝世直し一揆、大祓＝ええじゃないか、戊辰戦争という維新変革期と民衆にかかわる重要な三つの切口から検討してみようとおもう。

神官巣山氏の書留は、一知識人が観察した記録であるとはいえ、木曽谷の宿・在の民衆にとって維新変革期にどのような問題が存在したのかを記録していた。その記録『明治六年八月書之諸書留記　巣山静江春喜書之申候』（以下、『諸書留記』と略称）の全文を適宜引用し、他史料をくわえながら、研究史も参照し、いくつかの考察をほどこすこととしたい。

一　木曽騒動とええじゃないか

まず、『諸書留記』の記述は、慶応二（一八六六）年の奈良井・平沢の動きから始まっている。七月五日の平沢の大火と、八月の木曽騒動が具体的な出来事である。火災の記述からみると、奈良井宿の枝郷である平沢の街通りの東西双方にわたり家屋が焼失した。かなりな被害があった模様がうかがえる。しかも、火元をめぐる争いがあって、平沢だけでは解決できず、奈良井の上・中・下三町の総代が平沢の諏訪神社の神主巣山宅に二泊して、火元とおもわれる二軒に一〇両ずつ出させ、家屋を焼失した人びとへ割り渡している。焼失家屋の数を確定する作業が必要であろうが、ここでは火災の責任を火元の家が金銭で果たしている点に注目するとともに、木曽騒動の一か月前の火災が、平沢にかなりな打撃を与えたことを理解しておきたい。それらのくだりは、つぎのとおりである。

一　慶応二寅七月五日夜ノ五ツ時東側菊屋善蔵宅従《ヨリ》亀屋勝蔵宅迄焼失仕候。西側平ノ屋治兵衛宅従平市屋伝治良宅迄焼失之事。其時之火元之儀松野屋平八・丸山治良八二軒之土蔵ノ相サ（ママ）（中間のこと―上條注）従萌出《ヨリモエダ》（燃出カ）シ、右両人ニ而火元アラソイ大六ケ敷相成候処、奈良井三町ノ惣代巣山宅ニ二日宿取色々骨ヲオリ右両人従金子拾両宛シメ取、弐拾両ヲ焼失ノ者ニ割渡シ事済《ことずみ》ニ相成ル事。

ついで、木曽騒動の具体的な記述が、つぎのようにある。

一　慶応二寅八月十七日ヨリ騒動ヲコリ申候。松本在神林村野口庄三良ツブシ申候。其時上田村・原野村・宮越村・藪原村・荻曽村・奈良井・平沢・押込村・贄川・山中・下戸《おりど》(折戸カ)・中畑・若神子・片平・桜沢ノコラヅ洗馬村迄参り申候。日出塩・本山者茂右同断。其時神林近在者神林野口庄三良家ニ火ヲ付ヤキ払申候。其時洗馬宿米屋門ニ而、平沢村ニ而者土屋徳松・吉村屋儀助と申者弐人、松本役所御物頭三十人斗御供ヲツレ鉄砲ニ而右二人之者討コロシ、二人死人者洗馬宿寺江納申候。塩つケ仁テツメ大切尓葬式仕候。其時奈良井・平沢一同尓テ右之御物頭へ掛合致申候処、右物頭者洗馬宿米屋ノ裏ヨリニケ(逃げ)申候。大六ツケシク相成申候。贄川郷中ニ而者松本役所拾八人ホド呼申候。スグ尓籠《(牢カ)》者被仰付、拾弐ケ月茂籠屋ニハイリ申候。籠屋ニ而死人者茂三四人有之申候。其時尾州御奉行二三度参リ、松本城下ニ宿取松本役所尓テ三四度茂御調有之申候。其時平沢之者九人呼出し、三ヶ月斗宿預ケニ相成申候。

騒動に参加した村むらについての記述、松本藩の物頭らの鉄砲により平沢から二人の死者がでたこととその処理および民衆・尾州がわからの掛合いや取調べ、騒動後の関係者の処罰などについて、注目してよい内容がみえる。参加村のなかの「山中」は、桑崎とよばれた地域である。平沢からでた犠牲者の土屋徳松・吉村屋儀助については、洗馬宿の寺へ遺体を納めるさい、塩づけにして大切に葬式をすませたとある。さらには、松本藩の物頭たちに奈良井・平沢の一同で抗議し、抗議の場所となった洗馬宿の米屋の裏から松本藩の物頭が逃げたと記している。尾張藩から松本藩へ交渉があったことは、べつの史料からも確認できる。これは、親藩である尾張藩領の木曽谷と松本藩領とのあいだに、いわば平等の交渉ができる関係が成立していなかったことをしめしている。

関係者の処罰は、贄川から一八人の呼出しと「籠者」の処置があり、「籠屋」に一二か月入れられ、そのあいだに三、四人の死者があったこと、平沢の九人が呼出しのうえ三か月宿預けとなった旨が書かれている。

贄川宿と木曽騒動についての具体的考察は、林淳一氏が「慶応二年木曽一揆の背景」(『信濃』第三二巻第七号　一九八〇年七月)で、一部利用した「信州洗馬宿其外宿村々者共騒立候一件再応御吟味之上御仕置帳」(塩尻市片丘赤羽明氏文書　小松克巳氏筆写)によって、さらに可能となる。贄川宿に関係した部分を抜萃すれば、贄川宿の三つのグループごとの世直し一揆への対応とそれぞれへの処罰をしるしたつぎのくだりが注目される。『諸書留記』にある贄川一八人のうち、宿惣代・宿内触歩《ふれあるき》など一五人の動向がわかる。林氏が贄川宿に江戸一〇里四方追放二人があるとしている百姓弁吉悴長十と百姓庄作は、この書留にはみられない。嘉助と万助の二人が宿の総責任者としてその処罰をうけたとしている。

一　嘉助・万助義徒党強訴之義ニ付而ハ兼而厳重之御触も有之候処、近年諸色高直相成、別而米穀払底ニ而、夫食《ふじき》（民衆の食糧とする穀物―上條注）買入方ニ差支候折柄、贄川番所番人山形十兵衛義信州洗馬宿其外宿村之者共騒立、同国上神林村野口庄三郎宅打毀放火致し候趣ニ付、当分為替米（売買に銭などの代わりに使う米―同）も附込有之間敷、囲蔵ニも米少く当日夫食ニ差支候間、打寄談判夫食買入方不致候而ハ、米一粒も無之様成行候間、早々寄合候様宿役人共并銘々へ申聞候共、宿内之者共人気立居候上ハ、別而思慮いたし可取計候処、宿惣代之者共一同談判致し候ニも一ト通為申触候而ハ、急速之間ニ合申間敷存候迚、宿内捨松・金助呼寄再度迄茂兵衛方へ寄合候様軒別急触申付候故、捨松外壱人も軒別ニ而ハ手間取可申与大声ニ而町内触歩行候より、既ニ小前之者共俄ニ騒立誰発意与もなく徒党いたし押出候次第ニ至リ、剰《あまつさえ》右騒立徒党いたし候趣承り、却而米融通も相付、小前之者共救方一助ニも可相成与倶々右人数ニ加リ、途中におゐて洗馬宿其外村々徒党之者共出逢一同ニ相成、同国堀之内村堀内金左衛門外壱人宅を多人数之者共一同打毀乱妨致し、又ハ造（ママ）（道カ）筋ニ而酒食差出候を恣ニ呑喰致し、所々押歩行候始末、両人共不届ニ付江戸払被仰付候。但御構場所徘徊いたす間敷段被仰渡候。

一　茂兵衛・勘助・吉右衛門・長右衛門・伝兵衛・勝四郎・只四郎・仲七・直之助義徒党強訴之義ニ付而ハ、兼而厳重之御触も有之候処、近年諸色高直相成、別而米穀払底ニ而夫食買入方ニ差支候折柄、信州洗馬宿其外宿村之者共騒立、同国上神林村野口庄三郎宅打毀放火いたし候趣ニ付、当分為替米も附込有之間敷、囲蔵ニも米少く当日夫食ニ差支候間、打寄談判之上夫食買入方不致候而ハ、米一粒も無之程成行候間、早々宿内茂兵衛方へ寄合候様、宿内捨松・金助触歩行候を承り、銘々茂兵衛宅へ寄合談合致し候内、小前之者共俄ニ騒立誰発意与なく徒党致し押出し候節、茂兵衛・勘助・吉右衛門・長右衛門・伝兵衛・勝四郎・只四郎・仲七ハ、却而米穀融通も相附、小前之者共救方一助ニも可相成与心得、直之助ハ小前之者共ヨリ不罷出候ハハ可打殺旨被申威怖敷存候迚、銘々右人数ニ加り、途中おゐて洗馬宿其外村々徒党之者共ニ出逢一同ニ相成、同国堀之内村堀内金左衛門宅其外所々多人数之者共倶々押歩行家居打毀乱妨致し、又ハ道筋ニ而酒食差出候を恣ニ呑喰致し候始末一同不届ニ付、勘助・吉右衛門・長右衛門・伝兵衛・勝四郎・只四郎・仲七ハ手鎖被仰付、茂兵衛・直之助も同様可被仰付処、日数入牢仰付被置候間、御宥免被遊御咎之不被及御沙汰段被仰渡候。

一　捨松・金助義徒党強訴之義ニ付而ハ、兼而厳重之御触も有之候処、信州洗馬宿其外宿村之者共騒立、同国神林(ママ)村野口庄三郎宅打毀放火いたし候間、当分為替米附込も有之間敷、囲蔵ニも米少く当日夫食ニも差支候間、急速打寄談判之上夫食買入方可致間、茂兵衛方へ寄合之義軒別申触候様、嘉助・万助申付候を大声ニ而宿内触歩行候故、人気立居候小前之者共俄ニ

騒立、誰発意ともなく徒党致し押出候次第ニ至リ、剰金助ハ右人数ニ加リ、徒党之者共一同
同国堀之内堀内金左衛門外弐人宅を倶々打毀、又ハ右通筋ニ而酒食差出候を恣ニ呑食致し押
歩行候段、捨松ハ徒党ニ加り候義ハ無之候而も右始末両人不埒ニ付手鎖被仰付候。

これは、贄川宿の役割の異なる三つのグループの人びとが打毀しに参加した理由と役割の大筋をつたえている。それとともに、騒立の責任者・参加者として、江戸払いに嘉助・万助の二人、手鎖に勘助・吉右衛門・長右衛門・伝兵衛・勝四郎・只四郎・仲七の七人と触歩の金助・捨松の二人が仰付けられたこと、茂兵衛と直之助は手鎖のところを「日数入牢」したため宥免となったことがあきらかとなる。ほかに、大門村の菊右衛門宅を先立ちで打毀した長十と庄作が、江戸一〇里四方追放および御構場所徘徊禁止となっているが、すでにふれたようにここには書かれていない。

ところで、「江戸払い」となった加納屋深沢万助、手鎖となった平田門国学者で豪商の陶山吉右衛門・千野長右衛門、さらに平田門国学者に二年後になる住吉屋金助については、先掲『もうひとつの『夜明け前』』で考察をくわえた。この史料から、吉右衛門らが騒動を「小前之者共救方一助」と考えていたことがわかる。わたしが第二章で陶山吉右衛門正名らの騒動への参加を積極的姿勢と評価してきたことを、再確認できるデータと考える。また金助は、宿の触れ役として騒動へ合流し、すくなくとも三軒の打毀しに参加している。「小前」の一人としての金助の騒動

における役割とともに、金助が二年後に平田門人となっていることを、ここで想起しておきたい。
こうした騒動の原因について、「諸書留記」には、つぎのような記述がある。

一　其時米相場者、一桝（升におなじ―上條注）ニ付但シ壱貫文也。壱両ニ付一斗ニ御座候。但シ銭相場之儀者拾貫文金壱両ニ御座候。但シ一駄ニ付金八両也。大豆小豆者六百文也。餅米者一桝ニ付一貫百五十文。酒一升者壱貫八百文也。シヤウヂヤウ壱桝ニ什三貫文也。粟者一桝ニ付七百文、油一桝ニ付弐貫四百文也。塩一升六百文也。端（反カ）物一反ニ付金壱両弐分、中壱両一分、下壱両也。其外、諸品大高直ニ御座候。
　其時滝沢氏神大峯社ニ而、越中出生者当村ニ入三拾年斗住居申候与三良と申者、右社ニ而カツヱ死申候。并飛騨出生之者惣兵衛と申者茂、当村へ拾ケ年斗住居申候。其倅長太良と申者茂、カツヱ死申候。右年騒動之参候者江、平沢ニ而焼出シ（炊き出しのこと―上條注）候者笹屋作蔵・伊勢屋幸兵衛・松ノ屋平八良・平野屋治兵衛・千切屋万右衛門・吉ノ屋庄吉、此者ニ而振舞申候。奈良井・贄川・日出塩・本山ニ而茂、右同断之事也。

まず、物価が具体的にあげられ、「諸品大高直」であったこと、そうした事態のなか平沢で餓死するものが二人出ている。注目すべきことは、騒動にさいして、平沢で六軒から「焼出シ」「振舞」があり、そのなかに慶応二年七月五日の火災で焼失した平野屋治兵衛もはいっていること、奈良井・贄川でも振舞いを求められた家があったとの指摘である。焼き出しとは炊き出しであり、地域の比較的有力者が、小前層にたいし食糧を提供し、振舞ったなかには、酒があったと考えられる。

慶応二（一八六六）年の奈良井では、偶発的とおもわれる火災もくわわって世相が不安定となり、物価の値上がりにより、餓死者も出る経済的混乱があった。それは木曽騒動へと展開していくが、つづいて、「大祓《おおはらい》」の起こっている点が注目される。ここでは、「日本ノ太神之大祓降申」とあることから、伊勢神宮の札のことを「大祓」と呼んでいる。世直し一揆と「大祓」＝ええじゃないかがあいついで起こっていることは、木曽の宿・在の特色とも考えられるからである。慶応三（一八六七）年の記述は、つぎのように大祓の動きをしるす。「大祓」＝伊勢神宮札が、奈良井宿の一〇〇軒ほどに降ったとあるのは、ひとつの宿駅としては、軒数がおおかったとみてよいであろう。

一　慶応三卯歳十月二十一日ヨリ奈良井村ニ而者、日本ノ太神之大祓降申候。宿中ニ而者百軒斗降申候。野村忠一良家者、色々不思義ノ事斗有之、金銀茂凡弐拾両斗降申候。山市屋清兵衛家者、御神前供候福手降申候。右之時、其祝松本城下ニ而者金百両程茂相掛祝申候。奈良井・平沢ニ而者、人々之志次第ニ而大祝申候。其時日本中御祓降申候。其時者、所々江人間ナマクヒ色々不思義之事斗有申候。右御祓降申候其家者、春明・春喜両人ニ而、祭参祝申候。

奈良井宿の野村家では金銀二〇両ほども降り、山市屋では「福手《ふくで》」（＝鏡餅・お供え餅）が降ったとある。奈良井・平沢では、御祓が降ったのちに「大祝」があり、巣山神主宅では祭りに春明と春喜の二人が忙しく参加したようすが読み取れる。松本城下の祝いのようすや、「人間生首」が降ったところもあるなど「不思議」があったとの伝聞も、簡単であるが、書き留められている。巣山神主のこの記録に、「日本ノ太神」「日本中御祓降申」と「日本」が二か所に書かれていることに注目しておきたい。

高木俊輔氏の『ええじゃないか』（教育社歴史新書　一九七九年）は、木曽谷の事例について、島崎藤村の『夜明け前』や「大黒屋日記抄」に依拠したほか、『木曽福島町史　上巻』から、十一月初旬のものを紹介している。「ええじゃないか」の起こったのは、三留野宿が十月十一日、馬籠が十月二十八日である。奈良井の「大祓」は十月二十一日であるから、馬籠よりはやい。松本のええじゃないかが十一月にはいってからであるから、木曽谷から松本平へ地域的にはじぐざぐとした動きをして伝播していったことがわかる。

木曽谷と周辺の「ええじゃないか」について、具体的な現象をみてみよう。それぞれにどのような降札があり、祝いや祭りの姿に共通するものや違いがあるかどうかを、検討するためである。

慶応三（一八六七）年十月十一日、木曽では三留野宿へ「御札」が降り、村中一同がにぎにぎしくなったと、『大黒屋日記』にある。十月二十八日には、馬籠宿で氏神諏訪社の普請でおおぜい居合せたところへ宮守御札が降り、翌二十九日朝には問屋裏の小家の屋根に太神宮札が、松田三太夫家や本陣の内庭にも御札が降った。この日は、妻籠宿にも御札が降ったので、妻籠の町中衆が四年前に水戸浪士たちが通行した姿にこしらえ、鎧・兜・鎗・弓矢など軍中のこしらえの子どもたちを引馬に乗せ、にぎやかに一〇〇人ほどで馬籠までやってきた。馬籠でも大野屋の娘二人が、烏帽子・陣羽織のこしらえで引馬に乗って参加した。妻籠からはお土産に大きな御備え餅ひとかさねをもらっている。

十一月には二日から九日まで「諏訪御守り札」「八幡様御守り札」「二見御守り札」「太神宮様御札」などが、馬籠宿内に降っている。四日には、年寄・子ども・女中などがうきうきし、子どもの狂言を取り立てようと稽古をはじめた。氏神諏訪社や雑宮の普請建立が近づいたためでもあった。大黒屋では、六日に旦那衆や「若キ者連中」を二五人ほどまねいて御酒一杯をさしあげた。八日には、大黒屋・八幡屋で「御札様御祝い」の投げ餅をすることにし、七日には準備の餅搗きをした、八日午後の両家の祝いには、村中から客人をまねき、酒・麹甘酒をのませ、両家四斗ずつの投げ餅をして祝った。十三日、二十三日にも馬籠宿内へ「太神宮御守り札」「鳳来寺薬師御疱瘡御守り札」などが降った。大黒屋では、二十七日にもまた、親類・「若キ者」・町内組合中など家内もふくめて五〇人ほどに、酒・肴さより、そのほか種々を、めでたいとふるまった。ここでは、水戸浪士の行列、烏帽子・陣羽織のこしらえの行列に特色がある。子どもの狂言、「若キ者連中」の動きも注目される。

おなじ十月中旬には、駒ヶ根山脈（中央アルプス）を越えた伊那郡高遠城下でも御札が降った。十月十九日に「太々神楽」「大神宮」「御師御炊太夫」「剣祓」「秋葉山御札」などの降札であった。

それを祝う民衆の動きを制止できないと、十月二十六日から二十八日まで二夜三日の豊年祭の祭礼をおこなった。各町はそれぞれ「俄」やおどりをして「豊年祭」をおこなった。たとえば、中町では子どもが銘々御幣をもち、若者は「はやし」をおこない、その「おどり唄」は、つぎのようなものであった。豊年祭に特色がある。

豊年じゃ、豊年じゃ、世の中陽気がようなつて、五穀成就でおめでたい、あまたのお札がちいらちら、ふつたぞ、ふつたぞ、おめでたい

本町からの「御札降候書上」は、十月四日からはじまり、十月二十三日あたりを最盛とし、二十九日までみられた降札について、降った家と札の種類をこまかくしるしている。降札があったのに祝いをせず、届け出をしないところには「馬の骨なまなましきところ」がおかれているなどの「不思議」があったなどと報告されている。

この「書上」には、諏訪城下では、十月下旬から札が降りはじめ、十一月五日ころまで七軒ばかりに降札があり、松本城下では、十一月朔日から五日ころまでに三〇軒ほどあったと聞いたとある。

筑摩郡山形村上大池の大池善職の書きのこした『稀事控』などにも、慶応三年十一月朔日より、松本から「太神宮様」「善光寺」そのほかもろもろの神がみのお札が天より降ることが在方にひろがり、上大池には十一月二十九日にお札が降ったとある。前祝に一両三分を米・酒などにあて、

「若キ者」への祝儀に一両二分をだしている。お札祭りは二十九日から三十一日まで村の地蔵堂で村人があつまり酒をのんでおり、さらに十二月八日にもお札祭りを、五つの重箱にするめ・田づくりそのほかをもっておこなったとある。ここでも、「若キ者」が登場している（以上、『長野県史　近代史料編　第一巻　維新』長野県史刊行会　一九八〇年）。木曽谷および周辺の「ええじゃないか」には、伊勢神宮・おかげ参りとの関連、酒肴での祝いは共通するものの、降札の種類や祭のあらわれには違いも目立つ。

ハーバート・ノーマン氏は、一九四四年に書きあげた「日本政治の封建的背景」（『ハーバート・ノーマン全集　第二巻』岩波書店　一九七七年）で、「ええじゃないか」を取りあげ、一八六六年の世直し一揆の激化と頻発の翌年、「熱風の嵐のように、熱狂が民衆をおそった。それは東海道沿いに江戸の周辺に達し、そこから信濃、甲斐、上州などの奥地までひろがっていった。大坂、京都のすぐ西の地域にもそのことが起った」と指摘し、この現象を「マス・ヒステリア（大衆狂乱）と呼んでよい」と位置づけた（三八、三九頁）。「このような突発的な、かつ伝染性の熱狂は封建日本にかぎった現象ではない」といい（五一頁）、もっともよく似た例が、ヨーロッパ中世史に求められるとした。「抑圧の鎖につながれ抑えつけられた一般民衆の感情」が「排け口を求めた」とみ、政治的不満の意味もともなって、「その掛け声や唄は新しい時代の到来を予見し、ひそかに徳川政府の悪政をあざけり、西方（すなわち倒幕連合）からの強襲がやがて始まることを喜んでいた」と評価したのであった（五九頁）。

田村貞雄氏は、ええじゃないかのきっかけとなったお札降りは、慶応三年七月半ばころの三河国渥美郡羽田村周辺の事例が初めで、伊勢神宮のお札降り、豊作を感謝する豊年祭の一種であったと確認し、世直しへの「庶民のさまざまな期待、願望が混然一体となって爆発したもの」であり、「明確な政治的目標もプログラムもなく、ただ『世直し』の幻想に酔い、踊り狂っているだけでは、新しい時代を自らつくりだすことはできなかった」と評価している(田村貞雄『日本史をみなおす』青木書店　一九八八年　一二四頁)。

わたしは、「ええじゃないか」が「世の中が一新するとの期待と希望のもと」の乱舞であったことに着目し(宮地正人『幕末維新変革史　下』岩波書店　二〇一二年　一六二頁)、世直し一揆とええじゃないかが、継起的におこった地域として、奈良井・平沢・贄川の民衆の動きに注目したい。ええじゃないかの個別的評価をおこなうのではなく、維新変革期の地域民衆の総合的な営みのなかで、ええじゃないかをみることとしたいのである。

二　戊辰戦争の影響とその後

ついで、変革の影響は戊辰戦争へとはいっていった。以下の『諸書留記』の記述は、つぎのとおりである。一般的な聞き書がおもになっている。巣山神主が京都などの動きを情報としてキャッチしていたのであり、これが「日本」という認識につながったことがわかる。また、「朝廷」「朝テキ（敵）」の表現によって天皇制への関心を、神主の立場もあって強めたことがうかがえる。

一　慶応四辰年正月三日、大坂ニ而奥州・会津・桑名・一ツ橋・長州・藤堂諸大名ニ而朝廷江手向申候処、会津・桑名・一ツ橋朝テキニ相成、公儀者廃シニ相成、其節公儀地関所者不残尾張大納言様影(預カ)リ相成申候。其節者、尾州様者大将軍同様之分ニ御座候。同年二月二十七日ヨリ三月二日迄、西国之諸大名者初、京都岩倉殿大将ニ而奥州・会津へ合戦ニ討参、其時ノ行レツ陣太鼓・笛ニ而鬮(ママ)ツキ衣服之儀者、岩倉殿者錦ノ陣羽織・半袴等ヲキ、鞘カタナニ而、諸武士ノ者ハ陣羽織・半袴同断之事ニ御座候。其時御征伐之御名前付者、白川勢志道峠ヨリ会津城一番手、記(紀カ)伊中納言殿初諸大名。北国越後新発田ヨリ会津城一番手、尾張元千代殿初諸大名。日光道大沢ヨリ会津城一番手、記伊中納言初諸大名。蒸気船ニ而仙台海道一番手、記伊中納言殿初諸大名。水戸従有馬海道壱番手、水戸中納言殿初右諸大名。白川従本海道仙台城壱番手、尾張元千代殿初諸大名。諸大名之惣人数〆五拾三万七千人余。右付日本之神職茂、御供被仰付申候。谷中ニ而者、下郷ニ而岩倉殿御供田立村・三富(留カ)野・須原・長野・上松・王滝、右六ケ村之神主御供仕候。村役人者、村々不及申御供仕候。其後、中郷・上郷之儀者、難渋ニ御座候間、谷中ニ而御用向被仰付候哉等、御願申上候。其節、会津同勢多人数討申候。朝廷方ニ而少々討申候。会津者、大将者随参仕候。大征伐御座候。

一　同年、朝廷様東海道江戸御下ル、其節江戸一町付酒二樽被下候事。

戊辰戦争と地域とのかかわりについての記述は、三留野・須原・長野・上松・王滝の神主、村役人の「御供」について触れ、「中郷・上郷」は難渋のため谷中での仕事の「御願」を申し上げたとあるだけである。須原・上松は中宿に属したので、「中郷」にも上宿とともに「御願」に参加したところがあったのであろうか。上郷＝上宿にあたる奈良井に属する平沢の巣山神主自身は、戊辰戦争に参加したふうがない。奈良井民衆と戊辰戦争への直接参加の事例は、現在のところみとめられないが、贄川からは戊辰戦争に平田門国学者小沢邦太郎が岩倉具定東山道鎮撫総督の軍に参加したことがわかっている。

市岡朝祐編著『市岡晋一郎伝』（一九七二年　自家版）によれば、『慶応四辰歳三月ヨリ御総督様供奉日記　東山道先鋒総督府道中并御陣所取締掛　市岡官之允』に、慶応四（一八六八）年三月朔日に、筑摩郡日出塩村の市岡官之丞文暁（平田篤胤没後門人）や福島宿の上田治郎左衛門とともに、贄川宿の小沢哲右衛門が鎮撫軍の後を追って郷里を出たとある。市岡朝祐氏の記述は、つぎのようになっている。

折りしも、慶応四年（一八六八年）三月一日東山道総督岩倉具視《（定カ）》の民衆宜《（宣）》撫工作一行は、岐阜中津川方面から木曽山道（中山道）を進軍して、晋一郎生家の前を通過して塩尻峠を越えて諏訪に向った。好機逸すべからずと、予て寄々相談していた同志の木曽福島宿の上田治左ヱ門、贄川宿の小沢哲右ヱ門と同道、三月一日春なお浅い雪の故郷と老母妻子に別れを造《(告カ)》げて、東山道先ぽう兼総督鎮撫使軍の後を追って翌二日下諏訪宿に到着した。此処に集合した信州の同志十一名と共に、三月三日総督随従を熱烈に嘆願して遂に従軍と決定、帯刀を許され勇躍して宜《(ママ)》撫軍に参加した。晋一郎はこの時陣中取締役を命ぜられた。下諏訪出発、和田峠を越え、八幡、追分、坂本、安中、高崎、熊谷、ワラビ各宿を経て三月十三日板橋宿に到着、この途中日光街道に於て、薩摩、長州および大垣藩と佐幕軍千数百名が交戦して数十名の戦死傷者を出した(と脱カ)云《(ママ)》う血なまぐさい戦況が日記に記されている。

三月十五日早朝、晋一郎等信州から参加した農民有志十一名は、板橋本陣に集合を命ぜられ、大鑑《(ママ)》察藤井久成附添山本治郎助から、「これよりは愈々戦乱の渦中に入り、今晩は戦斗開始になるやも計り難い。就ては御暇を乞いたい者は遠慮なく申出よ」との宣告があった。この問に対して、一同は異口同音に何処までも御供したいと答え、血判誓約書を提出している。この三月十五日こそ実に江戸城総攻撃の予定日であったわけである。そして、西郷隆盛と勝海舟により総攻撃中止となった劇的な日であった。然しこの夜、上野の杜に戦火がおこり、炎々天を焦す凄惨な光景を板橋の東山道総督本陣から望《(ママ)》んだと、晋一郎日記に記している。また翌々十七日には同僚と共に公務外出の途上、上野の杜において惨胆たる戦禍の跡を目撃したと云う。

やや長い引用であったが、この文のなかの「贄川宿の小沢哲右衛門」は、市岡官之丞（明治四〈一八七一〉年に晋一郎朝信と改名）とともに戊辰戦争に直接参加した平田篤胤没後の国学者小沢邦太郎のことである。邦太郎の父小沢文太郎は贄川の中心的な平田門人であったが、文太郎でなく、その長男で当時十七歳の邦太郎が戊辰戦争に参加したことが、同書冒頭の口絵にある「誓文」の血判者の最初の署名者「小沢邦太郎」から確認できる。このほかの戊辰戦争との関連は、飯山戦争の段階で、贄川桜沢に山村氏の家来と軍夫が集結した事実と、桜沢の御台場などの普請に贄川から人別の狩りだしがあったことがわかっている（前掲『もうひとつの『夜明け前』』）。

この戊辰戦争の影響のほかに、五月の大雨が奈良井・平沢に被害をもたらし、四軒の水車が流失し、あらゆる生活用品の物価騰貴をひきおこした記述の方が、『諸書留記』では具体的である。

一　同年（慶応四年――上條注）五月四日ヨリ八日迄、大雨降大水出、其時笹屋吉左衛門・千切屋万右衛門・小嶋屋政右衛門・松ノ屋彦七、右之者水車流申候。町者、上町・下町アヤウク相成、大サワギニ成、其時諸品大高直ニ相成、白米一桝付二貫四百文、餅米一桝付壱貫五百文、大豆一桝八百文、小豆同直、大麦引割一桝付一貫百文、塩八百文、酒一升弐貫五百文、醤油一升壱貫文、油一合弐貫六百二十五文（油其後一升三貫六百文也）、端物上一両弐分、中一両一分、下三分弐朱ニ御座候。其外、諸品大高直ニ御座候。

この慶応四（一八六八）年の出来事としては、つぎにみるように、神職者の家内すべての神葬祭への転換がみとめられ、巣山春明が谷を代表して免許を受けに「尾州御役所」へ出向き、六九年には、「俗家」＝一般民衆も神葬祭となり、松本藩領ものこらず、美濃遠山支配所のもとでも神葬祭となったとあることが注目される。

また、明治二年では二月六日の維新政府による「廃関」の布達による贄川関所や福島関所の廃止と建物の取り壊しを記載している。明治四年七月十四日の廃藩置県（「国中ノ大名上知セラレ」と表現、木曽を管轄する名古屋藩が名古屋県になる）と同年十一月二十日の府県再編成で「国中六十四県建」てたとし、信濃に筑摩県・長野県がおかれることになった経過は、翌五年一月十三日に松本城二の丸におかれた旧松本県庁が筑摩県庁（記録では「本県」と表現）となって開庁されたことと、福島取締所（「谷中之取締所」と表現）が同五年一月四日におかれたことを一括し、明治五年の出来事に記録されている。実際には、明治四年七月の廃藩置県では三府（東京・京都・大阪）三〇六県となり、十一月の府県統合では三府七二県となった。ここでは、木曽の地が名古屋県から筑摩県の支配に変わり、具体的には福島取締所の管轄にはいったことを指摘したものとなっている。

「奈良井・平沢・贄川郷中ニ而一区ト相成」とは、名古屋藩が木曽三三か村を戸籍区一五に組合せた明治四年九月十三日の行政区画の変更で、奈良井村（平沢をふくむ）・贄川村の二か村を戸籍区の第一四区としたこと、それは明治五年二月に筑摩県が戸籍区をおき、奈良井・贄川両村を第四三区としたことにもつづく、身近な行政システムの変化であった。この二か村を一区とする行政区画は、筑摩県が従来の戸籍区を小区とし、そのうえに大区をおき、奈良井・贄川両村を筑摩県第六大区一小区とした一八七三（明治六）年四月の大区小区制への変更にもつづいた。ここでは、筑摩県のもと、一か村ごとの行政では完結できない時代にはいり、奈良井・贄川二か村を組み合せた区の行政のもとに、この地域がはいったことを指摘しているのである。それは、尾張藩・名古屋藩・名古屋県による「御制札ハズシ」ともなった。

こうした支配システムの変化のもとで、宗教政策が変わり、明治五年の社地が上知になって課税の対象となり、宗門改めが戸籍制度になって、村民が寺ごとの管轄から村役人が把握することになったこと、いっぽう神葬祭で「日本中其産土社氏子《そのうぶすなしゃうじこ》」となり、奈良井村の場合は村民が「鎮神社氏子」となったこと、巣山春喜の息子巣山宮沢が鎮神社祠掌に就いたことなどが書き留められている。つぎのような記述がつづいており、神社・神主についての記述と並んで、暦の変化の記述に力点がおかれている。

一　同年（慶応四—上條注）、国中神職輩家内中神葬祭御免相成、其時谷中ノ惣代ニ而、巣山春明
　尾州御役所へ神葬之御免許頂戴ニ罷出申候事。
一　同年ノ十二月二十八日、夜七ツ時ヨリ明六ツ迄、国中北ノ方ノ天、大火事如くアカキ事有。
一　翌年（明治二—同前）、国中俗家迄茂、神葬祭被仰付候事。其節、松本松平丹波守殿御支配所
　者、不残神葬祭相行申候事。

一　同年、天下ノ御関所不残クズシ候事。美濃遠山支配所茂、不残神葬ニ相行申候。
一　明治五壬申年、鎮神社・諏方社社地上知相成申候事。
一　同年、小社之儀茂、折々書上可申事。
一　同年、巣山元除地之所茂、上知相成可申事。其年初而、御年貢金弐両弐分弐朱ト四百七十五文上納仕候。其後、半金御下相成可申候事。但シ、半金之御下之義者、其年一年限申候事。其一年、国中御検地有之候事。其時、宗門之儀も戸籍ト相カハリ申候。其戸籍人別之儀者、村役人其村ノ祠掌ニ而預り申候。其節、寺之儀者平民同断之事。寺江苗字相付申候。其時者、寺へ茂守札モタセ申候。此時ノ守札者、先年従ノ宗門同断之事。
一　同年、神武天皇御命日(ママ)ヲ初テ三月(ママ)十一日、毎年国中ニ而祭始る。并ニ六月三十日・十二月三十(ママ)日大祓ト云祭茂始る。元始祭正月二十(ママ)三日始る。
右天長節御即位日ヲ以、先年従ノ五節句同様之事。国中休日相定候事被仰付。
一　同歳、今迄ノ三ケ村又二ケ村ヲ一ケ村合、其時ノ一村ノ事ヲ一区ト申候。其時、奈良井・平沢・贄川郷中ニ而一区ト相成申候事。国中同断之事ニ御座候事。
一　明治五壬申年、国中ノ大名被上知候。国中へ六十四県建、信州者松本城江本県有、福島山平ニ者谷中之取締所建、松本県ヨリ役人参、谷中ヲ支配仕候。
一　同年七月、国中神職被上知候処、翌年（明治六　上條注）正月四日朝廷ヨリ祠官・祠掌被仰付、其時、春明へ贄川迄氏子被仰付、其前者谷中ニ二十二人神主有之候処、其時拾五人被仰

付。其時、日本中其産土社氏子へ、守札一人一枚づつモタセ申候。寺江茂持セト被仰付。守札ノ書様者、朝廷従御雛形御渡相成、守札板長三寸・幅二寸ノ板へ、信濃国筑摩ノ郡奈良井町村鎮神社氏子、何ノ誰、親ノ名、当人ノ名。其裏ニ者、同国同郡黒沢村御嶽社祠官武居重知、奈良井町村鎮神社祠掌巣山宮沢ト書記申候。守札初穂一人付、上二百文・中百五十文・下百文納申候。諸品高直ニ御座候間、入用ニ相掛申候。

一 同年、国中人者、唐人マネ致シ、衣服・髪迄茂同断、其時ノ衣服者、唐物斗ニ而大ハヤリ。

一 国中仁、朝廷従被仰出ニ而、学校建。当村江者、松本家中魶貝ト申者参り、雲松寺ニ而、学校致候事。

一 同年、旧暦廃シ、新暦出来候事。

一 五節句・盆廃シ候事。

一 同年者、色々メヅラシキ事斗有之。

一 同年、国中ノ村々御制札ハズシ申候。

一 同年二月ヨリ、鍋銭《なべぜに》通用義者、百六十文ニ而百文ノ通用致候事。

一 暦ノ上、神武天皇様初代天皇様書記也。

一 蚕之直段之儀、壱両仁付三百五十目。

一 同年、桑直段之儀、三尺縄ニ而六把一駄也。右六把ニ而金三分、モギ桑壱貫目弐朱、六貫目ニ而右一駄ノ割合、六貫目金三分、其時蚕種厚紙一枚ニ付金三両也。殊ニ大高直ニ御座候事。

一　同年、谷中木ヲ切事相止、誠仁難儀仕候。奈良井・平沢・福嶋八沢ニ而者、商売ニ指支（差カ）、誠難義仕候。其時、一軒付金一朱宛運上指上、一軒付拾本宛薪御免ニ相成申候。其時者、松尺板四分、金一分付八枚位御座候事。

一　同年七月、御嶽山へ唐人五人登候事。其年唐人通行致候時ハ、宿村々大切通シ候成と、朝廷ヨリ国中へ仰付候事。

明治五（一八七二）年と翌年の出来事としている記述で目立つのは、神武天皇の存在の強調と天皇へ民心統合をすすめるための祭事・年中行事の設定がつづき、民間行事で大切にされてきた「五節句・盆廃止」、馴染んできた太陰暦廃止・新暦採用と並行してすすめられたことを記録していることである。政府が五節供を祝日からはずし、神武天皇が即位したとされる日と天長節（天皇誕生日）を祝日にしたのは一八七三（明治六）年一月四日であり、神武天皇即位日を紀元節と名づけたのは同年三月七日であった。同年十月十四日には元始祭（神話にある天孫降臨、天皇の位の元始を祝い、一月三日宮中三殿で天皇が親祭する日）・紀元節・天長節など祝祭日八日をさだめ、休暇とした。

「同年、神武天皇御命日ヲ」以下の箇条には、巣山神主が政府の公布した内容を間違えて記載した部分もあるとおもえるが、たとえば「大祓と云祭茂始る」は、大祓《おおはらえ》が、古来六月と十二月の晦日に、親王以下在京の百官を朱雀門前の広場に集めて、万民の罪穢を祓《はら》った神事（『広辞苑』）であったことから、これを平沢諏訪神社ではじめた、と読めないことはない。そうであるならば、それぞれの日付は巣山がそれぞれの祭をはじめた月日であることになる。ここでは、巣山の理解不足と考えておく。

巣山が神主の立場から、天皇への民心統合の動きを肯定的にうけとめていたとわたしは理解するが、完全な肯定はしてはいないとみている。民衆の生活を考えない方向へ政府が急激に向かうことに戸惑いをかくせないようすが、生活面の人びとの難儀を書き留めていることからわかる。

『諸書留記』には生活面の記述がすくないが、一八七三（明治六）年に衣服・髪型の「唐物ばやり」＝洋風化が流行したこと、新暦（太陽暦）ができ太陰暦に代わったこと、寺子屋・学習場などに代り学校ができたこと、鍋鉄で鋳造した粗悪な鉄銭が銅銭の六二・五％の価値（銅銭一〇〇文＝鍋銭一六〇文）ときめられたことなどが記録されている。なお、平沢の雲松寺に筑摩県の奨励をうけて「第百六十四区第百六十六番小学勧民学校」ができたのは、一八七四（明治七）年七月であった（『木曾・楢川村誌四　近代　村を築いた人々』長野県木曾郡楢川村　一九九四年　一七四頁）。

とくに、養蚕にかかわる記述は注目され、桑・蚕種の値段が高値になったことが具体的にしるされている。また、「谷中木ヲ切事相止」となり、奈良井・平沢・福島八木の漆器産業・木工業に差支えがでて業者が難儀しており、運上金の支払いで「薪御免」となるが、松も「一軒付拾本」で松の尺板が金四分であり、金一分で八枚とあるから、金四分で尺板三二枚しか得られない状況になっている記述は批判的筆致である。

明治五（一八七二）年、翌年の部分は、文明開化の明暗と天皇への民心統合の推進、貨幣や養蚕・

山林問題などにも触れているのである。ここにみえる「唐人」「唐物」の「唐」とは、欧米を指していることがあきらかであろう。

イギリス人外交官アーネスト・メイスン・サトウが、一八七八（明治十一）年八月御嶽登山のあと贄川を訪問するが（第四章参照）、巣山の諸書留にある一八七三（明治六）年七月の御嶽山登山の「唐人」とは、イギリス人ウィリアム・ガウランド（一八四二〜一九二二）たちであった（生駒勘七『御嶽の信仰と登山の歴史』第一法規　一九八八年　二〇七頁）。ガウランドは、イギリス人技師で一八七二年お雇い外国人として大阪造幣局の鋳金技師に招かれ、一八八八年に帰国するまで、日本古代遺跡の研究や登山にその名をのこした。登山では、御嶽山に最初に登山したヨーロッパ人で、同僚のイギリス人エドワード・ディロンと一緒であった。従来、一八七三年にガウランドとディロンの二人が御嶽山に登ったとされてきたが、巣山の記録には同年七月で五人によるとある。日本人案内人の数もはいっているとおもわれる。

わが国では、宗教的登山が近世以前から各地にみられたが、近代登山は明治にはいってヨーロッパ人によってはじめられた。富岡製糸場の指導者、政府のお雇いフランス人のポール・ブリュナは、ガウランドが御嶽山に登ったと時がほぼおなじ一八七三年八月五日に、政府の法律顧問として司法省学校につとめていた、やはりお雇いフランス人のゼオルジェ・ブスケと浅間山登山をしている（上條宏之『絹ひとすじの青春　『富岡日記』にみる日本の近代』日本放送出版協会　一九七八年　六、七頁）。ガウランドは、一八七八（明治十一）年夏に飛騨山脈の槍ヶ岳に外国人として初めて登っており、一八八〇（明治十三）年には飛騨山脈にJapanese Alpsと名づけたことで知られる。なお、アーネスト・サトウは、一八七四（明治八）年にガウランドと木曽福島の俵屋でおちあい、案内人を雇って御嶽・乗鞍岳へ登り、さらに上高地にもはいったことがあった（前掲生駒勘七『御嶽の信仰と登山の歴史』二二六頁）。

おわりに

以上、史料紹介を主として、若干のコメントをおこなってきた。『諸書留記』が、奈良井における慶応二（一八六六）年から一八七三（明治六）年にいたる記録として、興味深い内容であることを紹介できたと考える。他史料との突き合わせによって史実を確定し、民衆と維新変革との関連をさらにあきらかにし、さらなる研究の深化をおこなう課題はのこっている。なお、この記述の裏表紙には、つぎのようなメモが書かれている。

大化従《より》明治迄、暦弐百四十一暦也。大宝ヨリ弐百三拾弐暦、明治迄。慶長五年ニ平沢今ノ地ニ初テ町出来、其節拾八軒。

ここには、維新変革期に、かなり長期の見通しのもとに、歴史をとらえ直す意識もあらわれていた、といってよいであろう。

追記　ここで扱った史料は、楢川村誌編纂の過程でみることのできたものである。楢川村誌編纂室はじめ、巣山家および関係する皆さんに感謝の意を表するものである。

※この章は、「木曽の民衆と維新変革—世直し騒動・ええじゃないか・戊辰戦争—」と題して、『信濃』第四三巻第八号、通巻五〇〇号（一九九一年八月）に発表した論考に手を入れたものである。

第四章　木曽路の平田国学入門者たちと民衆的近代創出への参画

―幕末維新期から文明開化期・自由民権期をとおして―

はじめに　この書の小括をめざして

この書でしばしば強調してきたように、島崎藤村の『夜明け前』（一九二九～一九三五年執筆）は、平田国学入門者であった父島崎正樹を、青山半蔵として文学的に造形してみせた歴史小説として知られる。わたしにとっては、木曽路の民衆と近代化とのかかわりを解明するヒントを受けつづけてきた文学作品であった。

信濃国は、平田篤胤没後門人がおおいことで知られてきた。なかでも伊那の平田国学入門者については、戦前に市村咸人『伊那尊王思想史』(注1)が基礎的資料の収集のうえに考察をくわえ、戦後は芳賀登『幕末国学の展開』(注2)が代表的研究とされていた。いまでは、宮地正人『歴史のなかの『夜明け前』　平田国学の幕末維新』(注3)が、岐阜県中津川の国学関係史料の本格的収集のうえの研究をベースに、信濃伊那の平田国学入門者たちについて、飛躍的に研究レベルを引きあげたと、わたしにはおもえる。

しかし、信濃国の平田門人のなかで、島崎正樹を例外にして、木曽路の同門人にかんする研究はすくなかった。芳賀氏は、『『夜明け前』の実像と虚像』(注4)で、木曽路平田門人について取りあげ、門人名簿から中津川三四人、苗木藩二六人につぎ、贄川に二一人（実際は二三人）がおり、その中心に小沢文太郎重喬がいたことを指摘した。しかし、小沢が間秀矩の紹介で平田門人になったのは、「何らかの関係を山村家の間に持っていたと思われる」と推測しただけであった。信濃国の平田門人研究でも、幕末維新期の世直し一揆・ええじゃないか・戊辰戦争、さらに日本近代国家形成過程で国家的近代化と異なる民衆的近代の創出をめざした自由民権期の民衆運動などとかかわらせ、一定の地域に焦点をあてた考察は、管見のかぎりほとんどみることができなかった。

わたしは、総合的研究のフィールドに長野県木曽郡をえらび、この書の第一章「はじめに」の冒頭でのべた『木曽・楢川村誌』監修・執筆にかかわって以来、幕末維新期については、木曽路平田門人と「木曽騒動」・ええじゃないか・戊辰戦争との関連を、木曽郡楢川村（二〇〇五年四月一日に塩尻市に合併）に焦点をあてて考察をかさねてきた。

この論稿では、この書第一章～第三章の考察と近年の諸研究をふまえ、木曽路の平田門人たちの歴史的評価について、文明開化期から自由民権期の当該地域民衆による諸活動との関連も視野に入れ、小括をこころみる必要を感じている。

小括にあたっては、まず当該地域にかかわる幕末維新期の研究史を一瞥しておきたい。現在の塩尻市贄川は、慶応二（一八六六）年における「木曽騒動」が惹起された木曽路北端の中山道の宿（街部）と在（村部）からなった地域であった。

「木曽騒動」を信濃の世直し一揆の視点から本格的にとらえた研究史上早期の論稿には、横地穣治「松本平・周辺（直轄領）における〈世なおし〉の状況」(注5)があった。ついで、林淳一「慶応二年木曽一揆の背景」(注6)が、「木曽騒動」を米市場の視点から検討した。その後、楢川村誌編纂委員会編『檜物と宿でくらす人々　木曽・楢川村誌三　近世』(注7)で、林淳一氏は松田之利氏と「慶応の木曽騒動と民衆意識」をあらわした。幕末維新期の贄川宿・在と「木曽騒動」とのかかわりを総合的に解明しようとした成果であった。

また、ええじゃないかの北限とみられる信濃国内のええじゃないかを論究したものに、高木俊輔『ええじゃないか』(注8)があった。同氏「木曽騒動とお札降り」(注9)が、その後の同氏の考察であるが、楢川の事例にはふれていない。

ええじゃないかは、従来伊勢信仰のお陰参りの伝統のなかに位置づけられていたが、ええじゃないか発祥の地とされる三河吉田宿の最初のお札降りをお鍬祭りとの関連で考察し、とくに慶応三年のお鍬様百年祭が豊年祭りとも混淆され、秋葉山おかげもくわわってお陰参りに変質がみられ、幕末維新期民衆の世直し一揆・村方騒動など変革の動き、代替わりを背景に「ええじゃないか」となったとの見解が、田村貞雄氏からだされている。(注10)

さらに戊辰戦争と木曽路民衆との関連については、高木俊輔「民衆と戊辰戦争」(注11)があった。べつにおなじ高木氏の「民衆思想の成長と平田派国学」(注12)が、「平田派国学の活動」に焦点をあてた概観をしめした。しかし、伊那の平田門人の考察が中心で、木曽路の平田門人についての記述がない。近年、宮地氏前掲書が、岐阜中津川の史料を駆使するなかで、伊那の平田門人はもとより、木曽路の平田門人についても、新たに豊富な史実をあきらかにし、考察をおこなった。

木曽路贄川の平田門人については、長いあいだ百瀬宗治「信州木曽贄川宿における平田篤胤没後門人」(注13)がほぼ唯一の研究であった。かつて伊東多三郎『草莽の国学』(注14)が、贄川の二〇人を超える平田門人の存在を指摘し、研究の必要性を説いたが、ようやく、この書第二章・第三章によるわたしの研究も刺激となって、前掲『楢川村誌』近世編で、ひとつの総合的考察がおこなわれた。

わたしは、この論稿で、これらの関連諸研究を参照しながら、木曽路贄川の平田門人と木曽世直し一揆との関連、「大祓」(ええじゃないか)・戊辰戦争とのかかわりを再耕(耕しなおし)し、わたし自身の従来の研究(この書の第一章〜第三章)も見直し、現在における小括をこころみたい。

一　木曽路の平田国学入門者たちと贄川にみる特色

(一)　木曽路の平田国学入門者グループの形成過程

まず、贄川の平田篤胤没後門人を入門年月の順序による名簿によって表1にしめし、小括考察の出発点としたい。市村咸人『伊那尊王思想史』に掲載された名簿などと、氏名の漢字表記、年齢に違いのある部分は、現地史料と突き合せた結果である。

贄川の平田門人二三人のなかで、小沢文太郎重喬(文政九〈一八二六〉年生まれ)が木曽路でもっ

表1　贄川の平田門人一覧

氏　　名	生年月日	入門年月日	年齢	紹介者	土地所有
小澤文太郎重喬	文政 9.10.20	万延 1.4.19	33	間　秀矩	265.16
小林伊豆藤原正方	文政 3.（推定）	文久 2.4.14	42	小澤重喬	不明
陶山吉右衛門源正名	天保 3.11.3	文久 4.1.—	31	小澤重喬	118.28
千野長右衛門晁吉	文化 5.（推定）	文久 4.1.—	56	小澤重喬	321.27
清水逸之丞信敏	天保 4.（推定）	慶応 1.2.—	32	小澤重喬	不明
山口金次郎藤原正房	文政 3.（推定）	慶応 1.5.—	45	前澤温恭	不明
木曾路一座頭源恒徳	弘化 1.（推定）	慶応 3.10.—	22	陶山正名	不明
市川久蔵良恭	文政 10.（推定）	慶応 4.1.23	41	小澤重喬	1137.07
小澤邦大郎橘重道	嘉永 5.10.10	慶応 4.1.23	15	小澤重喬	（小澤文太郎長男）
小澤時之助橘正胤	安政 1.1.20	慶応 4.1.23	13	小澤重喬	（小澤文太郎二男）
小林左仲正彬	弘化 1.（推定）	慶応 4.2.—	14	小澤重喬	（小林伊豆長男）
倉澤隆之助源順親	嘉永 1.6.26	慶応 4.3.13	19	小澤重喬	143.11
贄川克己源正睦	嘉永 3.8.15	慶応 4.3.13	17	小澤重喬	75.20
山口栄蔵喜道	天保 7.4.12	慶応 4.3.13	31	陶山正名	158.11
陶山政兵衛源正高	弘化 3.（推定）	慶応 4.3—	22		5.17
千村精一郎源政昇	弘化 2.（推定）	慶応 4.4.—	23	小澤重喬	6984.16
小澤清兵衛正保	天保 3.4.8	慶応 4.4.5	35	小澤重喬	983.09
小澤兵右衛門橘茂一	文政 12.（推定）	慶応 4.4.5	39	小澤重喬	148.29
市川虎三良喬	安政 2.11.4	慶応 4.4.5	12	小澤重喬	（小澤文太郎三男、久蔵養子）
伊藤金助藤原顧行	文政 9.（推定）	慶応 4.4.5	42	小澤重喬	13.23
佐藤平助藤原信光	天保 2.9.20	慶応 4.4.5	36	小澤重喬	56.14
百瀬九郎右衛門尚守	天保 6.8.6	慶応 4.4.9	32	小澤重喬	234.12
千野市郎政雄	嘉永 1.2.19	慶応 4.4.26	20	倉澤義随	（千野長右衛門養子）

市村咸人『伊那尊王思想史』の「信濃国及其の周囲平田先生授業人姓名録」を、現地史料をもとに修正した。土地所有については、前掲百瀬宗治氏論文の表4「門人の土地所有規模」の1879年の数値を借用した。ただし、千村精一郎源政昇の分は、千村巨の土地所有を参考までに掲げた。「木曾路一座頭源恒徳」は斎藤恒徳と推定される（『自明治２５年至大正３年　出寄留簿西筑摩郡楢川付役場』による）。なお、上地所有の265.16は2町6反5畝16歩である。年齢は、生年月目のあきらかなものは計算した満年齢であり、生年月日の不明な人は姓名録の年齢を主に生年を単純推定したものである。

ともはやく、万延元（安政七、一八六〇）年四月十九日（以下、明治五年末までの月日は和年号でしめすとともに旧暦月日のままである）に三十五歳で、美濃国中津川宿の間半兵衛秀矩（文政五〈一八二二〉年生まれ　安政六年十月二十日におなじ中津川宿の馬島靖庵の紹介で入門）の紹介で平田篤胤没後門人となった（表1）。間秀矩は、安政六（一八五九）年に入門し、その翌年、平田銕胤を訪れて小沢が入門したとき、同道していた。(注1)

香川景恒の影響下で桂園派歌人として「瓊花園《けいかえん》」と号した重喬は、飯田に住んだ国学派歌人の福住清風の門人として、すでに秀矩と連れ立って旅をして和歌を詠むなどの直接的交流があった。(注2)また、小沢は万延元年四月に平田門人となったのちの八月から九月にかけて、秀矩と一緒に横浜での生糸貿易で協働した。同年九月晦日に江戸で秀矩に宿料として取り替えていた銀一〇匁を受取った領収書を、秀矩に出している。(注3)

小沢重喬は、「たわらや」の屋号で酒・醤油や高遠御用米の中継業を営んだ中山道屈指の豪商で、「街道筋平田門の重鎮」であったと評価されていたが、(注4)平田国学への入門は、生糸貿易を通じた間秀矩との交流にもよったことになる。幕末作成と推定される「贄川宿割図」(注5)では、小沢の住宅母屋は「年寄哲右衛門」分として、「拾畳壱間、十二畳壱間、八畳壱間、六畳三間、勝手十三畳、板間七坪半」とあり、この母屋は畳の間の畳数四八で、贄川宿の住宅のなかで、広い間取りの家であった。

万延元年は、伊那でも平田門人のあいだでの連携がすすんだときであった。旗本座光寺家の家臣で家老・豪農の片桐春一郎（伊那郡山吹村　安政四〈一八五七〉年五月十一日に四十歳で入門）と、飯田町に嘉永五（一八五二）年秋にはいって和歌・能楽から国学を教えて組織した門下に八十余人がいた岩崎長世（平田篤胤直門の国学者　甲府の人）との二つのグループが接触をはじめた時期であったと、宮地氏はみている。(注6)北原稲雄（伊那郡座光寺　文政八〈一八二五〉年正月三日生まれ　岩崎長世の紹介で安政六年二月に三十五歳で入門）らがすすめていた平田篤胤著書・気吹舎本の上木助成運動は、最初に『弘仁歴運記考』を万延元年四月に刊行した。つぐ『古史伝』は、第一帙四冊本が文久三年七月に刊行された。その第四之巻は、贄川の小沢重喬が伊那の前島善五郎政美・樋口光信（北原稲雄の弟、のち樋口与平）と三人で出版費用を負担した。(注7)この上木助成の進展は、平田国学の浸透と表裏一体であったと宮地氏は指摘したが、(注8)贄川で小沢が上木助成運動に参加したのは、平田門人への入門が組織的にはじまったのちであった。なお、贄川では上木助成運動には、小林正方が『古史伝』第五帙への出版助成を申し出たが、持ち分をさだめがたいとして実をむすばなかったという。(注9)

木曽路における平田国学への入門（表2）は、もっともはやい事例が文久元（一八六一）年四月の中津川に近い筑摩郡山口村の外垣範助（三十六歳）であり、岩崎長世の紹介によった。

ついで、馬籠宿の島崎吉左衛門が、文久三年正月に間秀矩の紹介で、平田銕胤を訪れ篤胤没後門人として入門した。のちになるが、明治二（一八六九）年五月七日に中津川を発って東京に出たときの間秀矩の日記『東行日記　巳五月　間秀矩』によれば、五月十二日に「島崎重寛藪原迄

表2　木曽谷・本山・日出塩の平田門人一覧

氏　　　名	入門年月日	年齢	住　　所	紹介者
外垣範肋　紀重護	万延 2.4	36	山口村	岩崎長世
島崎吉左衛門　平重寛	文久 3.1.9	33	馬籠駅	間　秀矩
花村行之助　源秀趣	慶応 4.1.23	26	本山駅長	小澤重喬
市岡官之丞　源文堯	慶応 4.2.	38	日出塩村	陶山正名
花村左大夫　源茂公	慶応 4.3.13	28	本山駅	小澤重喬
花村銀十郎　賢友	慶応 4.3.13	42	本山	倉澤義随
小林市郎兵衛　耕貞	慶応 4. 閏 4.	41	本山宿	倉澤義随
上田治馬　源重賢	慶応 4.11.2	27	木曽福島駅	安保謙治
千村喜又　重昇	慶応 4.12.	33	木曽福島山村甚兵衛内	
沢田速水	明治 2.2. 朔		山村甚兵衛家来	飛騨通光
横山右衛門太	明治 2.2. 朔		山村甚兵衛家来	飛騨通光
山村靱負　大江良貴	明治 2.8.6	23	木曽福島　山村甚兵衛の子	竹村多勢
宮地半一郎　藤原正原	明治 2.8.6	30	山村甚兵衛家臣	竹村多勢
大脇文太郎　平重度	明治 2.8.6	39	山村甚兵衛家来	竹村多勢
白洲文吾　平吉輗	明治 2.8.6	29	山村甚兵衛家来	竹村多勢
磯野閏二郎　重宜	明治 2.8.6	18	山村甚兵衛家来	竹村多勢
林主殿輔　藤原久宣	明治 2.	29	本山宿八幡宮神主	市岡官之丞
向井　務	明治 2.	23	山村甚兵衛家来	
松井八左衛門　正恕	明治 2.	38	山村甚兵衛家来	
小林廉作　安棟	明治 2.	22	山村甚兵衛家来	
三尾勘兵衛　源正寔	明治 3.2.	47	三尾村	肥田通光
武居千歌良　原重知	明治 3.2.	26	黒沢村御嶽神社神主	肥田通光
今井忠亀　深	明治 3.9.12	32	山村甚兵衛家来	

表1の市村氏著と木曽福島町役場資料による。年齢は、「平田先生授業門人姓名録」所載のもの。肥田・飛騨は同一人物

追かけ、師家云々之事有、贄川小沢氏ニ泊」とあり、中山道木曽路北端の贄川宿の豪商・年寄であった小沢家に宿泊している。秀矩・正樹と重喬の交流は、江戸への街道筋の交通上の関係からも深かったことをうかがわせる。(注10)

贄川宿での平田篤胤没後門人がグループとして形成される過程をみると(表1)、小沢重喬が、文久二年四月に贄川諏訪神社神官で学問所塾主であった小林伊豆を平田門に紹介したのを手はじめに、贄川で一六人、中山道本山宿で二人を平田門にさそった。長男邦太郎(入門十五歳)、二男時之助(同十三歳)、三男虎三(同十二歳)は十歳

台で平田門にはいり、弟小沢清兵衛（入門三十五歳）も平田門人となった。重喬は、平田門にはいる前、弘化元（一八四四）年ころ京都桂園派香川景恒の門人となり、小林伊豆らと贄川に形成された桂園派歌人群に属していた。

小林伊豆は、文化四（一八〇七）年に学問所を創置した。天保十一（一八四〇）年の調査では、教員は三人で、生徒男三五人・女三人が学んでいた。この学問所を廃止した文久二年に、小林伊豆は平田門人になった。(注11)小林伊豆は、贄川宿内に住み、受領名の「伊豆」をえたのは安政五年ごろで、弘化四（一八四七）年から年々「見継金」一両二歩を贄川から支給され、贄川宿の役職をめぐる紛糾に仲裁をつとめ、麻衣廼神社・諏訪社・白山社の神官をつとめ、「知識人」として宿内の信頼が厚かった。一八七三（明治六）年に贄川の神社の神官を平沢の巣山家が管掌するようになり、小林家は麻衣廼神社などの神官職をやめた。(注12)

重喬の紹介で文久四（一八六四）年一月に、贄川平田門人群のなかで最長老の千野長右衛門（文化五〈一八〇八〉年〈推定〉生まれ、五十六歳で入門）が門人となり、千野といっしょに入門した陶山吉右衛門正名（天保三〈一八三二〉年生まれ、入門時三十一歳）が、慶応三（一八六七）年十月に斎藤恒徳（弘化元〈一八四四〉年〈推定〉生まれ、門人帳に「木曽路一座頭源恒徳」とある。二十二歳で入門）、慶応四年の二月に日出塩の市岡官之丞、三月に贄川在の山口栄蔵を紹介し、三人を入門させた。贄川では、小沢重喬についで陶山正名が平田門人のなかで重要な位置を占めていた。

陶山吉右衛門正名は、北陶山・柏屋の屋号で知られた有力商人であった。「贄川宿絵図」では、

「旅篭屋吉右衛門」の母屋は、「十畳三間、八畳壱間、六畳四間、勝手十三畳、板間十坪」と、畳の間の畳数六二をかぞえた。なお、贄川宿の「京之方入口」から近い上町につぐ中町に住居があった問屋倉沢謙十郎（桂園派歌人、息子倉沢隆之助が十九歳で平田国学に入門）の京がわの隣りが陶山吉右衛門、江戸がわの隣りが千野長右衛門（「贄川宿絵図」八畳壱間、九畳壱間、拾弐畳壱間、六畳弐間、勝手五畳、板間四坪半）、千野の住居から二軒おいた江戸がわに小沢重喬の住まいがあった。(注13)

なお、小沢重喬がおおくの平田門人とおなじく、短歌に時どきの述懐の表現を託したのにたいし、陶山正名は、より短詩型の俳句で表現する世界で贄川の指導的立場に一八九〇（明治二十三）年前後になっている。いまの塩尻市楢川木曽平沢地籍の橋戸大山神社には、一八八九年八月の祭礼に同神社の氏子たちによって俳句額「奉額橋戸大山神　集吟三百余草　判者　鶯語」が奉納された。催主は氏子のなかの俳号冨壽・駒末・一亀の三人であったが、判者が贄川から招かれた留春園鶯語（陶山正名の俳号）であった。(注14)一八九六（明治二十九）年に発行され、神道権大教正であった月之本素水による序のある『信濃明治俳家集』（上　和本）、一八九八（明治三十一）年三月発行の『信濃明治俳家集』（下　和本）には、陶山正名の「留春園鶯語」と俳号「鶯鳴亭梅友」の斎藤恒徳が発句をのせた。陶山が、近代にはいって俳句を詠んでいたことが、これによってもわかる。(注15)

重喬・正名をおもな紹介者とした贄川の平田門人の入門時期は、第一次が万延元（一八六〇）年から文久・元治をへて慶応元（一八六五）年までで、六人が入門した。この第一次は、慶応二年八月十七日〜十九日の「木曽騒動」以前であった。

贄川の平田門人は、第二次として慶応三、四年に一六人が入門した。慶応三年十月十四日に大政奉還が将軍徳川慶喜によって断行され、木曽路においては、同年十月下旬のええじゃないかの発生をみた時期から、慶応四年二月末に岩倉具定東山道鎮撫総督を中心とする戊辰戦争のための軍勢が贄川を通って諏訪に向かった前後の時期にあたった。慶応四年二月二十六日、小沢は中津川の市岡殷政・肥田通光・間秀矩らに返事の手紙を書き、東山道鎮撫使総督下向にさいして歓迎の意向をつたえ、つぎのように清水逸之丞（慶応元年小沢の紹介で入門　三十二歳）を中津川に派遣するのでよろしくとのべた。(注16)

（前略）今般東山道鎮撫御総督様御下向に付き、追々承知仕り候ところ、各様方御供仰せ付けられ、御軍中に御同行遊ばされ候趣、何ともありがたき御儀にて、影ながら昼夜とも御噂仕りまかりあり候、然るところ、私共宿方御同心の者共も、せめては濃州路迄もまかり出、御機嫌伺い上げ奉りたく候ところ、只々未熟の者共ばかりにて、心底に任せず、何とも恐縮し奉り候、今度清水逸之丞儀、宿用兼ね御伺いまかり出候、なにとぞ一応御目通り相願い候はば、御繁勤にて候とも御目通り仰せ付けられ下し置かれ候様、願い上げ奉り候、（後略）

東山道鎮撫使の一行に、贄川宿からは、小沢重喬の長男邦太郎が、日出塩村の市岡官之丞、福島宿の上田治左衛門らとくわわった（戊辰戦争の項で後述）。

なお、木曽路では、表2にみられるように、明治二、三（一八六九、七〇）年に木曽福島の山村甚兵衛家来を主とする武士の一群が平田門人となった。山村家来のもっともはやく平田門人となったのは千村喜又で、慶応四・明治元年十二月、贄川宿の第二次平田国学への入門期に入門した。福島の平田門人となった人びとの、山村甚兵衛家来としての立場をみると、山村氏が木曽支配を解かれて明治三年三月笠松県貫属に編入されたため、笠松県からしめされた、山村家来を一覧できる『明治四年辛未年十一月十日調　山村甚兵衛御家来給禄帳』(注17)によれば、平田国学に最初にはいった千村喜又は、沢田与惣左衛門（速水）とならぶ旧高二二石、御家来給禄高一三石で、山村家来のなかでは上層であった。山村靭負は山村甚兵衛の子であり、横山右衛門太（旧高七石三人扶持）、大脇文太郎（文右衛門　旧高一〇石三人扶持）、松井八左衛門正恕（旧高一七石）も、千村喜又らにつぐ新給禄高一二石であった。千村喜又は、一八七三（明治六）年四月に筑摩県が大区小区制を施行したとき第七大区区長に就いて初期県政にかかわり、一八七七年二月には長野県第一九番中学区第一二五番小学福島学校執事にえらばれるなど、文明開化期の学校教育にもかかわった。松井正恕は、文明開化期に公立小学校教員となり、平沢・奈良井で学校教育に重要な役割をはたすこととなる（後述）。

以下は、わたしの推定をふくむが、白洲文吾とかかわる白洲新五左衛門（旧高一二石三人扶持）、向井務とかかわる向井五左衛門（旧高一〇石三人扶持）、宮地半一郎とかかわる宮地源左衛門（旧高三人扶持）、磯野閏二郎とかかわる磯野六八郎（旧高十五石）は、いずれも明治四年施行の御家来給禄で新給禄高一二石となったが、比較的上層の山村氏家来であった。

木曽路の平田門人は、飯田にはいって北原稲雄（安政六年二月入門）らに影響をあたえた甲府の人岩崎長世、美濃国恵那郡中津川の間秀矩・肥田通光、下伊那の竹村（松尾）多勢（文久二年八月二十五日北原稲雄の紹介で入門）、上伊那の倉沢義随（文久二年正月六日佐久郡塩名田宿の丸山近良の紹介で入門）など有力な平田門国学者の紹介で入門したことがわかる。それとやや性格のちがうのが、贄川の小沢重喬・陶山正名の紹介による筑摩郡本山宿・在と日出塩村の花村行之助・同銀十郎と市岡官之丞、市岡官之丞の紹介で入門したと推定できる林久宣、苗木藩領恵那郡福岡村の大豪農安保謙治（文久三年四月入門）とその子どもたち倍七郎・弘太郎・賢八郎（元治元年九月十一日入門）などの紹介で入門したとおもわれる木曽福島駅の上田治馬がいた。

（二）贄川宿・在の平田門人の特色と役割

贄川の平田門人群について、わたしはこの書第二章で、その特色および研究課題について、およそ、つぎのような事実・見通しを指摘した。

（1）門人二三人（うち一人千野市郎は入門後に贄川の平田門人千野長右衛門の養子となる）は、贄川に平田門人がグループとして存在したこと。馬籠宿でただ一人の平田門人島崎正樹と大きく異なること。

（2）伊藤金助（贄川宿上町　「贄川宿絵図」八畳壱間、勝手六畳半、板間弐坪）のような、宿内の経済的下層民も平田門人となっていること。

（3）地域の政治・経済面からみると、宿総代・旅篭屋など上層民と宿の触れ「歩き」など下層民からなる平田門人が、ともに世直し一揆の「木曽騒動」に参画したこと。

（4）小沢邦太郎（小沢文太郎重喬の長男）のように戊辰戦争に従軍したものがいたこと。

（5）小商品生産や流通をふくめたブルジョア的経済の発展に、主として商業資本の立場で積極的関心をもつものがおおかったこと。

（6）地域をあげて山林事件に取組んでおり、平田門人のなかに指導者がいたこと。

（7）一八八〇（明治十三）年に信州奨匡社員となり国会開設請願書に署名するなど、自由民権運動に参加した小沢文太郎・陶山吉右衛門らがいたこと。

（8）文明開化期・自由民権期に村政や教育・文芸（短歌・俳句）の分野などで活動するものがいたこと。

（9）香川景恒門人から平田門人になった諏訪神社神主・学問所経営の小林伊豆、その子小林左仲のように、宗教行政や神官をつとめた島崎正樹に類似した人物がいたこと（ただし、その後の動向をあきらかにできていない）。

ところで、幕末維新期の平田国学に入門した民衆は、平田国学のどこに魅力を感じたのであろうか。平田篤胤は人間の死後における「霊《たま》の行方《ゆくえ》の安定《しずまり》」を第一の関心事とし、『霊の真柱』を書きあげた。平田国学は、人びとの宗教的安心に応える教説であり、本居宣長の弟子服部中庸《はっとりなかつね》（一七五六〜一八二四）の『三大考』であらわした「天（高天原）―地（葦原中国）―泉（黄泉国）」からなる宇宙論に、天皇の統治する人びとの生活する世界＝「顕世《うつしよ》」と、目に見えない神や霊魂の属する世界＝「幽世《かくりよ》」（大国主が主宰）の二元的世界像を交錯させ、本居宣長の国学では「黄泉（夜見国」と呼ばれた救いようのない暗い死後世界から人びとの霊魂を救い出し、霊は目に見えない現世にいて「君親、妻子」の行く末を見守っているのだと説いた。この篤胤が説いた「幽冥」の観念は、「祖霊や産土《うぶすな》の神をめぐる伝統的な共同体における宗教的観念に接近するもの」であった。(注18)

川村湊氏は、『言霊と他界』で「篤胤の言う幽冥の世界は、普通に死後の世界として知られる黄泉の世界や浄土、天国といったことではなく、それは、あくまでも顕界＝この世の内部に属するものであり、しかも、この世と分け隔てられる領域のことにほかならない」、「昼の世界と夜の世界。目に見える国と目に見えない国。それは生と死との境目を、できるだけなだらかなものにしたいという篤胤の願望の表現によるもの」と指摘した。「それは、穢《けが》れ、汚れに満ち溢れた古代の地下他界観、罪や穢れに彩られた中世的、仏教的な他界観からの脱却であり、死後の魂を死穢《しえ》の観念から救おうという篤胤の心底の動機に基づくもの」であったと論述している。(注19)これは、平田門人の神葬祭運動となっただけでなく、現世での生活への関心をたかめ、現実には実現していない天皇による統治（これは確立した近代天皇制国家体制における「天皇」とは異質な、未来に向けた理念をふくむ観念であった）への期待を平田門人のあいだに強めた。

宮地正人氏は、篤胤の「顕世幽世」の理論が、「日本人の霊魂観の理解において、仏教思想から復古神道を自立せしめる転轍手としての巨大な機能を果たし」、「国内の民俗的風習と民俗的慣行は仏教的解釈なしに直接神道的なものと結びつけられながら理解されることが」可能となったとみている。そして、幕藩体制下の民衆生活の解放を、篤胤的な宇宙観にもとづき実現させようとする平田門人の運動を、「一九世紀変革期日本の最大の知的集団」によるものと評価し、本居宣長の『古事記伝』にもとづき、篤胤が「太陽と地球と月の形成を地動説的に解釈した上で、キリスト教的世界創造神話と旧約聖書的歴史展開を意識しつつ、天御中主神を創造主とするきわめて首尾一貫した神道神学をつくりあげ」、それによって、「世界史への包摂過程での儒教的な東アジア知的共同体からの日本の離脱であり、単一の世界史を創り出そうとする西洋への日本単独の明白な自己主張の形をとることとなった」と大きく位置づけた。(注20)

贄川平田門人がこの平田国学をどの範囲どの深さで理解していたかはあきらかにできていないが、平田国学への入門により、維新変革期にかれらが地域の現実社会の新たな構築に積極的に向きあう理念として平田国学を理解・活用したことはあきらかであるようにおもう。贄川平田門人の動向が、維新変革のなか、とくに慶応二年〜明治二年にかけて地域に生起した世直し一揆・ええじゃないか・戊辰戦争が展開した地域社会と深くかかわって生活していたことは、この書第二章・

第三章で検討した。それらを、以下では、先行研究との研究成果を、さらに視野に入れて、文明開化期・自由民権期とその後の民衆的近代化のこころみともかかわらせて小括をおこないたい。

高木俊輔氏は、伊那の平田篤胤没後門人三八七人のうち二三九人を占めた農民の門人集団形成は、村別（地縁—上條注）と同族別（血縁—同）の双方からおこなわれ、なかでも「同族による平田学の浸透が顕著であった」こと、天竜川西の伊那街道（三河街道）ぞいで、「幕末までのあいだに中馬などの商品流通や養蚕業の発展とともに進出してきていた農民」のなかでも、「被官層が自立をめざすような村落秩序の動揺のなかで、同族的結合の強い村運営の中心的地位にいた上層農民たちが、同族団結合の強化をあらためてはからねばならない」危機意識によって平田没後門人になったこと、すなわち、「同族団的結合の強い村運営の中心的地位にいた上層農民たちが、くずれかかった同族団の再建のため、ムスビの神を崇拝する平田国学を受け入れ、生産の向上と祖先崇拝による一族の繁栄と安定を願って入門した」と、伊那における平田門人の入門動機を、地域内の血縁的地縁的条件から解釈し、評価した。(注21)

いっぽう宮地正人氏は、中津川の調査から、下伊那が千村領や高須藩支配などが錯綜し「地元の豪農層に依拠しなければ統轄することは不可能」であったこと、安政四（一八五七）年十月〜安政六年末ころの、ペリー来航の対処で「幕府と朝廷の見解が真二つに分裂し」た政治状況と、「横浜交易とそこでの生糸貿易」が開始された経済的条件のもとで、原武右衛門（伊那郡清内路村）、北原稲雄（同郡座光寺村）、馬島靖庵と間半兵衛（ともに中津川宿）、奥村邦秀（伊那郡飯田町）など、東濃・南信の豪農・豪商など地域の中心的人物が平田門人として「勢ぞろいした」ことにまず着目した。幕末維新期の歴史的ダイナミズムから、平田門人の増加をみている。(注22)

平田門人やその周辺での経済活動についてみると、贄川宿では、小沢重喬が豪商であり、酒・醤油・米のほか生糸貿易にかかわった。つぎにみる加納屋深沢茂吉万助の親戚にあたり平田門人となった坂本屋千野長右衛門は、漆器などの東国商売をはばひろくおこない、その商圏は会津を中心に東北北部から関東におよんだ。弘化三年には、長右衛門の弟勘助が高崎本町に支店をおき、高崎から栃木・日光・宇都宮など下野国各地のルート、神奈川・厚木から大山子安のルートを商圏にしていた。高崎から会津にいたるルートがもっとも重要で、会津漆器も仕入れて南部八戸まで販路をひろげている。名古屋方面・遠州浜松・越後新潟からも商品取引をしていたという。(注23)村部にあたる桜沢の百瀬九郎右衛門は、御嶽教信者の旅宿をいとなむかたわら、漆器である櫛や熊胆《くまのい》などを信濃国佐久方面から関東・江戸へ売り歩いた（第二章参照）。贄川の宿・在の人びとにみられる特色は、中山道街道文化とでもいうべき、遠路をいとわず出かけて、経済諸活動をおこなうことにあった。

平田門人以外では、加納屋二代深沢茂吉万助（文化十一〈一八一四〉年生まれ、一八九八〈明治三十一〉年死す）が櫛・漆器を中心に、天保十一（一八四〇）年から元治元（一八六四）年までの取引先の問屋が大坂に延べ四五軒、京都に延べ一五軒、堺に一軒あり、天保十四（一八四三）年には売上高が一〇八四両にのぼったといわれた。このように、近世は上方に販売先があった。天保期をピークに京都の櫛問屋への販売額は減少したが、大坂の櫛問屋との取引はふえ、木工品の仕入れ先を、奈良井宿・藪原宿・福島八沢町のほか、蘭村、その枝郷の広瀬、伊那郡の清内路村の木櫛・漆器にひろげ、飯田町の切元結まであつかった。[注24] 近代への転換期にはいると、第三代深沢治道〈安政四〈一八五七〉年生まれ、一九三八〈昭和十三〉年死す〉が、一八七五〈明治八〉年に甲州上野原・上州高崎で絹物を買いつけて出羽・津軽方面に転売する北国商売をはじめた。七六年には、東京で洋反物の買いつけにも成功し北国商売が順調であったため、七七年には上方商売をやめた。一八八三〈明治十六〉年秋の事例では、東京日本橋区の問屋・卸商を独占して、舶来の織物・反物、時計、和洋紙、メガネ、ランプなどを購入し、販路を秋田県から山形県にまでひろげた。鉄道の整備がすすみ東北商人と東京の卸問屋との直接取引がすすむ社会構造の変化がみられると、治道は一八九五〈明治二十八〉年には行商をやめ、松本を舞台に産業用達株式会社や信濃商業銀行にかかわっていく。[注25]

また贄川宿では、明治前期の輸出貿易で生糸につぐ重要商品の製茶に、陶山兵輔〈弘化四〈一八四七〉年十一月十日生まれ、一八八三〈明治十六〉年五月十七日死す。享年三十七〉がかかわった。陶山兵輔は、名を政明といい、父政盈の仕事を継いだ商人であった。闊達な人柄で、開国により生糸・茶葉が主要な輸出品となったことから、明治初年に伊勢国に行き四日市に支店をもうけ、もっぱら茶の商いにつとめた。この商業に失敗して危機にもおちいり兵輔は艱難をなめたが、あきらめずに横浜に赴き、横浜最大の製茶売込商であった中条瀬兵衛やその管頭の野崎文治郎らと知己になり、イギリス商人との交渉ルートもつくり、貿易に取組もうとした。一八七九（明治十二）年に贅川に帰ると、父政盈とはべつに「茶店」をひらき、四日市支店も八〇年に更新した。イギリス商人の誘いでアメリカに渡って商売を大きくしようとしたが、折悪しく肺を患って急逝した。漢学者武居用拙は、農商務省が茶の貿易を勧奨しているので、兵輔のこころみは一家の商売にとどまらず、まさに「報国ノ美挙」となるはずであったと、兵輔の逝去を惜しんだ。(注26) 武居用拙が陶山の逝去を惜しんであらわした「陶山兵輔墓表」は、観音寺の兵輔墓石の裏がわに彫り込まれている。

中津川・伊那の平田門人の諸活動を多面的に考察した宮地氏は、木曽路をはさむ東濃と下伊那の平田門人たちが、豪農商層の婚姻関係などで形成していた「全体として一つの地域」を活用し、幕末期に、平田国学と復古神道による思想的連携を基盤に、中央政局ともかかわる広いネットワークを活用し、「草莽」層としての政治主体化を、例外的に可能にしたと評価した。(注27)

わたしは、宮地氏の研究とはべつの、贅川に焦点をあてた史的検証から、平田門人たちの諸活動にかかわる高木氏の理解はきわめて静的な捉え方であり、贅川の平田門人の歴史的理解には通底しないと考えてきた。世直し一揆・ええじゃないか・戊辰戦争といった幕末維新期民衆の動きと、並行して展開した全体的な政治的変革進行との接点に、贅川の平田門人・民衆の地域的課題を位置づけたとき、高木氏のいう血縁的地縁的側面を強調した見解では見落とす、木曽路民衆の地域的諸課題にかかわる変革志向のダイナミズムのなかではたした贅川の平田門人たちの積極的役割を確認できた。

二　「木曽騒動」にいたる奈良井宿・平沢民衆、贄川宿・在民衆の生活危機の増大

中山道の木曽路十一宿で、江戸がわから木曽路にはいった最初の贄川宿・在に隣接し、奈良井宿・在に属して街道集落の形成をみたところに平沢があった。近世にあって、木曽福島とならぶ木曽漆器の生産地として知られた平沢地籍にある諏訪神社神主の巣山静江は、『明治六年八月書之　諸書留記　巣山静江春喜書之候』を書きのこした。(注1)この書留記で、巣山は、慶応二年七月五日(一八六七年八月四日)に発生した火災の被害が大きかったこと、この火災の処理のため、奈良井宿の上・中・下三町の総代が平沢で二日宿をとり、火元の確認と火災に関係したと認定した二軒から一〇両ずつを支払わせ、焼失の被害をうけた家いえに割り渡したとのべ、同年八月十七日よりおこった騒動の記述にうつっている。その概略は、つぎのとおりであった。

(1)木曽騒動に、平沢からも、上田・原野・宮越・藪原・荻曽・奈良井・押込・贄川・山中・下戸・中畑・若神子・片平・桜沢の民衆とともに、民衆がのこらず洗馬へ出、日出塩・本

山から洗馬へ出た民衆とも合流した。そのとき、神林近在の民衆がすでに神林の米商野口庄三郎の家を焼き払っていた。

（2）洗馬宿では、米屋の門で、平沢の土屋徳松・吉村屋磯助の二人が、松本役所の御物頭が三〇人ばかり御供をつれてきていた軍勢に、鉄砲で撃ち殺された。二人の死体は、洗馬宿の寺へ「塩づけ」で棺に納められ、たいせつに葬式がおこなわれた。

（3）奈良井・平沢民衆一同が、松本役所御物頭へ掛け合ったため、御物頭は洗馬宿米屋の裏から逃げてしまい、その後の処置が「大むつかしく」なった。

（4）贄川郷中では、松本役所に一八人ほどが呼びだされ、すぐ「籠者（牢者カ）」を申しつけられ、一二か月も牢屋におかれ、牢中で死者が三、四人でた。そのとき、尾州御奉行が二、三度きて、松本城下に宿をとり、松本役所で三、四度取り調べをおこなった。そのおり、平沢のものが九人呼びだされ、三か月ほど宿預けになった。

さらに、巣山静江の書留記には、騒動の原因となった米価の高騰が具体的にしるされている。米相場が一升一貫文（銭相場は一〇貫文が金一両）、米一駄金八両（米一駄は四斗入り二俵、したがって米一斗が一両）であった。一升につき、大豆・小豆は六〇〇文、餅米一貫一五〇文、酒一貫八〇〇文、「シャウジャウ」三貫文、粟七〇〇文、油二貫四〇〇文、塩六〇〇文となった。反物一反は、上一両二分、中一両一分、下一両と、すべて高値となった。物価高騰のため，米を買うことが出来ない人びとが出て、滝沢氏の氏神大峰社で、越中に生まれて平沢にきて三〇年居住していた与三郎が餓死し、飛騨生まれで平沢に来て一〇年住んでいた惣兵衛の倅長太郎も餓死した。また、「木曽騒動」にさいし、平沢で六軒が炊き出しをして騒動の民衆に振る舞ったこと、炊き出しは、奈良井・贄川・日出塩・本山でもおこなわれたことをしるしている。

いっぽう、贄川宿で「木曽騒動」にいたる民衆の生活危機の増大にともなう不満蓄積の諸事実は、加納屋深沢家にのこる『郷中掛合帳』に書き遺された。そのなかから紹介すると、つぎのような書き出しである(注2)（句読点は上條が付した。以下おなじ）。

慶応二丙寅年三月下旬ヨリ米追々高直ニ相成、御支配様ヨリ尾州表江御願達、木曽谷中へ美濃米千石御操込相成候へハ、伊奈米・松本米も格別高直ニも不相成候様被思召被下候。早速御済口被仰出難有、追々下筋ハ御操込ニ相成候得共、贄川宿之儀ハ遠路駄賃等も多分相懸り候ニ付、御出張原右平太様之御取計ひニ而、馬籠宿ニ而売払松本辺ニ而買替候思召之処、原様福しま御帰り無之内、福嶋御役所ヨリ松本御役所へ為替米ニ取組候趣ニ而、右米贄川宿割合、弐百俵御番所御蔵へ神林村野口庄三郎殿ヨリ送リ届ケ可申引合ニて、盆後追々荷着ニ相成居候。

一八月五日夜、原右平太様御出張被成候付、六日朝総代七人罷出、去冬ヨリ宿方御法立候儀ニ付御出張被下、尚又此度御為替米之儀ハ、段々御苦労被成下候段、厚く御礼申上、扨当節俄

ニ米高直ニ相成入米払底候処、本山穀留番所ニ而ハ、神林村庄三郎之手形持参無之候而ハ、米壱駄も通し不申、甚難渋ニ御座候間、右為替米銘々御割渡被下候様御願申上候処、承知被下候。

ここには、慶応二（一八六六）年二月下旬から米が高値になり、不足する米を木曽谷支配の山村氏より尾州藩へ願い上げたところ、美濃米一〇〇〇石が木曽谷中へ繰込まれることとなった。この繰り込みによって、伊奈米も松本米も格別の高値にならないとの「思召し」がくだされ、早速済口《すみくち》（伊那・松本の言い分と木曽谷の言い分を当事者の間で解決）するよう仰せ出されたので民衆は有難くおもっていたところへ、追々美濃米が木曽谷にはいってきた。ただ贄川宿は、遠路で美濃米を運ぶ駄賃などもおおくかかるので、福島から出張した原右平太の取計らいで、馬籠宿で美濃米を売り払い、その代価によって松本辺で米を買い替えるようにした。そして、原が贄川に出張中に、福島役所から松本役所とのあいだで為替米《かわせまい》に取組む趣旨がつたえられた。贄川宿に割当てられた二〇〇俵は、為替米の請負いに成功した政商筑摩郡神林村野口庄三郎から送り届けられることとなり、七月中旬の盆のあと追々為替米の荷が贄川に届きはじめた。

八月五日夜に原右平太が贄川へ出張したので、六日朝、贄川宿総代七人が原のもとに出ると、前年冬から米の高値対策の宿法を立てる儀について指示があった。総代たちは、原に為替米について施策のあったことに厚く礼を申しあげ、同時に、この八月に、にわかに米が高値になっただけでなく、宿に米がなくなったのに、本山穀留番所では神林の野口庄三郎の手形を持参しないと米を一駄も通さないといい、贄川宿のものたちは甚だしく生活に難渋した。そこで、為替米を銘々に割渡すように原に願いあげ、承知させた状況がしるされた。

ついで、八月六日の動向が、つぎのようにしるされた。

一同日（八日―上條注）昼後、総代寄合致居候処御呼出ニ付、万助・茂兵衛・嘉助三人罷出候処、御為替米値段之儀、未ダ慥ニハ不相分候得共、取不足ニ相成候へハ宿方ニ而損毛いたし候積りニて、白米壱升五百文・玄米壱俵金二両三分ト五匁ニ相定、我等出張、前割渡米代金ハ明日中上納可致、是ヨリ割渡し代金ハ現金ニ買取可申候様被仰付候。

八月六日昼後、贄川宿の総代七人が寄合をしていた所へ、原から呼出しがあったので、加納屋万助（上町総代）・茂兵衛（中町総代）・贄川嘉助（下町総代）の三人がまかりでた。

原からは、為替米の値段はまだたしかではないが、為替米二〇〇俵で取不足になったときには宿方で使いべらしにするつもりの条件で、白米一升五〇〇文、玄米一俵金二両三分五匁に定め、前割渡し米代金を明日中に上納すること、これからの割渡し米の代銭は現金で買い取るようにと仰せ付けられた。これに、町総代たちは為替米代金の現金払いをやめ、「救米同様」にするように要求し、観音寺で惣寄合をひらいた。

この八月六日には、町総代が寄合って庄屋を入札でえらんでおり、贄川宿役元は、米価高値のなか払底した米の買い入れなど、村政にかかわる仕事をつづけた。米の払底、福島役所の為替米代金の前払いに、とりわけ小前層の不満はつよく、「小前一同人気立ち候折柄、総代にても演舌行き届き兼候」不穏な動きが宿内にひろがった。八日には、贄川宿内の米穀流通に混乱がおき、町総代にまで、松本藩の穀留、松本米の買い占めをうわさされた野口庄三郎への怒りが高まった。八月十日には、福島上之団の田中屋半平が松本米を、上神林村の政商野口庄三郎・質屋野口文太郎と結託して買い占めて運んでいるとして、贄川宿で田中屋の米四駄を町総代が差し押さえる事件もおきた。(注3) この動きは、世直し一揆につながる予兆ともなった。

三 贄川宿・在民衆の「木曽騒動」参画と「世ならし様」「弥勒菩薩」の登場

(一) 奈良井宿・平沢民衆、贄川宿・在民衆と世直し一揆

慶応二年八月十七日、贄川宿・在民衆が世直し一揆に参加するにいたった直接的動機は、つぎのように「米穀大高直」への処理の悪さにあったと『郷中掛合帳』に記述された。(注1)

一当八月十七日、洗馬・本山・日出塩村始、追々米穀大高直ニ相成、人気駈立、上神林村野口庄三郎始、其外村ニ火ヲ掛候家数四五軒、其外打潰候家不少風聞有之驚入候処江、同十八日、右洗馬・本山より追々通行之旅人江、木曽衆中ニハ今般之義出足無之ニおゐてハ、以後御用米始売米等一駄たりとも通し不申旨度々伝言も有之、其内ニ書状到来、弥々驚入左様ニ相成候てハ難捨置、一同相談致米持之方江無心申入、出米取計方可致旨、殊更他領江罷出候義ニ有之候へハ、決而乱妨之致方無之様申談事、両三人、五六人ヅツ追々参リ候処、桜沢御境橋ニ而待受、町方一同・下在郷一同、押込・山中ハ暫ク延引ニ相成、此時刻八ツ時ニ有之、一同決而不埒成義無之様、精々申談事居候処江、本山宿高嶋弐三郎参り申出候ニハ、今度之義ハ塩尻宿頭取之由咄有之、洗馬宿・本山宿・日出塩、昨日出向上神林辺始、其外中筋大方談じ候間、木曽方ハ御越ニ相成候ハバ東之方へ出向候方可然差図有之、右ニ付一統出向申候処江、本山宿入口・釜之沢口、同宿花村行之助殿被参、御一同御苦労ニ存候与挨拶有之、夫より一同与連達而本山宿迄参り候次第ニ御座候。

ここでは、野口庄三郎宅の焼き打ちをはじめ、打ちこわしのあとに、洗馬・本山から「出足無之ニおゐテハ、以後御用米始、売米等一駄たりとも通し不申」といった圧力があり、これが贄川民衆の「木曽騒動」参加の要因であったことが強調された。

木曽世直し一揆の第一派は、洗馬宿・本山宿・日出塩村などの民衆が、八月十七日の夕刻に蜂起してはじまった。九ツ時（午前〇時）には、上神林村の野口庄三郎宅に、周辺の村むらから合流した民衆が三〇〇〇人～四〇〇〇人にふくれあがり、庄三郎の居宅を焼きはらい、日の出時分にひきあげた。頭取は襲撃対象者を手帳に書き留めており、周辺への類焼を防ぎながら整然とおこなったという。この第一波は、上大池村（現東筑摩郡山形村）の中村平作（代々大高持　名主　のちの松本平普通選挙運動の提唱者中村太八郎の祖父）にも酒食提供をうけ、米証文を提出させた。なお、この第一派に贄川在郷の桜沢から参加したものがいた。(注2)

木曽世直し一揆第二派で繰り出した贄川宿・在民衆は、乱暴をしないで「米持之方江無心申入、出米取計方可致」と話し合って、二、三人、五、六人ずつ村境の桜沢に集合、本山宿へおもむいたと、『郷中掛合帳』はしるしている。本山宿では塩尻宿頭取の高嶋弐三郎が出迎え「東の方へ出向くよう」指図があり、本山宿では花村行之助（慶応四年小沢重喬の紹介で平田門人となる）が、挨拶をおこなったとある。高嶋の指示のあった「東の方」とは塩尻地域であり、のちの動きから長畝の吉江平八郎宅もその対象のひとつとなった。高嶋弐三郎はこの一揆の中心人物で、のちに江戸一〇里四方追放の処分をうけた。

贄川の宿・在民衆は、実際には白旗をたて、鉢巻をし、棒・斧・鳶口、さらには鉄砲・抜き身など、さまざまな道具をたずさえて押し出していた。周到に用意して、木曽世直し一揆に積極的組織的に参加をしたことはあきらかであった。(注3)

また、平沢からの「木曽騒動」参加者は、後述するように、第二波の大門村・大小屋村から堀之内村へ押し出したなかにいて、洗馬宿で松本藩兵に射殺された土屋徳松・吉村屋磯助（後述）のほか、手鎖以上の処罰をうけた者が九人いた。五人が「不届《ふとどき》」で五〇日間、四人が「不埒《ふらち》」で三〇日間の手鎖であった。

「木曽騒動」への参加者への全体的な処罰は、慶応三年十月三日に松本藩預所内の白洲でおこなわれ、頭取と判定された洗馬宿の丸山左源太の獄門をはじめ五二人の処罰者が出、贄川宿一五人（江戸一〇里四方追放二人、江戸払二人、手鎖一一人〈うち二人は入牢につき宥免〉）・平沢九人（すべて手鎖）への申し渡しもあった。さらに、騒動に参加した四九か村の村役人には一人三貫文ずつ、木曽八か宿・在の住民三五六六人へは一人一〇〇文ずつの過料金が命じられた。木曽路では、奈良井（平沢をふくむ）が九九九人でもっともおおく、贄川は四五九人と奈良井・藪原宿（六七五人）につぐ第三位であった。[注4]

（二）「世ならし様」「弥勒菩薩」登場の背景

『慶応二丙寅年百姓騒動朝暮操　八月十八日　米山氏』[注5]には、奈良井宿・在民衆の木曽世直し一揆への参加にあたり、民間信仰「世直し様」（世ならし様）との関係が、つぎのように歌われたとある。

奈良井の宿では、御米がないとて、ちんぢう宮江願ヲ掛、神の神力有難こんだよ、ヤレヤレ皆様こんどの願ハ神でハいかない、菩薩の御願て命を助かれ、是から致して松本平の、大家の内より御米を買請、女房や子供の命を助ケろ、神の御差図有難もんだよ、藪原・奈良井は心を合セて、数多の人々、をまひも御出よ私もまひると、やれ行夫行追々下レバ、贄河宿でわ多人数集り、神の幟りゑ尾州ト書たり、㊇付たり、鐘や太鼓御下り被成バ、（中略）あまたの人々、世ならし様かへ、難有こんだよ、

奈良井宿では、米の払底の対策に、鎮守宮＝鎮神社へ願掛けをして「神力」の有難さに頼ろうとした。すると、このたびの米の払底を克服できるのは「菩薩」であり「世ならし様」であるとし、「菩薩」こそ「命を助かれ、これから致して松本平の、大家の内より御米を買請、女房や子供の命を助ケろ」とお告げがあった、とうたわれた。

ええじゃないかと弥勒信仰にかかわりのあったことを和歌森太郎氏は指摘したが、（注6）宮田登氏は、「民間信仰の世界の弥勒は、田の神のことだといったり、籾三粒のことをさすともいっていて、あまり仏教的色彩はない。興味深いのは、八十八の年齢になると弥勒の位につくという伝承である」（注7）と指摘し、「ミロクの年、ミロクの世にまつわる伝承は、弥勒が米の菩薩であるという意味を含むようになっているからである」とのべている。（注8）鹿児島などでは、旧暦八月八日に八十八歳の米寿の祝いをおこなったこともあったとも指摘している。（注9）

また、幕末の民衆宗教のひとつ、近世富士講は、富士山にかかわる山岳信仰であり、弥勒とかかわりがあった。享保期に「身禄＝弥勒の御世」の到来を告知し、「身禄の御世」にふさわしいあらたな生活規律を樹立するように訴えた伊藤伊兵衛＝食行身禄（一六七一―一七三三）による富士講＝不二教の教義は、安丸良夫氏によれば、身禄によって「呪術的なものの否定のうえに立った富士山＝仙元《せんげん》（仙見）大菩薩と人間と米の関係」を「一体」のものと説いた。「富士山は一切万物を育てる火（太陽）と水のみなもとであり、したがって火水に養育される米も富士山の化身であってそのゆえに菩薩である」、「そのことを自覚して主体的に努力してゆけば、人間はほんとうに仙元大菩薩と『一仏一体』となり、みずから『身禄』（弥勒）となるだろう」と説いたという。(注10)

幕末維新期、不二教は本部を京都におき、徳大寺莞爾を中心に発展した。伊那不二教の中心人物は松下千代（明治五〈一八七三〉年二月七日没、享年七十四）であった。徳大寺莞爾は、呪術的なものを否定し、生活規範を重視した布教につとめ、信濃国では、伊那のほか筑摩郡内にひろまった。直接徳大寺から「御伝名」（三名ともいう）を授与されたものがあらわれ、筑摩郡内に一二人いたという。その御伝名を授与された信徒に、和田殿村（いまの松本市和田殿）の伝左衛門・妻らく、勝蔵・妻べんがおり、和田の不二教信徒は五三人（和田〈町〉一一人・和田殿三七人・和田中村六人）をかぞえた。いまの塩尻市域にも、大門一二人・堅石七人の信者がいたことがわかっている。(注11)

和田殿村は、宝暦八（一七五八）年四月に江戸道中奉行から中山道助郷が二三か村に課せられたうち、贄川宿・奈良井宿・藪原宿・宮之越宿への助郷をになった和田八か村（幕府領）に属した。

幕末維新期には助郷の機会がふえ、増助郷による負担も激増した。慶応二年の「木曽騒動」ののちであったが、戊辰戦争の助郷に奈良井宿・贄川宿に和田殿村から助郷に赴いたときの記録『明治紀元辰年十二月　奥州征討御帰出ニ付人馬扣　殿村役場』がのこっている。この横帳の記録によれば、「官軍御東向ニ付奈良井宿給人足　三月十七日ヨリ　九左衛門　伝左衛門　孫右衛門　定兵衛　勘左衛門　吉之助　源左衛門　佐野右衛門　茂左衛門　〆九人　右者三月七日行十四日返る」にはじまり、不二教信徒の伝左衛門が助郷に奈良井宿へ出た。また贄川宿にも、「奥州征討御帰兵ニ付贄川宿勤十月十七日着人足四拾三人」とあり、なかに「伝左衛門　源左衛門　弐人　右者十一月三日行六日返る」とある。不二教信徒で「御伝名」を授与された伝左衛門は、奈良井宿・贄川宿の助郷にしばしば出向いたのであった。菩薩（弥勒）と米をむすびつける民間信仰の信徒が、奈良井・贄川両宿の周辺に、たしかに存在したのであった。(注12)

鎮神社の祭りが八月二十一、二十二両日であったこともあり、(注13)慶応二年八月に引き起された「木曽騒動」をまもる「神」に「米の菩薩」が登檀（登壇）したのは、奈良井の地でその存在そのものは確認されていないものの、民間伝承の弥勒信仰とのかかわりで理解できるように、わたしにはおもわれる。

ところで、湯浅泰雄氏は、「近世・近代思想史の歴史心理学のために―啓蒙主義・民衆宗教・ナショナリズム―」を検討し、幕末維新期に「日本思想史上初めての現象」として「知識人の精神的指導によらない宗教運動ないし思想活動が生まれた」、しかし、その民衆宗教は、知識人社会における啓蒙的合理主義の流れとは、「お互いに全く相容れない異質性を示している」と評した。さらに、「民衆宗教の発想の基盤が、政治の世界とふれ合うことの少ない日常生活の習俗」であり、「反体制思想にまで理論化されることはない」と指摘した。また、湯浅氏のとりあげたナショナリズム＝平田国学について、「国学が提起したナショナリズムと天皇絶対主義が近代日本国家を支える精神的支柱となったことは、あらためてのべる必要もあるまい」と断言している。(注14)

こうした理解は、幕末維新期から文明開化期・自由民権期の民衆史における平田国学を、「単一の世界史を創り出そうとする西洋への日本独自の明白な自己主張」であり、「国民的意識の萌芽」とみる宮地正人氏の理解とへだたりがある。(注15) このへだたりは、贄川宿・在民衆の、幕末維新期・文明開化期・自由民権期における民衆的近代創出に取組む歴史的ダイナミズムのなかでは、民衆宗教、平田国学、さらに啓蒙主義は、その担い手の生活変革への取組が必要な時代背景のなかでより合わされ、民衆を変革行動に赴かせるバネとなった。そうした実態は、三つのそれぞれを完結した思想構造として把握し、それぞれが個別に歴史展開を律したようにみたときには把握できないのではないか、とわたしにはおもわれる。(注16)

木曽世直し一揆における奈良井・平沢、贄川宿・在の民衆は、弥勒信仰に依拠した「神の幟」へ、木曽路の歴史的特色がもたらしていた「尾州」意識をも動員し、米を中心とする食糧危機を克服するために藪原などの民衆とも「心を合せ」て、鐘・太鼓を鳴らして木曽路から松本平へ下るよう鼓舞しあっており、平田門人はその知識を働かせて一揆に指導的役割をもはたしたのであった。

そこには、横からの圧力によるよりも、民衆それぞれが宗教的・思想的心情をはたらかせて、相互の矛盾を克服すべく、主体的に連携して協働する動きがうかがえるのである。

老人などをのこし、おおくの民衆が松本平に押し出したあとの贄川宿には、さらに平沢・奈良井・藪原・菅・荻曽・宮越の民衆が詰めかけ、炊き出しを要望した。奥屋陶山伝兵衛・加納屋深沢万助・新坂元(本カ)屋の三軒が「焚出し」をおこない、贄川番所の表道は番所の機能がはたせず、「抜ケ抜ケ」になったこともわかる。居のこりの老人たちが慶応二年八月十八日の昼から夜まで詰所としていた宿の川口には、八月十八日の夜から翌日未明まで山村家の役人衆がきて、火の用心と「乱妨人」などの入り込みをふせぐ厳しい見回りをおこなった。このことは、『郷中掛合帳』に、火の番であった宿の吉兵衛によって、つぎのようにしるされている。

一同十八日八ツ頃より、居残候老人宿川口へ詰居候処へ、役人衆其夜参り、第一火の用心初、乱妨人等も入込候も難計、未明迄両表迄厳敷相廻り申候内ニ、平沢初追々奈良井・藪原・菅・荻曽・宮越迄も出向　御番所ハ表道抜ケ抜ケニ参り、右ニ付焚出しいたし呉向申ニ付、断申候得共、中々聞入不申、中ニハ乱妨申者も有之、無拠焚出しニ取掛り、尤も用意ニ取掛候得共、組合之内焚出し可致者無之旨断申候得共、何分聞入無之、無余義焚出しいたし候宿、奥屋・加納屋・新坂元屋、右三軒へ焚出し相頼申候。

十八日昼より夜迄　　宿　川　口

いっぽう、押し出した贄川などの民衆が直接の主体となった第二派が、塩尻周辺に繰り出され、米の安値供給の要求を、打ちこわしなどの圧力をともなって展開した。木曽勢が中心となった第二派では、贄川宿・在民衆と奈良井宿と同宿在郷平沢の民衆とが主体になって押し出し、その鎮圧に向かった松本藩の鉄砲隊などが、木曽路宿・在民衆に「天下・公儀・尾州の百姓たり共、利害を不用、不法の働き致す奴原、片端より撫切に致さんと大声上げて呼ばれば」、木曽勢のなかには「悪口又は手元へ附入族」があり、鉄砲隊の一人が鉄砲をかまえたところもかまわずすすむものがいた。鉄砲隊は、その「進み来る奴原二人打倒す」こととなった。(注17) この撃ち倒された二人が、巣山静江神主の諸書留記に書かれた平沢の土屋徳松・吉村屋磯助であった。犠牲者が出たにもかかわらず、贄川勢や平沢勢を中心とした木曽勢は、大門村・大小屋村・堀之内村（いずれものちの塩尻市）に向かい、堀之内村の名主堀内金左衛門から「近在衆中、木曽四ケ宿御一統中様」宛の三〇〇俵の米証文をうけとった。そののち、長畝村の吉江平八郎宅に赴き、吉江と交渉にはいった（この書第二章参照）。

四 「木曽騒動」の担い手と平田門人たち

（一） 贄川宿・在民衆の世直し一揆要求と長畝村豪農吉江平八郎との交渉

慶応二年八月の木曽路贄川宿・在などの民衆が押し掛けた筑摩郡長畝村の吉江家には、吉江平八郎が書きのこした「信州木曽贄川宿幷中山道本山宿其外村々もの共徒党乱妨一件吟味伺書」(注1)がある。吉江平八郎は、長畝の豪農で酒造業を営み、伊那県のもとでは同県商社にたずさわることとなる。

慶応二年八月十八日、三〇〇人ほどの第二派一揆勢は、先頭に白い旗を押し立て、いずれも鉢巻か布で頭を覆い、顔をつつむものもいて、棒・斧・鳶口などをたずさえ、吉江家へ押し込んだ。そこで、吉江平八郎は、村名を名乗り、「何故之動乱ニ哉。望筋《のぞみのすじ》有之候ハバ穏《おだやか》ニ可申述」と声をかけたところ、贄川宿の先立ちのものが、「木曽宿ニ穀物無之難渋致、融通方ニ罷出候間、米穀差出可申」と応じたので、「承知いたし候」と答えた、とのべている。さらに、平八郎が、「贄川宿惣代と号し候頭取躰之者」に向かい、「以前有合候籾子共、村内幷近村々江施米又ハ直安ニ売払、家内食用手当之外、残米無之候間、多分差遣候義ハ難相成」と語ると、頭取らしい人物が、

「貯《たくわえ》無之候ハバ買求候而も三百駄可差出、代金ハ一駄三両之割合ニ而可相払」と強談判におよんだ。そこで、もし拒否すれば「何様之乱妨可相働義、難計勢《はかりがたきいきおい》」であったので、吉江が証文をしたためて渡したところ、「右之内、拾駄ハ翌十九日急度贄川宿江送届、若違約致候ハバ、再《ふたたび》多人数押来、家・蔵焼立、家内塵《みじん》ニ可致」と迫られたので、一〇駄は十八日夜から十九日までに送り届けた。吉江が米三〇〇駄を一駄について代金三両ずつの契約にもとづき、一〇駄を十九日に送り届けると、贄川宿から代金が約束どおり支払われたことは、贄川宿の『郷中掛合帳』の、つぎの記述と合致する。ただし、吉江の契約は、贄川宿とだけでなく、「木曽四ケ宿」であった。

覚

一　米三百駄

但壱駄ニ付代金参両ヅツ

長畝村　吉江平四郎（八）　印

名主　半兵衛

慶応二寅八月

近在衆中

木曽四ケ宿

『郷中掛合帳』には、木曽世直し一揆の結果、塩尻周辺からの米の安値供給については、「一札」「覚」などの契約内容が克明に記録されており、慶応二年八月十九、二十両日の分は、つぎのような文面であった（句読点は上條）。

一十九日長畝より米拾太（駄カ）入米有之候ニ付請取旁、其夜被召捕ニ相成候人数追々荒増相訳り申候ニ付、差額取集、竹屋半兵衛・茂八・平兵衛右三人江哀願為致様子聞合旁々差遣し申候処、洗馬宿江御出張千村喜又様・原左平太様外御下役・宿方役人衆・総代迄も不残引取ニ相成申候。

一同二十日所々ヨリ木曽入米之数拾駄洗馬宿江附込候処、松本御出役有之、右同宿役人被申候ニハ、今般御出役ヨリ御差図ニ付、木曽入米壱駄たりとも出し不申旨被申引卸申候。左ニ相成候てハ、木曽筋御用御通行之差支ニ相成申候与掛合及候処、譬御用御通行之差支ニ相成候ても通し不申与、松本御出役ヨリ急度被申付候。

八月十九日に長畝から米一〇駄を受取ったことは、騒動による参加者の「召捕」があったことから、処罰の対応となった。いっぽう、契約による「木曽入米之数拾駄」が八月二十日に洗馬宿に着け届けられたが、そこで留められて、ただちに木曽路の米の欠乏を解消できなかったことがわかる。洗馬宿へ、山村氏から千村喜又・原左平太はじめ役人衆、宿方役人、贄川宿総代が出向いて事後処理にあたっている。なお、つぎの「覚」によるものの一部であった（注2）。

一二十日早朝より一統宮江相寄、被召捕候人数相改申候処、凡弐拾七人程有之、鉄砲・抜身等ニ而被手向候ニ付、生死之程も難計心痛いたし候ニ付、米山方ニ　御出張様御止宿ニ付、是迄始末柄申上候弐拾七人相訳《(分カ)》り不申候者、妻子深ク相歎候ニ付、此段　御出張様江歎願奉申上候。一刻早行被召捕人数御引戻し候程奉願上候。夫《それ》より御宮江一統引取、松本方へ入牢いたし人別改旁々見舞与して宿方総代与《くみ》して柏屋吉右衛門・山屋仲七・山城屋佐助、押込若松屋清助、山中吉左衛門、若神子九左衛門・八平・仙之丞、下遠与助、右人数帰宅無之人別詮議旁々見舞ニ可罷出旨、取極め申候。

吉江平八郎と渡りあった頭取風のものが平田門人でもあった陶山吉右衛門であったと、百瀬宗治氏は聞き取ったという。(注3)しかし、その史的根拠はしめされなかった。『郷中掛合帳』には、帰宅しなかった人物の最初に「柏屋吉右衛門」、すなわち陶山吉右衛門があげられている。このことは、陶山が直接一揆に頭取として参画した傍証（確証は得ていない）にはなると、わたしは考えている。

贄川の人びとは、八月二十日早朝に神社（麻衣廼神社《あさぎぬのじんじゃ》）へ寄り合い、騒動のさいに鉄砲・抜き身などで参加し、召し捕られたか生死が不明となったものを調べたところ、二七人があきらかになった。皆心を痛め、福島から出張して米山方にいた役人（御出張様）へその事実（始末柄）を申し上げた。

不明者二七人の妻子が「深ク相歎」いたので、これも福島から出張してきた役人に歎願し、一刻も早く召し取った人びとを引き戻してくれるよう願い上げた。歎願ののち、人びとは村の神社へ引き取り、松本で入牢している人別改めをしながら見舞いを考えた。宿総代たちは、贄川宿の柏屋吉右衛門・山屋仲七・山城屋佐助、押込の若松屋清助、山中(のちの桑崎)の吉左衛門、若神子の九左衛門・八平・仙之丞、下遠の与助が帰宅していないことを確認(詮議)し、見舞いをきめた。なお、帰宅していないうち、柏屋吉右衛門と山屋仲七(松本で牢にいれられていた)は宿総代であった。吉右衛門については、「当月二十一日出立ニ付、松本表へ罷越候惣代之内、吉右衛門昨二十八日夕方帰村仕候」とあり、惣代として松本表へ行ったとされている。おなじ贄川宿の平田門人で、「木曽騒動」で処罰される千野長右衛門についても、「右同行之内、長右衛門二十九日夕方帰村仕候」と、『郷中掛合帳』には記録された。千野長右衛門は、さきの帰宅していなかった人にはいっていなかった。その具体的理由はわからないが、のち手鎖に処された。

贄川における木曽世直し一揆の後始末をみると、八月二十日夜、山村氏家来の白洲新五左衛門へ『始末書』を提出し、福島役所からの謹慎・取り調べの指示にしたがった。その結果、九月一日に役元へ差し出された『始末書』に記載された、贄川村の騒動に関係した「年輩之者」は、佐助・伝兵衛・万助・久蔵・吉右衛門・長右衛門・茂兵衛・勘助・重右衛門・市右衛門・直之助・嘉助・仲七・只四郎・勝四郎の一五人であった。(注4) ここには、千野長右衛門(宿総代の一人)もはいった。

木曽世直し一揆にたいする福島役所の対応には、一揆関係者処罰のかたわら、宿・在からの嘆願により、同年九月一日に「御救拝借」金の下げ渡しがあった。生活窮状をそのままにしておけなかったのであった。贄川宿へ一三五三両、上松宿へ八八〇両、馬籠宿へ七六七両、あわせて三〇〇〇両が、寅卯両年（慶應二丙寅年と慶応三丁卯年）に下げ渡しとなり、各宿では、辰年（慶應四・明治元戊辰年）より無利息・一〇年賦で返上することとなった。ほかに、二一両が贄川の宿・在に夫《ふ》食《じき》手当として下げ渡された。

いっぽう、贄川宿での九月一日の寄合は、二七人の「入牢之衆」がはやく出牢できるよう役元へ嘆願することをきめ、総代五、六人で支配役所へ出願したところ、多勢で福島表に出るのは時節柄まずいとの答えがあった。九月二日には、宿・在総寄合がおこなわれ、「今般動揺之義ハ宿・在一所之義ニ而、入牢之衆二十七人之罪ト申場ニハ無之」とする方針を確認し、一同で出願すること、総代にも同道してほしい旨を申し込んだ。総代たちはただちに寄合をしたが、その最中に「山方一同」が嘆願に「抜ケ抜ケ（欠ケカ）出足致候様子」がつたえられ、それを総代一同が追い掛けて阻止する場面もあった。総代層より山方の小前層が、入牢者解放に積極的に動こうとしたことがわかる。

九月五日には、贄川関所の役人山形十兵衛と長右衛門・吉右衛門が話し合い、この日は福島役所の千村喜又（山村氏家来、のち平田門人）らとの話し合いがおこなわれた。

入牢者のうち、十月九、十日に四人が「御叱り込み」「手鎖ニ而宿方役人江御預り」となるなど、処罰が具体化されていった。ただし、巣山静江の『諸書留記』にあるような、贄川郷中から松本役所へ一八人が呼ばれ、牢中で三、四人死去したとする事実は、『郷中掛合帳』では確認できない。

ところで、郷中から、一揆に関係したと『始末書』で書き出された一五人のうち、佐助・久蔵・重右衛門・市右衛門以外が処罰された内容は、すでにあきらかにしたように（この書第三章参照）、贄川宿頭総代の贄川嘉助・深沢万助が江戸払い、贄川宿総代の勘助・吉右衛門・長右衛門・伝兵衛・勝四郎・只四郎・仲七は手鎖、おなじ宿総代の茂兵衛・直之助は手鎖のところ「日数入牢仰付被置候間、御宥免」となった。ほかに、もっとも仕置きが重い江戸一〇里四方追放者に、弁吉倅長十と庄作がいた。(注5) 長十（天保十二年生まれ　騒動時二十六歳）の処罰申渡書に「大門村菊右衛門宅前通り候砌、同人は〆買い致し候間、打ち毀し申すべき旨口々申し罵り候に付き、銘々携え居り候棒等を以て、菊右衛門宅を先立ち打ち毀」したとある。陶山伝兵衛（手鎖りの処分）は、長十と庄作を打ち毀しの「頭取」としるしている。打ちこわしの主力は、若者であったところにも特色があった。(注6)

処罰をうけたうち、平田門人の吉右衛門・長右衛門らは、「却而米穀融通も相附、小前之者共救方一助ニも可相成与心得」たから騒動に参加したと、仕置きのさい認定された。この「小前之者共救方一助ニも可相成与心得」て、世直し一揆に頭役となって参加した吉右衛門らの言動は、島崎正樹や他の信濃国内の平田門人と異なる、贄川の平田門人たちの特色をしめした。

わたしは、吉右衛門らが、米が高値で払底したことから顕在化した宿・在全体の生活危機を克服する方途を主体的に模索し、とくに矛盾が集中した小前層の「救い方一助」として、安米提供を集団の力で松本平の豪農・豪商層におこなわせる方法＝一揆が有効であると判断し、この騒動へ宿をあげての参加する道をえらんだと理解する。それは、贄川の平田門人である吉右衛門・長右衛門らが、山林事件に取組みながら下層民衆の一揆には違和感をあらわにした青山半蔵とはちがった道をえらんだことをしめしており、下層民衆と共闘する方向に主体性をはたらかせたもの、とみている。それはまた、平田国学が、民衆生活擁護・自力更生の理念としても使われた一例とみる、わたしの理解ともむすびついている。

吉右衛門らの宿上層グループのほかに、贄川宿からは、捨松と金助が手鎖となった。二人は「宿内触歩」役をしていた。なかでも金助（伊藤金助）は、慶応四（一八六八）年四月五日に平田門人となった。幕末の「贄川宿絵図」には、金助一家は六畳一間・勝手六畳半・板間二坪に暮らしていた。一揆にともなう仕置きでは、「茂兵衛方へ寄合之義軒別申触候様、嘉助・万助申付候を大声ニ而宿内触歩行候故、人気立居候小前之者共俄ニ騒立、誰発意ともなく徒党致し押出候次第ニ至り、剰《あまつさえ》金助ハ右人数ニ加リ、徒党之者共一同同国堀之内堀内金左衛門外弐人宅を倶々打毀、又ハ右通筋ニ而酒食差出候を恣ニ呑食致し押歩行候」として、手鎖に処せられた。伊藤金助宅は、明治三（一八七〇）年に贄川宿の生活困難な家三二軒、大人六一人・子ども四六人に救い米が割り渡されたとき、その対象となった。大人二人・子ども三人の家族であった「住吉屋林右衛門悴金助」は、割り渡し米三升五合（四升に改める）を受けている。(注7)金助は、佐々木潤之介氏が「豪農・半プロ論」にもとづいて、宿場における「前期プロ」と規定した一人に相当するといってよいであろう。(注8)菩提寺である観音寺の過去帳には、「住吉屋金助事、四十四歳ニテ死ス」とあり、明治三（一八七〇）

年九月十九日が命日で、戒名が露覚道夢信士、「右ハ願ニ付、二字増、後例ナシ」とされた。ここに、金助の世直し一揆での役割、平田門人としての存在にたいする地域における評価をみることができよう。(注9)

(二)「木曽騒動」研究史にみる歴史的評価の再検討

ここで、慶応二年「木曽騒動」にどのような歴史的評価がおこなわれてきたのかを、先行研究について整理・検討しておこう。

まず、横地穣治氏の前掲論文「松本平・周辺(直轄領)における〈世なおし〉の状況」は、米販売要求に終始した世直し一揆であると性格規定をし、松本平南部で世直しの対象となったものが、(1)幕藩権力に密着して成長をとげている特権的な豪農、(2)高利貸・酒造業を営業し村役人の地位にある村むらの豪農、(3)特権的な豪農商に連携し、投機的な利潤を追求している村の穀商などであったとみ、世直し一揆の評価を、攻撃された対象に力点をおいておこなった。これにたいし、すでに指摘したように、佐々木潤之介氏は、一揆の主体に力点をおき、半プロ(宿場前期プロ)層による一揆と規定した。(注10)しかし、宿場前期プロ主体による一揆とする規定が事実の一面であることを、林淳一氏の研究はあきらかにした。林氏は、「木曽騒動」が木曽路民衆を中心として松本平南部に押し出し、主として、第一波が洗馬・本山宿周辺、第二波が贄川勢、第三波が奈良井・

藪原勢、さらに第四波が奈川勢によったこと、これら騒動の主体が「階層の別なく」「さしせまった安米販売」を要求するものであったことをとりあげ、化政・天保期からの松本平南部の酒造業の発展と木曽への出穀量の減少を問題にした。(注11)

高木俊輔氏は、これらの諸研究の評価をふまえ、「木曽騒動」を「木曽地方から押しだし、松本平一帯にくりひろげられた米騒動」と規定した。同騒動が五所領五一か村を巻き込み、襲撃をうけた家一〇五軒、処罰者五一人におよんだ直接的要因は、慶応二(一八六六)年の天候不順、とりわけ八月五日から七日にかけての大雨と八日の台風、不作をみこして松本藩が穀留めをし、米商人による買い占めがおこなわれたことにあるとし、「米穀が払底して生活が立ちいかなくなるという危機感から、どの村でも上層から下層の小前・無高・職人層にいたるまで、危機打開のため奔走していた」と、自然条件の特殊性に力点をおいて評価した。(注12)

わたしは、地域民衆における維新変革期の動きのなかで、この騒動の評価をおこないたいとおもう。この騒動では、横地氏が発掘・紹介した「慶応二寅年八月騒動ちょぼくれ(注13)」にみられ、さきに詳述してあきらかにしたように、「世ならし様」が騒動の発端に登場した。「世ならし」への民衆意識が、この一揆に存在したことを見落とすべきではないと考えてきた。このことの確認とともに、平田門人たちの意識もまた、贄川からの騒動参加者のなかに、かかわって存在していたことを指摘しておきたい。この一揆の打ちこわしの側面では、佐々木氏のいう半プロ層などが主体であり、米の安売りを要求する集団交渉のリーダーは宿・在の惣代層であった。林氏のいう「階層の別なく」米の安売りを要求したとみるよりは、打ちこわしによる半プロ層などの「世ならし」の力を背景に、贄川宿の場合、宿惣代などが団体交渉により米の安売り要求を実現させた一揆であった。この世直し一揆は、贄川宿・在の惣代層と半プロ層の内部矛盾を克服しようとする性格をもっていた。

贄川宿・在民衆と維新変革とのかかわりを検討する場合、平田門人がグループとして形成された要因を視野に入れる必要があろう。もっとも、贄川の平田門人たちには、「木曽騒動」の時期に入門したものがいなかった。慶応元（一八六五）年五月に山口金次郎が入門したあと二年五か月の空白があった。あたかも奈良井・平沢にええじゃないかの起こった慶応三（一八六七）年十月に、陶山吉右衛門の紹介で「木曽路一座頭　源恒徳」と入門帳にある斉藤恒徳が入門した。贄川にええじゃないかが起ったことはみとめられないが、贄川の人びとが奈良井・平沢の一〇〇軒あまりに降札があり、祝いがつづいたことは知っていたとおもわれ、贄川の平田門人たちが、ええじゃないかを維新変革を喜ぶ民衆意識のあらわれととらえていた、とわたしには推測できる（詳細は後述）。

斉藤恒徳は、のちになるが、一八九一（明治二十四）年九月、東筑摩郡松本町の盲人有志が、訓盲院設立の目的で盲人組合「業友舎」をつくったときに参加した。一八九四（明治二十七）年一月から授業をはじめた松本訓盲院の教授者となり、斉藤は鍼按と算数を教えた。（注14）長野県内における盲人教育の先駆者とみることができる。一八九五年二月五日、妻くま、長男恒平、養女れんとともに、斉藤は楢川村一一七番地から東筑摩郡松本町八四四番地へ寄留した。盲人教育への尽力に、かれの国学者としての素養の発揮をうかがうことができる。(注15)

また慶応三(一八六七)年十月は、三日に「木曽騒動」における最後の関係者処罰が、つぎのように明確にされた時期にもあたっていた。(注16)

江戸払御構場所

品川・板橋・千住・四ツ谷大木戸より内御構

本所深川

但町奉行支配場限

信濃国筑摩郡贄川宿・堀ノ内村・大門村

右之場所徘徊すへからさるもの也

慶応三年十月三日

信州筑摩郡贄川宿　百姓　萬助

このとき、贄川宿の宿総代であった加納屋万助(深沢茂吉)と贄川嘉助の江戸払いと信濃国贄川宿・筑摩郡堀ノ内村・大門村での徘徊禁止、弁吉倅長十と庄作の江戸一〇里四方追放が確定したのであった。

贄川宿に平田篤胤没後門人の入門が途絶えた歴史的背景には、これらの動きが介在したのであった。

五　ええじゃないかと平田門人たち

信濃国内におけるええじゃないかは、慶応三（一八六七）年九月下旬の飯田城下にはじまり、十月上旬に上伊那へ波及し、そのあと、とくに高遠城下で大流行した。木曽路でのええじゃないかは、十月十一日に三留野宿で起ったのが初出で、馬籠宿のはじめは十月二十八日であった（この書第三章参照）。奈良井のええじゃないかは十月二十一日からであったので、馬籠宿よりはやい。木曽福島が十一月初旬、塩尻も十一月上旬に起こっているので、奈良井宿に、どこから波及したのかは、月日からはあきらかにできない。

権兵衛峠を越えた上伊那では、赤須村における九月二十六日の動きとその波及とおもわれるものがあきらかになっている。この流れが直接奈良井にきた可能性は低いであろう。権兵衛峠の伊那がわでは、むしろ奈良井よりおそい。奈良井の降札は、十月二十日から二十四日に集中した高遠城下とほぼおなじ時期にあたった。

ええじゃないかを総合的に考察した高木氏は、木曽路のええじゃないかについて、恵那郡内の流行がはいってきて、三留野（十月十一日）、馬籠（初発十月二十八日）、福島（十一月初旬）へと伝播したとみた。塩尻から松本とその周辺村の「お札降り」は、おもに中山道ぞいに伝播してきたものとしている。（注1）

ええじゃないかの主役は民衆であると考えるので、木曽のええじゃないかは、それぞれの地域特有の諸条件を背景に起こされたと考えることが必要であろう。ええじゃないかのみが、単独の運動として伝播するとみるより、街部が連なり米の自給からほど遠い木曽路のような場合、地域の諸課題とむすびついて、ええじゃないかは起こったと、わたしはみている。

第三章で検討した平沢の諏訪神社神主巣山静江の『諸書留記』には、慶応三（一八六七）年十月二十一日より、奈良井村で「日本ノ太神之大祓」＝天照大神の札が降ったとある。奈良井宿の一〇〇軒ほどに降り、なかでも、野村忠一郎家には「色々不思議ノ事」ばかりあって、金銀も二〇両ほど降った。山市屋清兵衛家では、御神前へ供えた福手（お供餅）が降ったという。

この大祓（ええじゃないか）の起こった十月中旬は、まず、世直し一揆の翌年であり、この年十月三日から松本藩預役所内の白洲で前年の木曽騒動参加者への処罰がいいわたされ、贄川宿の一五人、平沢の九人への申しわたしがあった。八日ころには、贄川四五九人、奈良井九九九人へ一人一〇〇文ずつの過料銭が命じられた。こうした木曽騒動への政治的処分終了ののちに、ええじゃないかが起こっている。

慶応二年八月、餓死者が出るといった食糧危機に直面した奈良井・平沢の民衆は、「世ならし様」

「弥勒菩薩」のおかげという民俗的信仰をも一揆集結に活かし、世直し一揆という、犠牲をともなう集団行動形式をえらび、おおくの民衆の協働により食糧危機を克服した稀有な経験をもった。その奈良井に、慶応三年十月にええじゃないかが起こったのは、前年の食糧的危機を克服できたうえ、政治的処分があって一揆の結果が一段落したことが大きくかかわっていたと、わたしには考えられる。八月の鎮神社の祭礼もすみ、民衆の食生活上で米食がメインでなかったにしろ、米の端境期を超える見通しがたち、食の安定のバロメーターともいえる米の供給が可能になったことなしには、一〇〇軒ほどにお札がふり、「お供餅」の降ることは起りえず、まして、それをおおぜいで祝うことはできなかったであろう。

この時期、大祓の祝いで、松本城下では一〇〇両ほどもかけたと聞いたともある。大祓が木曽路とその周辺に広がっていたことの影響も否定できないが、奈良井と平沢では、人びとが「志次第」で大いに祝い、大祓の降った家には、神主の巣山春明・春喜（静江）親子が、それぞれの祭りに参加したのには、この地域固有の世直し的社会状況を背景に考える必要があろう。

なお、この時期には「日本中御祓降申候。其時者、所々江人間ナマクビ、色々不思議之事計有申候」と、祝いをしない降札のあった家への出来事も記述された。これは、一八七三（明治六）年に『諸書留記』を整理して叙述するときまでに、巣山静江が得た知識もくわわって、「日本」概念が『諸書留』へ登場したとおもわれる。これには、学制にもとづく教育、徴兵令の施行など、政府があらたな国家像「日本」の喧伝のもとにすすめた諸施策を反映している認識の表現と、わたしには考えられる。

巣山神主は、このええじゃないかの現象が、木曽路の他地域でおこったこと、贄川でおこったことを、ともにしるしていない。しかし、「木曽騒動」における贄川の動きは、くわしく叙述しているので、贄川にはええじゃないかは起こらなかったのであろう。

高木氏は、「降札の作為者」について、「勤王の志士・神官らは『ええじゃないか』の火付け役・起爆剤であったと同時に、騒ぎの高揚の利用者の側面がつよく、騒ぎそれ自体は民衆の参加によって成り立っていた」とし、「世直し一揆」と「ええじゃないか」との関係については、「ええじゃないか」は「世直し一揆」の一要素とみた。(注2)

問題は、「降札の作為者」の有無とともに、「世直し一揆」と「ええじゃないか」がどのようにかかわったかの考察が重要におもう。木曽路である奈良井宿のええじゃないかは、前年慶応二年の世直し一揆が、犠牲をはらったものの、米導入の手段をみずからの一揆という非常な取組で創りえたこと、十月はじめには世直し一揆の処分も終了したことをふまえており、さらには、維新変革の波が戊辰戦争による政権交代の動きへと展開する機運が醸成されたなかでおこった。東山道鎮撫軍の通過にともなう負担が重くのしかかることになるが、既成の政治体制が崩壊の方向に動いている「世直し」状況を民衆が体感できてきたことから、ええじゃないかにより、ひとまずの、世直しにともなう喜びを表現したものと、わたしはみている。

奈良井・平沢のええじゃないかでは、「日本ノ太神」(天照大神)の「大祓」、金銀、福手などが降ったとあるのみで、詳細はわからない。贄川の平田門人たちが降札にかかわったのかどうかの確認をふくめて資料の発掘が必要であるが、贄川では、前年の木曽騒動の後始末に多忙であり、この時期に平田国学への入門者がなかったこと、『諸書留』の執筆者巣山静江が、木曽騒動についてかなり詳細に記述していることから、贄川にええじゃないかが起これば書き落とすことは考えられないことから、贄川にはええじゃないかが起こらず、奈良井のええじゃないかにも贄川の平田門人はかかわらなかったと、わたしは判断している。

ところで、平田国学にはかかわりのなかった平沢の巣山静江神主にたいし、贄川の諏訪神社神主で平田門人となった小林伊豆の動きはどうであろうか。文久二（一八六二）年四月に平田篤胤没後門人帳に名をとどめたのち、小林伊豆は、二年後に平田門人となる千野長右衛門とのあいだに、神社信仰の高揚のためにつとめた結果とみてよい証状をとりかわした。まず元治元（一八六四）年七月に千野から金一〇〇〇疋（銭一〇文が一疋）の寄付を受け、慶応元（一八六五）年六月には麻衣廼神社造営に「格別之御世話・御信心」を千野が寄せたことに応える諸行事での特典を約束している（この書第二章参照）。

証状之事

一　金千疋也

右者今般御寄附其上是迄御寄進品有之候ニ付御祭礼御神幸之節　御神輿・御杖・神主門祓永

代相勤可申進候為御證仍而如件

元治元甲子年七月朔日

小林伊豆正　藤原正方　花押

茅《(ママ)》野長右衛門殿

後證

一今般　産土御社御造営ニ付格別之御世話・御信心寄特（奇特カ）之事ニ付依之拙官一代元旦・五節句・御祭礼・社頭式日之節奉幣祈念御神酒開之節別杯進可申依之一札如件

但奉幣御頂戴之節者社頭上之段へ被進候事

慶応元丑年六月

小林伊豆正　正方　花押

千野長右衛門殿

「證状之事」「後證」ともに、産土神社である麻衣廼神社における千野の待遇にかんするものである。小林伊豆は、幕末の贄川宿割図では、六畳二間、勝手十一畳、板間二坪に住んでいた。一八七一（明治四）年の麻衣廼神社・諏訪社・白山社の三つの神社の社司がいずれも小林直会（伊豆のこと）で、その家筋は「初代信濃国阿智祝末流麻衣廼神社神官真人正臣ヨリ分家、当代迄二十二世」とつたえられていた。（注3）伊豆の長男左仲正彬は、慶応四（一八六八）年二月、「麻衣神社神主伊豆正方男」の肩書きで、十四歳で平田学に入門した。左仲（秀雄）は、激烈な排仏論者であったというが、(注4)贄川の平田門人たちのおおくは、戒名によらない墓誌などの様態をふくめ、真言宗の観音寺に埋葬された。青山半蔵のように仏葬を完全に否定し、菩提寺に放火するにいたるような神葬祭へのこだわりは、贄川の平田門人には顕著でなかったと考えられる。(注5)

奈良井・平沢にええじゃないかがさかんであった時期よりあとに、贄川の平田国学への入門がすすんだことには注目しておきたい。慶応四年になると、一月に三人、二月に一人、三月に四人、四月に七人と入門している（表1）。

戊辰戦争とのかかわりによるものと考えられる。

六　戊辰戦争と贄川の平田門人

戊辰戦争にともない、東山道鎮撫総督による軍勢が奈良井宿・贄川宿を通過したのは、慶応四（一八六八）年二月末である。二月二十八日に上松宿を発った「鎮撫」軍の一行は、三月一日に下諏訪宿に到着する。

東山道鎮撫総督による軍勢と美濃・伊那・木曽の平田門人とのかかわりは、岩倉具視の養父岩倉具慶《ともやす》が、東山道鎮撫使となった孫の具定らは東山道に不案内であるからと誘引を願う依頼状を「美濃恵那郡市岡正蔵外同志中」宛に送ったことからはじまった。この依頼をうけた中津川の平田門人市岡長右衛門殷政（伊那郡座光寺村北原因信弟・北原稲雄叔父、中津宿市岡長右衛門養子、妻は松尾多勢子長女まさ）・間半兵衛秀矩・肥田九郎兵衛通光（妻は松尾多勢子二女つが）らが大垣に出向き、東征軍の道案内（「宿駅人馬取締方」）をつとめることで具体化し、この三人は下諏訪までの先導役をつとめた。（注1）

「岩倉殿御内」鈴木利兵衛『宿駅取締日記』に書かれた「東山道軍嚮導出駅割」では、木曽路の先導役は、まず上松が北原稲雄（森右衛門）と大屋又八郎（中津川宿旅籠屋）、福島が肥田九郎兵衛と松尾佐次右衛門（松尾多勢子長男松尾誠哉）、宮越が勝野吉兵衛二明（中津川）と菅井九三正矩（中津川、間秀矩弟）、藪原が中川万兵衛成智（中津川）と竹村太右衛門盈仲（松尾多勢子二男、山本村竹村家を嗣ぐ）、奈良井が鈴木利兵衛茂門（美濃国恵那郡落合）と吉村伊蔵清睦（中津川）、贄川が間半兵衛秀矩と久保田禎造信道（伊那郡飯田）、本山が市岡正蔵殷政と高木伝兵衛、洗馬が肥田九郎兵衛と間一太郎元矩（間半兵衛長男）、塩尻が勝野吉兵衛と園田市兵衛（間秀矩の娘婿）の予定で、おおくは美濃中津川・信濃伊那の平田門人であった。かれらは、宿駅での継ぎ立て、とくに人足の病気・逃亡などにともなう人馬の補充、地元役人と東征軍との関係調整にあたることとなっていた。しかし、この人びとの配置は、そのままでは実施できなかった。

上松宿の先導役に任ぜられた北原稲雄は、慶応四年二月二十三日に松尾三造と郷里を出発し、山本村竹村宅に泊まり、竹村盈仲、今村真幸の代理弟禎造も同行させて二十四日に清内路を越え、二十五日に中津川市岡家に到着した。二十六日に待っていた鎮撫使総督が中津川に着くと、

二十七日に鎮撫総督からつぎの達書をうけた。（注2）

今般東征御供被仰付け候ニ付而者、宿駅人馬取締方被仰付候條萬端大切取扱可致候事

但し大塚嘉右衛門示談之上可相勤候也

北原盛右衛門
竹村太右衛門
松尾佐次右衛門代弟　三　造
今村八右衛門代弟　禎　造

辰二月二十七日

江州本陣の大塚嘉右衛門のもとに配された北原盛（森）右衛門稲雄、竹村太右衛門盈仲（松尾多勢子二男）、松尾三造為誠（慶応二年正月二十五日、十九歳で平田門人となり、このとき二十一歳、多勢子の末男）、今村禎造（稲雄の弟今村真幸代）のうち、盈中と禎造は支障があって従軍できなかった。北原稲雄『御列外供奉日記』には、「供奉同役は此外に市岡正蔵、肥田九郎兵衛、間半兵衛、同一太郎、園田市兵衛、間九蔵、中川萬衛（兵脱カ）、大屋又八郎、勝野吉衛、吉村伊蔵、菅（井カ）川義三（九カ）、肥田四郎右衛門、鈴木利兵衛（何れも中津川或は落合の人）等なり。廿七日本陣中津川出発、稲雄等馬籠にて人馬取締をなす。廿八日須原に入り、廿九日福島に入り、三十日塩尻に泊し、三月一日下諏訪に入る。三

月二日本陣に従ひて中山道を登り、稲雄は御暇願をなしたるに御本陣岩浪（波カ）に於て御目見被仰付、同月六日帰村せり」とある。（注3）

木曽路では、福島から人夫不足で進軍に支障が起こったので、松本藩出張役人渡辺重郎兵衛への談示でようやく進軍ができたという。宮越駅では、鎮撫軍の因州藩士が人夫に暴行し、非が藩士にあったので、同藩隊長の命で斬首となった。鎮撫軍と民衆との軋轢も起こり、平田門人には同調できない出来事が惹起されたことがうかがえる。為誠は道中取締役として引きつづき従軍し、三月三日には下諏訪駅で相良総三などの夜中処刑などを知った。三月十三日に板橋に着陣し、十五日には為誠は道中取締役を免ぜられ、兵糧方とされ、信州伊那郡の諸侯に軍用金穀徴発をおこなうよう命ぜられる。そして、飯田藩金五〇〇両・米三〇〇俵、伊豆木金三〇〇〇両、阿島八〇両・米一〇〇俵を調達した。そののち、為誠は日光方面に転戦して六月二十七日に帰還をおおせつけられたという。（注4）

贄川の平田門人では、小沢文太郎重喬ほか七人、日出塩村一人、大湫宿《おおくてしゅく》（美濃国土岐郡大湫村）二人の一一人が、上州あたりまで嚮導する希望をもっていたので、総督府執事宛に「宿駅人馬取締方」に推挙されたという。（注5）ただし、小沢文太郎がこの推挙どおりの参画をした事実は確認できない。小沢文太郎の長男で平田門人の小沢哲右衛門（邦太郎）は、三月一日に福島の上田治左衛門らと連れ立って、中津川の園田市兵衛（間秀矩の娘婿）を隊長とする中津川隊に、野呂万次郎（間秀矩の弟）、安保鍵（賢）八郎（苗木藩領恵那郡福岡村の大豪農安保謙治の八男）、松尾三造（松尾多勢子七男）、

市岡官之丞（筑摩郡日出塩村）などと参加するため下諏訪へ急ぎ、三月二日に合流し、江戸まで従軍した。(注6)

中津川隊に、小沢邦太郎や市岡官之丞がくわわったのは、小沢重喬と間秀矩との深いかかわりがあってのことと推察される。

いっぽう、戊辰戦争に関連する負担などに、尾張藩領域の最北端であり、松本平との接点にあたる贄川村の宿・在の民衆はかかわった。(注7)

明治二年の間秀矩『東行日記』で、秀矩が同年五月十八日に東京板橋宿に到着したあと、五月二十一日〜二十四日のあいだ、東京にいた松尾多勢子、福島の平田門人と推定される横山（右衛門太）・大脇（文太郎）・白洲（文吾）、さらに上田治馬と逢っている。この時期、山村氏家来の平田門人が東京に出ていたことがわかる。(注8)山村氏家来であった平田門人が、東山道鎮守府の東征にくわわったと考えられる。

中津川隊の平田門人園田市兵衛は、慶応四年四月一日、長州一隊・因州・彦根・大垣・岩村田・須坂・岡田・坪内などおよそ七〇〇人ばかりのなかにいて、江戸から宇都宮に向けて出陣した。この軍勢は、日光街道の江戸から六里ほど離れた下総流山に幕府がわの軍が潜伏しているとの百姓からの注進を二日朝に春日部でうけたので、四月三日、軍勢の一部（彦根・岡田・岩村田などの諸隊）が駆け付け、幕府軍の隊長大久保大和守と名乗っていた新選組局長近藤勇を逮捕した。この報は、岡田市兵衛・野呂万次郎から伊那の有力　平田門人前沢万重《まえざわよろずえ》らに書状で知らされた。(注9)

また、福島の平田門人上田治馬は、すでに慶應四年四月二十五日、東京板橋にいた東山道軍総督府に逮捕・移送されていた新選組局長近藤勇を処刑したとき、つぶさに目撃して検視役もつとめたことを、『上田治馬日記』の同日に、つぎのようにしるしていることが、伊東成郎氏によってあきらかにされている。(注10)

一、同（四月）二十五日　晴れ　近藤勇打ち首、岡田藩横倉喜三治（喜三次〈きそうじ〉が正しいという—上條）太刀取り、見事切れ申し候。右見（検）視役、北嶋公初め僕共八人、直様蕨御本陣へ持ち帰り、北嶋公御見分、京都へ御差し送り、夕方に江戸、板橋出立、北嶋公初め江戸表へ、夜に入り、大名小路因州上屋敷に着。

木曽路の平田門人のなかに、中津川・伊那の平田門人と連携して東山道鎮撫軍にくわわり、幕末維新期激動のさなかにいたものが存在し、新選組局長近藤勇の逮捕・処刑にかかわったものがいたことがあきらかである。

木曽路の平田篤胤歿後門人群の形成は、紹介者が多彩なルートから木曽路にアプローチして平田国学をひろめたうえに、地元の門人の紹介による門人がくわわっておこなわれた。そのなかで、贄川宿・在の平田門人群は、基本的に小沢重喬と陶山正名の紹介であったところに特色があった。これは、地域内に平田門国学が浸透し門人群が形成される歴史的諸条件があったことをしめしており、これら平田門人のなかに戊辰戦争に積極的にかかわっていった人びとがいた。
ただし、贄川には、明治二（一八六九）年の平田国学への入門者はいなかった。

七　贄川宿・在民衆による公助的近代社会創出への取組

（一）贄川宿の幕末維新期における郷中自治

ところで、木曽世直し一揆に、陶山吉右衛門とならぶ平田門人小沢文太郎があらわれていない。長男邦太郎が戊辰戦争に参加したあと、小沢文太郎については、明治三（一八七〇）年の郷中自治にかかわる動きがわかる。

近世中山道の宿駅には、交通事務を取りあつかう宿役人がいて給与を藩や宿から得ていた。贄川宿の嘉永四年の宿役人の給与は、つぎのとおりであった。（注1）

問　屋　二人　一人に付一両二歩　尾張藩より
年　寄　三人　仝　　一両二歩　宿より
帳　付　二人　仝　　三両一歩　仝

馬指	二人	仝	二両三歩	仝
人足指	二人	仝	三両三歩	仝
刎銭請取方	一人	仝	一両二歩	仝
小使	二人	仝	二歩二朱	仝
遠見	四人	仝	三歩	仝
杖払	四人	仝	一歩二朱	仝
宿口出迎	二人	仝	二歩	仝
夜中御用状触状持			三両三歩	仝
伝馬廿五疋給金		一疋に付四両二歩二朱		
人足廿五人給金		一人に付二両二歩二朱		

ところで、贄川宿・村は役人の入札《いれふだ》制度を文政五（一八二二）年に制定した「宿法」（全二十一条）でさだめていた。その後、入札制度の存続があぶないこともあったが、贄川宿民衆の努力で継続された。[注2]

贄川宿では、明治三年正月十九日に寄合をおこない、宿の自治について「議定」を確認した。その内容は、上・中・下の贄川宿三町に一人ずつ頭総代を入札（投票）できめ一年任期とすること、入札は毎年正月八日におこない、「小役・寄合宿分・等番」以外の役職をきめること、頭総代三人で手にあまる問題は、頭総代の指図できめた増総代が協力すること、「御役元御用」や願い筋のことは頭総代三人がおこなうこと、頭総代が留守のときは「人選を以御呼出し、御用相勤」めることとした。久蔵・吉右衛門（いずれも平田門人）と猶之助の組頭三人は、音頭をとって、一月二十日に三町一同の寄合をひらき、頭総代に太田屋三左衛門、丸吉屋十右衛門、加納屋深沢茂吉万助（「木曽騒動」のさいの頭総代万助のこと）をえらんだ。(注3) 加納屋万助は、慶応三（一八六七）年十月三日に江戸払いの処罰を、嘉助とともに受けて仕置きされていたが、明治二（一八六九）年七月四日、福島総管所に出頭を命ぜられ、「主上御元服、依御大礼、被遊　御赦免」と申し渡された。(注4) そして、年があけると頭総代にえらばれたのであった。宿民衆の信頼は持続していたのである。

しかし、三人の頭総代のうち、太田屋三左衛門については、役元から「旧役中詰算、当時調中」で頭総代をつとめるのは問題であるから、入札しなおすようにとの指摘を請けた。これにたいし、贄川宿寄合は、相談した結果、「弐度入札之義ハ難出来、乍併御役元御差支ニ相成候而ハ、無余義次第、御同人義仕理として、御役元御用之節ハ、下町居合之内総代御見立、御用被仰付度、願立之節ハ、御同人より御見立之上御頼、御役元御用相努」めることに「一決」した。総寄合による投票結果が、きわめて重視されていたことがわかる。(注5)

こうした三人の頭総代中心の郷中自治が進行するなか、明治三（一八七〇）年一月、小沢文太郎は福島総管所から金一五〇両を拝借して米を買い入れ、「人馬を始、其外難渋之者へ、米一升ニ付二十四文安ニ而売渡、其上ぬかハ馬持へ施し、たわらハ人足へ施し候様願立、早速御済口被仰渡、則拝借致、暫らく之間ハ売渡候得共、折々売切レ、最早六十日余も更ニ売不申、右金子当十月上納之処、喰込ニ相成上納差支、日延願」をするにいたった。なお、小沢と同時に、贄川関所役人であった山形（飫冨）十兵衛も五〇両を拝借して米の廉売にあてている。

このような動きの背景には、明治二（一八六九）年秋の凶作があった。贄川宿では、米価の高騰があり、二年つづきの凶作にかんがみ、福島総管所は「御救米」を下げ渡した。つぎのような理由によった。(注6)

去秋作之儀甚取実薄く一同令案外候趣相聞、一昨年も凶作之上右之次第ニ而は取続方可為難渋ニ付、格別之　御憐愍を以木曾谷村々江米弐百石余被下之難有拝戴仕。猶更農業出精相続方専ら可心懸候。頭立候者は小民を憐ミ、小前ハ身柄頭立候者を敬ひ候は勿論之儀ニ候処、心得違彼是内輪差入、組ケ間敷儀有之おゐてハ、以之外ニ付、右躰之村々江ハ御救米被下間敷事ニ候間、兼而相心得庄屋・組頭於て一統之者能々申聞可置候。

午正月

ここで注目されるのは、「頭立候者は小民を憐ミ、小前ハ身柄頭立候者を敬ひ」の部分と、「心得違、彼是内輪差入、組ヶ間敷儀」のある場合には「御救米被下間敷事ニ候」とする部分である。木曽世直し一揆にあらわれた頭立と小前との騒動への共同参画の道をふさぎ、「御救米」により「心得違い」や「彼是内輪差し入れた組ヶ間敷」事態をおさえる意図が、あきらかにうかがえる。
こうした事態にたいして、小沢が独自の「宿方窮民へ直安米売捌」を企画したのは、何故であろうか。つぎのような事態がひきおこされたことに注目してみたい。

差上申一札之事

宿方窮民へ直安米売捌として、小澤文太郎儀当正月従御総管所御金百五拾両拝借致、兼而去十月中上納可仕候処、追々御承知之通同人儀も内輪不如意ニ付、不計右御金遣ひ込ニ相成、一時ニ返上不行届、漸々此度四拾両上納、残り百十両之儀者当月二十五日迄御日延之儀再三御願上候処、格別之御実意を以御承知被成下難有奉存候。然ル上者当人家財売払候而成共、右日限迄無相違上納為取計可申候。万一当人相滞候節者親類ヨリ急度弁納仕、聊御厄介・御迷惑相懸申間敷候。為後証、親類連印一札差上候処如件。

明治三壬午年十月

小澤文太郎親類　市川　久　蔵
陶山吉右衛門
陶山　伝兵衛
万屋　清兵衛

御役元

小沢文太郎が、宿方窮民の救済のために直安米の売り捌きに必要な金一五〇両を福島総管所から借り、結局は身代を削り、一一〇両を約束の期限までに返上できなくなったようすが判明する。その弁償のため、「小澤文太郎親類」として連署した四人のうち、陶山伝兵衛（筑摩郡宗賀村市岡勘之丞三男が養子にはいる、養父政盈は陶山吉右衛門叔父）を除く三人は平田門人であった。また、久蔵・吉右衛門・伝兵衛の三人は、木曽騒動で関係者として処罰され、『始末書』に書き出された人びとのなかにはいっていた。

宿内の上層民として、窮民の救済のために家財売却を覚悟するにいたる事情がわかり、慶応二（一八六六）年の世直し一揆以来の米不足解決の課題が継続していたことを知ることができよう。そのなかで、小沢の対応を福島総管所の御救米における意図とおなじものとみることに、わたしは躊躇する。伊那の国学者と同様、「郷土防衛と『自力更生』」とかかわる動きであるとともに、宿下層民からの「敬ひ」を得て「内輪差入」を防ぐ意図も垣間みえる。これが、福島総管所による対策と差異があるかどうか、その施策の本質にもかかわる差異の有無を論ずるためには、小沢文太郎・陶山吉右衛門らの思想や危機意識の内容に立ち入った検討が必要である。いまそれをあきらかにするデータを発見できていない。

文政期（一八二〇年代）に成立していた入札（公選）制度をともなう贄川宿の郷中自治が、近代の村自治創出とどうかかわるかをあきらかにしたいが、それには、とくに贄川村戸長公選・贄川村会成立期の動きの解明が欠かせない。しかしいま、解明は史料的制約もあって一部にかぎられている。すなわち、一八八一（明治十四）年二月に贄川村会が成立したさいに、桂園派歌人小沢万作景村が「うぐひすの声より先に我里は　ことばの花ぞ咲出《さきいで》にける」と詠い、「明治十四年二月中は我村会の開設をことほぎ侍りける長うた」をあらわし、これに小沢文太郎が「返しうた」で、村会成立に喜びを表現したものが、南深志町で発行されていた雑誌『月桂新誌』（後述）に投ぜられているのが見つかっている。（注7）

小沢万作の長歌はつぎのように、府県会規則による公選県会の成立、郡区町村編制法の施行による戸長公選・公選村会成立を、「蒼生」「民草」への明治天皇からの「恵み」（中江兆民のいう恩賜的民権）ととらえつつ、村の自治的機能の強化を「言葉の花の開花」ととらえる論理に立っていた。（注8）

千《ち》早揮《はやふる》神の御国は　神ながら天津《あまつ》日《ひ》嗣《つぎ》を大君の受つぎ在して　蒼生を恵みたまひて　長《とこ》しへに治めたまへり　四の海限りなきまで平らけく　安らけき代を明らけく治め玉へり

天皇は千代田の里に高御《たかみ》座《くら》定め玉ひて　天が下知し食しつゝ　政おのもおのもにことわけて掟てたまへり

そが中に政官の庭は　年々に県のつかさつどはせて　我民草の月に日に労らふほどを　難波がたよしやあしやと論らひ　猶降ち来て県にはあがたのつどひ　つばらかにあげつどひけり

郡には村のつどひを布告玉ふ則にならひて　真薦かるわが信濃なる国つ内に　西の筑摩はあし

曳きの山の甲斐なき里にあれど　我村長はむら肝の精神を則に先だちて　今年此月村ぬちの人に謀りて打つどひ　集ひの長の言のはをもとつ掟に　樫の実のひとつふたつとよきことをひろひおさめん

朝もよし木曽の村々さはなれど　そに先だちし集ひ社　あなかしこけれ　あな嬉しけれ

この千村景村の長歌への小沢の返歌は、「ことわけて嬉しき物は我里に　言ばの花の開く也けり」であった。公選議員による贄川村会の成立は、贄川宿では、近世からの郷中自治の近代における政治制度化であったが、これは小沢らに、平田国学による「言葉の花」の具体化ととらえられていた。そこでは、奨匡社員小沢重喬による村会創出への理解にも、恩賜的民権論に共鳴するものがあった、とせざるをえないようにおもう。

（二）贄川宿・在にみる文明開化期の諸活動

松本では、一八七二（明治五）年に、筑摩県政のもと、県の広報誌の『信飛新聞』が筑摩県内の豪農商層・士族知識人との連携のもとに発行された。このジャーナリズム発足以降、松本藩預所・伊那県管轄地出身の窪田畔夫・重平兄弟によって創出された知新社（知新堂）を中心に、青雲堂（竹内楨十郎）・慶林堂（高美甚左衛門）などによる出版物の盛行、各種新聞・雑誌によるジャーナリズムの成立・展開があった（注9）。

新聞・雑誌には、一部で機能分化があらわれ、一八七九年一月には、月界にある桂樹の一枝を折れるのは達学の士であること、中国淮南の桂樹は陰士を招くと李白の漢詩にもあること、古代ギリシャに諸芸の学神が祭祀のとき詩人の額に月桂冠を載せる故事は学校の試験及第の生徒にあたえる冠にも通ずることなどにちなんで、「月桂」を誌名に採用した『月桂新誌』が教育系雑誌として創刊された。月桂社初代社主市川量造・編輯長竹内泰信・印刷長清水義壽のスタッフにより、「学童奨励ノ一端ニ供スル」教育・文化をメイン・テーマとする『月桂新誌』が発行されたのであった。同誌は、編輯長が初代竹内泰信から松沢求策に代わった第三〇号（一八七九年十月二十八日）には、「政府ハ学制ヲ改良シテ教育令ヲ頒チ、以テ教育ノ方針ヲシテ稍自由ノ境ニ嚮方セラレタ」ことに対応して「人民モ亦昔日ノ思想ヲ改良シテ、宜シク彼ノ依頼心ヲ断チ、自進自取ノ精神ヲ擢揮セシメザルベカラズ」と表明し、それを誌上に活かそうとした（注10）。

『月桂新誌』は、教育の振興にかかわる報道を重点に、木曽路にかんしては贄川学校や福島学校の動きに着目した。贄川では、小沢重喬が学制頒布にもとづく学校教育創出期に、贄川学校主管人・執事として尽力したことは、すでにみた（この書第二章参照）。さきにみた贄川村会成立を喜ぶ短歌を公表したことに先だつ一八八一（明治十四）年一月には、贄川学校教員（首座教員千村退蔵）が病気休業による不在となる事態が生じ、そのさい「生徒は頗る蛍雪に骨折り」、千村胤弥太（戸長千村三郎次郎の長男）をはじめ千村三芳（同長女）など一六人の生徒が、自主的に「先頃より夜学を始め、常に読書・算術等研究して怠」らなかった、贄川村戸長役場筆生であった小沢文太郎はそれをみて、金一円を白墨料として寄付し、生徒たちの自主的学習活動を支援したことを報じた。小沢が公選戸長制のもとで筆生にえらばれ、民衆的近代化の一環での教育に心をくばっていたことがわかる。(注11)

福島学校では、教員河野常吉の活躍があったが、あらたな課題も起きた。「西筑摩郡福島駅福島学校は、訓導河野恒(常カ)吉殿が尽力せらる、ので盛大の評番(判カ)高かりしが、盛ん丈けに子供も大分出席し、常に二百名前後なれば、助教・授業生を併せば九名もありて各相当の給を与へ勉強怠らざりしが、近頃一同に不参して出校せぬ柄、生徒の内より抜群の者を繰出したれば、毎日交代の事ゆへ自ら授業も親切ならず、随て子弟の進歩も萎みしと。其起りを聞くに頻年学事の風潮が引け気味になりしかば、資金も思ふ様に出さず、自然会計の不如意より、物価騰貴の今日授業生の給を減ぜむせしに、授業生は栄誉に害ありとし断然其職を謝したるに基ひすと」報ぜられた。(注12)

この『月桂新誌』は、「雑報」欄に短歌を載せた。そのなかに、贄川の歌人たちの作品が共同で、しばしば公表された。(注13)

倉沢武矩(桂園派歌人)と小沢重喬(平田門人)、小沢重喬と飫冨安和の組合せによる短歌に、つぎのような例がある。短歌のテーマは基本的に自然詠であった。

まず、倉沢と小沢の短歌を組合せた事例は、春の水辺の景色や春野での駒のおもむくままの乗馬による自由を詠ったものである。

○水辺柳
心なくながる丶水も青柳の　なびくみどりに春や知るらん　倉澤武矩
○春駒
乗駒にむちもくはへず春野は　匂ふかすみのひくにまかせて　小澤重喬

つぎが、小沢と飫冨の組合せの事例である。維新変革がやや安定した住む地域をもたらしたことを祝う短歌と恋を詠った短歌である。

○寄国祝
国といふくにのなかにもうごきなき　くにはわがすむこのおほみくに　小澤重喬
○僅見恋
池みづのはなもかくれにあわはれて　はつかにみてしこひぞくるしき　飫冨安和

小沢の「寄国祝」は、みずからの住む国が「動きなき」＝安定・安心を保持するようになったことを祝った短歌で、みずからが住む国であることを確認する生活者の視点があるものの、現状肯定の傾向が強かった。

ほかに、ふつう俳句を詠んでいた陶山正名までくわえた八人が、「竹有佳色」と題して連名で公表した短歌群の事例があった。呉竹のみどりを新たな国づくりと関連させた短歌群であり、それぞれの個性やリアルな写生眼が感じられる自然詠ではなく、やはり天皇による政治を肯定する、パターン化した表現の作品群となっている。一八八一(明治十四)年二月十一日発行の『月桂新誌』(第一一九号)に掲載された和歌群であるので、記紀神話にもとどく神武天皇誕生日として祝日に設定された紀元節を祝った歌と考えられるが、同年二月は「木曽谷山地の官民有区別再調査」の政府への請願運動のはじまったときであったことに照らすとき(後述)、木曽路民衆の現実の厳しさと乖離した短歌群であることを指摘せざるをえない。神葬祭の実施、贄川平田門人たちの明治天皇巡幸へのアプローチなどをへて、「天朝」観念の浸透が強まり、平田国学が、現実の課題を解決する働きから離れはじめ、現状肯定の役割を担う観念が顕在化しつつあったことがうかがえるのである。(注14)

常磐なる竹の翠も大君の　めぐみの露にいろまさりけり　千村　家興(三郎次郎)
御園生に茂るむら竹節毎に　ちよのこもらぬ色なかりけり　小澤　重喬
玉敷の庭のくれ竹影清く　よろづ世迄のいろぞ見えける　小澤　正胤
起臥に見る楽しきは呉竹の　かはらぬ色の千とせなりけり　倉澤　武矩
起ふしに見れども飽ぬくれ竹の　色こそ千代の姿なりけり　倉澤　幸親(謙三)

御園生にしげる呉竹起ふしに　みれどもあかぬ千代の色哉　陶山　正名
年を経てかはらぬ色のくれ竹は　御代の翠に染やしつらん　飫冨　安和
とことはに変らぬ物は君が代と　御垣の竹の色にさりける　山口　帰一

平田篤胤は、李氏朝鮮の世宗《セジョン》が新たに二八文字をつくり「訓民正音」（ハングル）を発表した発想にならい、本居宣長の五十音論に「神世文字」の存在をつけくわえ、「阿比留文字《アビル》」を偽作した。これは、ハングルの模倣であると指摘した伴信友『仮字本来』の主張が定説となっているが、(注15) 贄川の平田門人百瀬九郎右衛門のもとに篤胤が考案した「神世文字」を印刷したものが大切に保存されてきている（第三章参照）。しかし、贄川の平田門人たちは、阿比留文字をつかうことはなく、ひらがなをもちいて短歌などによる想いの表現をさかんにおこない、公表した。

一八八〇年十月一日、社主高美甚左衛門（販売所　松本書林高美の経営者）、編輯長西郷元治、印刷長を浅井冽の兄大岩昌臧として、北深志町一番丁七番地の吟天社から創刊され、毎月二号ずつ発行された文学・文化系雑誌『清籟新誌』にも、贄川の歌人たちの作品や武居用拙の漢詩・漢文などが掲載された。

八　自由民権期の贄川民衆と平田門人たち

（一）自由民権結社奨匡社の国会開設請願運動と贄川民衆

木曽路贄川民衆の維新変革への取組は、そののちどのような筋道を創りだそうとしたかをみると、一つは、一八八〇年代に展開した信濃の自由民権運動、自由民権結社奨匡社の国会開設運動とのかかわり、二つ目は、ほぼ同時期の官有地払下げによる木曽山林の解放請願への取組があった。

自由民権運動、とくに民選議院開設の動きが木曽路でおこったのは、まず、筑摩県の広報誌の役割をもって創刊された『信飛新聞』紙上に反映された国会開設論として登場したことからの影響であったとおもわれる。征韓論をめぐって政府の分裂で参議九人のうち五人の征韓派が政府を去り、翌年一月十二日、板垣退助らが愛国公党本誓に署名し、一月十七日に「民撰議院設立建白書」を板垣・副島種臣・江藤新平・後藤象二郎ら八人が連署して左院に提出した。このなかで、政権を「上帝室に在らず、下人民に在らず」、「独り有司に帰す」と、政権を批判した。(注1)

これが、『日新真事誌』に発表されると、全国各地にひろがった。『信飛新聞』（第一七号　明治七年十一月八日）には、飯田貫属士族杉本籬が、福島県貫属士族文部五等教諭浅岡一（一八五一〜

一九二六　一八八六〈明治十九〉年九月長野県尋常師範学校長に就任、長野県学務課長・信濃教育会長を兼任、一八九三年華族女学校へ転任。旧二本松藩士、渡邊敏の実弟）の三条実美太政大臣に提出した十月十八日付の民撰議院設立要望の建白書を投じ、掲載された。それは、板垣退助らが明治政府を批判した主旨をふまえ、「上大臣ヨリ下令参事ニ至ルマデ、其為ス所擅制ニ出ザルモノナシ。是レ一ガ政体ヲ改メテ君臣同治ト為サヾル可カラズト云フ所以ナリ」と主張した。それをしない場合、「天下ノ士崩瓦解、立テ待ツ可キナリ」と愛国公党本誓や民撰議院設立建白書の主張を基本的に展開したものであった。最後は、「願クハ　天皇陛下ヲシテ君民同治ノ政体ト為シ、上下議院ヲ開キ、憲法ヲ建テ、君民相犯ス可カラザルノ基礎ヲ定メ、事ノ大ナルモノハ此議院ニ附シテ之ヲ論ゼシメ、然ル後之ヲ施行シ、国民ト方向ヲ異ニスル憂ナク、国家ヲシテ富嶽ノ安キニ置カシメン事ヲ」と提言した建白書であった。これは、明治政府の現政権を「有司専制」と批判し、天皇とも国民とも乖離したものととらえており、この主張は、板垣たち当事者の意図を超えて、その後の歴史に重要な影響をあたえた。(注2)

板垣たちの主張は、平田門人の自由民権論許容の論拠ともなった、とわたしは考える。

筑摩県行政は、薩摩出身で伊那県行政にもかかわった永山盛輝が県政のトップの職についたが、世直し状況が顕著な伊那県行政による豪農商層を巻き込んだ伊那県商社構想など、豪農商層を権力がわに巻き込んだ体制が維持され、平田門人や自由民権を容認する民衆知識層との関連が生きていた。松本南深志町中町にあった知新社（窪田畔夫・重平兄弟が設立の中心にて、設立後は窪田重平が

運営にあたった）発行の『信飛新聞』などによる情報伝達は、そのひとつのあらわれであった。(注3)

『信飛新聞』紙上に、贄川の平田門人・自由民権受容者が文明開化期に投書・和歌の共同投歌などをおこなった動きは、すでにみた。同紙第一一一号（明治九年一月十二日）には、陶山吉右衛門の「売淫ノ害」を論じた投書が載り、木曽路の川に架けられた橋、御嶽登山、御嶽教の動きなども報ぜられた。島崎正樹の動向、山村氏の菁莪館学頭（慶応三年～明治二年一月菁莪館廃絶まで）をつとめた武居用拙（文化十三〈一八一六〉年～一八九二〈明治二十五〉年）の漢詩や論考がしばしば紙上に搭載された。(注4)

武居用拙は、菁莪館の廃止にともなって松本平に出て筑摩郡新村に上條四郎五郎にまねかれ武居塾をひらき、一八七五年には藤森寿平桂谷にまねかれ猶興義塾をひらき、のちの自由民権家をそだて、一八八〇（明治十三）年二月一日の奨匡社発会には、奨匡社の命名者となった。「三月用拙髯《ぜんし》史撰」の「奨匡社記」には、つぎのようにしるされた。(注5)

奨匡者何、吾長野県民、命所結之社也。何以奨匡命焉。孝経曰、奨順其美、匡救其悪。今節取之以命焉。此小則奨美補仁匡悪責善朋友交際、固既如此。大則集衆知、広諮詢、将以講求民権、請願国会、時勢所趨不可已也。然則購求民権、請願国会、於汝安乎。（中略）中古用漢歴摸唐服、今復倣泰西之歴服。其他所擬、軍隊警部、刑律衛生、第宅船艦、電信鉄道、不一而足矣。其不能変者、僅不過文字言語、米食嫁娶喪祭数事。而宗教或有黙許之称。既以地方官、為各民代議、又設県会町村会之目、則聴民撰開国会、吾信其不在於遠也。夫国家以躬行心得之理、誘導国民、々々焉得不振興感奮以応之乎。（中略）会有問社名所由来者。於是乎記。明治十三年三月用拙髯史撰。

奨匡とは長野県民の結社であること、奨匡は『孝経』にある「その美を奨順し、その悪を匡救す」からとった命名であること、小さくは美を奨《すす》め仁を補い、悪を匡《ただ》し善をつみ、朋友が交際すること、大きくは衆知を集め広く諮詢をおこない、まさに以て民権を購求し国会を請願することは、時勢のおもむくところで已むことのない動きとなっている、したがって民権を購求し国会を請願し、皆を安んずるのであると論じている。さらにつづけて、漢学者である武居が、泰西の「立憲共和之治」を知り、中国や日本の歴史に照らしてみて長短があるものの、日本の近代化が泰西の歴服に倣《なら》い、軍隊・警部、刑律・衛生、第宅・船艦、電信・鉄道にまで西洋化がすすみ、わずかに変らないものは、文字・言語、米食・結婚・葬儀などに過ぎず、キリスト教も黙許され、すでに地方官を以て各民の代議とし、県会・町村会をもうけており、民撰による国会開設が遠くないことをわたしは信じている、それゆえ、国家が躬行心得の理を以て国民を誘導すれば、国民は振興感奮を以てこれに応えざるをえないといい、奨匡社と結社を命名したとのべた。

奨匡社は、社員をつのるため、一八八〇年二月十六日、「奨匡社発起社員」三〇三人をきめ、名簿を印刷・発行した。西筑摩郡からは、武居用拙、用拙の教え子小野徳二郎（一八八〇年度は東筑摩郡大池学校首座教員、中村太八郎らを教えた）、福島学校教員河野常吉が発起社員に名を連ねた。三月に社員にくわわったのは、野尻の泉善見、須原の小沢省三、福島の河野常吉・野口年太郎・須藤政太郎、藪原の古畑碩二・湯川頴吾の七人で、贄川からはまだ加盟者がいなかった。（注6）

贄川から小沢重喬・陶山正名が、奨匡社に加盟するのは集会条例による自由民権運動結社への弾圧があきらかになり、一八八〇年五月の松沢求策・上條蛗司を代表とする東京での国会開設請願運動が展開した段階であった。一八八〇年八月の『奨匡社社員名簿』にみられる西筑摩郡の社員は、三月入社していた七人にくわえ、吾妻村島崎与次右衛門、福島村永井治寛・大沢紋一郎・上田実・千村喜又・安井正夫・原田邦輔、藪原村川上伝・吉田耕蔵、宮越村中山高賁、神坂村坂井茂、それに贄川村の小沢文太郎・陶山吉右衛門の一三人であった。（注7）

国会開設を中心にした長野県民有志の奨匡社国会開設請願運動は、一八八〇（明治十三）年五月から、東京を舞台に太政官・元老院に向けておこなわれ、全国的な注目をあつめた。

松本平・安曇野の民権家たちが中心となった国会開設運動は、まず大阪に集った国会期成同盟による『明治十三年四月　国会ヲ開設スルノ允何ヲ上願スル書』に、「長野県信濃国筑摩郡深志村総代　同県同国同郡同村平民　折井親信」と「長野県信濃国松本深志町奨匡社々員千四百五十名総代　同県同国同町二百十番地平民松沢求策」が名をつらねるかたちとしてあらわれた。（注8）

奨匡社は国会請願に取組むにあたって、社員の獲得と署名運動に力点をおき、一八八〇年三月の社員一四五〇人の賛同者から、五月には二万一五三五人の署名を集めて国に迫るまでに運動を高揚させた。
奨匡社に結集した長野県民を中心とした独自な国会開設請願運動は、天皇へ提出しようとして却下された「国会開設ヲ上願スルノ書」により、一八八〇年五月から、「長野県下信濃国二万一千五百三十五人ノ総代　長野県下信濃国南安曇郡東穂高村平民松沢求策　同県同国東筑摩郡今井村平民上条螘司」が、五旬にわたる不屈でねばり強い運動として展開した。とくに松沢らが岩倉具視右大臣に面談したことによって、ジャーナリズムで請願運動のあり方として、最先端の出来事として取り上げられた。『自由党史』は、「国会願望の声翕然として天下を風靡す」と「地方団体の国会請願運動」の小見出しのもと、「就中奨匡社の松澤求策、上條螘司の如きは、二萬一千五百三十五人を代表し、凡そ五旬の間、或は太政官、及び元老院の門に迫り、或は有栖川左府宮に拝謁を乞ふて許されず、哀訴状を上りて復た斥けられ、或は岩倉右大臣に面して満腔の衷情を訴ふる等、孔席暖かなるに遑あらず、熱心の状自から一世を感格するに足る者あり」と、全国国会開設運動の先駆と評価し、記録にとどめた。(注9)
しかし、松沢・上條が岩倉具視右大臣と面談すると、奨匡社の請願運動は頓挫することとなる。『自由党史』は、「其岩倉右府に面するや、曰く、政府請願を峻拒す、抑も人民に此権利なしとするや乎。右府曰く、然らず、政府何ぞ天稟の権利を奪はん。曰く、然らば何故に請願を闕下に執奏するを肯ぜざるや。曰く、国会は日本全州に関する重事なり、一部一地方の人民之を請願する理由なし。曰く、然らば全国人民挙つて之を請願せば果して之を受くる乎。曰く、然らず、許否は、陛下の叡慮に在りと。問答此に至て絶す」としるしている。松沢らの執拗な請願運動が岩倉によって請願権を拒否され、請願権も「天皇の叡慮」に左右されるとの回答に運動がひとまず終わったと評された。(注10)

奈良井・平沢・贄川の人びとも世直しを期待して立ち上がった維新変革も底流となって幕藩権力が倒れたにもかかわらず、あらたな政府・諸県のもとで展開された地租改正、とりわけ官民有区分などが、民意を裏切ったこともあって、国会開設請願運動に参加したが、国会開設請願書に署名したのは、贄川の五人と少数にとどまった。(注11)いっぽう、福島村の教員河野常吉を中心とし、藪原のメンバーによる参加は八四五人におよんだ。

委任状ノ事

今般拙者等天皇陛下ニ国会開設願望ニ就該件一切松沢求策上条螘司ノ両氏へ委任候也

五名総代

西筑摩郡贄川村　陶山吉右衛門　印

八百四十五名総代

西筑摩郡福島村　河野恒(常)吉　印

西筑摩郡藪原　古川碩二　印

同　湯川頴吾　印

同　　　　川上伝印

奨匡社の国会開設運動は継続され、同年十一月にも社員一二五六人と格外社員二万〇〇八九人、計二万一三四五人と、道府県別ではきわめておおくの賛同を得て国会開設運動を展開したのであった。『明治十三年十一月　国会期成同盟合議書』には、「長野県信濃国奨匡社々員千二百五十六名及格外社員二万八十九名総代　長野県信濃国南安曇郡東穂高村四百二十番地平民松沢求策　同県同国東筑摩郡上今井村四十一番地平民上条螘司　同県同国南安曇郡倭村四百三十四番地平民太田伯一郎」と署名数のおおい参加で知られた。(注12)

なお、奨匡社創立大会前後から、福沢諭吉系の交詢社の運動が、長野県でも展開し、松本では、集会条例で奨匡社に加盟できなくなった窪田畔夫などの受け皿となった。この段階における贄川での民権運動の実態は、いまあきらかではない。(注13)

（二）木曽路民衆による官有地払下げ要求・山林解放請願運動の展開と政府の拒絶

筑摩県の地租改正、とりわけ山林の地租改正が木曽路民有地の官林への抱え込みを大幅におこなった。木曽谷山林は、明治五（一八七二）年に筑摩県に移管され、一八七三（明治六）年後半から七四年にかけて、筑摩県権中属本山盛徳による官林・公有地・私有地の領域区分調査がおこなわれた。

この本山の動きの起きる前に、木曽路の平田門人や宿・在の指導者たちは、木曽山林の解放を具体的に提起していた（この書の第一章参照）。歴史家所三男氏の島崎正樹とかかわる研究が、それをあきらかにしている。所氏は、島崎正樹が主唱者になったとみる「山林事件」の明治二年三月の「恐れながら書付を以つて歎願奉り候御事」（宛名を欠く）から明治五年二月の筑摩県宛の願書四通を紹介したが、「名古屋御県福嶋御出張所」宛の明治四年十二月の「木曽三十三ケ村惣代」による廃藩置県直後の願書は、つぎのようなものであった。(注14)

恐れながら書付を以つて願上げ奉り候御事

今般、藩県御廃置仰せ出だされ、海内悉く郡県の御制度立てさせられ候に付ては、一般公平の御処置行なはせられ候御儀と恐察奉り候、然る上は、従前の旧習、一藩限りにて立て置かれ候御制度等は、御改革遊ばされ候御儀に在らせられ、従来榑木御切替代として、年々村々へ下し置かれ候御救金の儀も、当年より下し置かれざる旨御申渡し、一同畏み奉り候、しかのみならず、従前御救として、濃州大井村初め御管下村々より御繰り込み成し下し置かれ、拝借仕り候御蔵米の儀、金壱両につき、御年貢金納御直段よりも五升安にて、翌年十二月中代金返上仕り、格外の御扱ひ筋に候処、是れまた御差止め相成り候段御申渡し、畏み奉り候、右様御救ひ筋御差止め相成り且つ旅人往来の利潤もこれ無き折柄、山間居住の小民共、樹木・鳥獣の利を以つて渡世営み候ほか御座無く、海辺の生民は、現今漁塩の利を以つて衣食仕り候と同様の御儀に存じ奉り候、然るに、海辺においては漁塩に御停止と申儀御座無く、木曽山中に限り御停止木と申儀は、公平の御処置とも存じ奉らず、尤も海辺において殺生禁断の場所等これ有り候はゞ、山中に於ても右に准じ、御留山は立て置かれ候儀御座有るべく候得共、明山よりも御留山多く立て置かれ候儀は、恐れながら、庶民を子とするの御政道ニおゐて御座ある間敷き御儀と恐察奉り候

前顕の次第、木曽谷内の貧困御憐察成し下し置かれ、此のたび御改革につき、享保已前の古に復し、木曽谷中御停止木御解き、他県一般公平の御処置放し下し置かれ候様、ひたすら願上げ奉り候

右願上げ奉り候通り、格別の御仁恵を以つて御許容成し下し置かれ度く、幾重にも願上げ奉り候、以上

明治四年辛未十二月

木曽三十三ケ村惣代

荻原村　飯島要次郎　王瀧村　松原彦右衛門

原野村　征矢野安六　馬籠村　島崎吉左衛門

妻籠村　原佐左衛門　三留野村　宮川　誠一郎

代　林　九左衛門
須原村　西尾次郎左衛門
福島村　柏原郷左衛門
藪原村　伊澤源左衛門
贄川村　倉澤　隆之助
（代カ）千村右衛門司

野尻村　木戸彦左衛門
上松村　上田宇兵衛
宮越村　村上彌惣左衛門
奈良井村　手塚義十郎

名古屋御県
福嶋御出張所

右の願書のなかの「榑木御切替代」とは、木曽一一宿の住民への恒常的助成として年六〇〇〇〇駄の白木の採出・販売を特免しており、その御免白木六〇〇〇〇駄の切替代金のことであった。「御蔵米」とは、木曽一一宿の飯米保障のため美濃大井の蔵米（大井米）五〇〇〇〇石を融通する尾張藩の定例救援措置をいった。これらが、いずれも廃藩置県でとりやめとなったのであった。「享保巳前の古」とは、禁林・禁木制の布かれない以前の木曽住民が木曽のどこの山からもどのような木でも自由に伐り出すことのできた状況をいい、この復活を木曽路住民は強く望んだのであった。

この願書は、島崎吉右衛門・倉澤隆之助（いずれも平田門人）と松原彦右衛門・飯島要次郎が十二月七日に出張所へ赴き、土屋惣蔵が名古屋へ出て留守のため岩田市右衛門と談合し、「預り」

としてもらった。所氏は、ときの名古屋県福島出張所長の土屋惣蔵を、「木曽の特殊性と民情とに通じた良吏で、難民の救済や年貢の減免を図ったばかりでなく、原野村地内で七十町歩を初め、各地の開墾適地の開発にも積極性を示し、また明山内の停止木解禁意見をも上申するほどの人であった」と評価した。島崎正樹は、「土屋君（惣蔵）に」と題し、「明らけき君か恵を春の日のひかりとあふく谷の人草」と詠んでいる。(注15)

いっぽう、筑摩県官吏本山盛徳は、これまでの歴史的慣行を無視した官有地への囲い込みを断行した。近世では、停止木の制でヒノキ（檜）・サワラ（椹）・マキ（高野槙）・アスヒ（明檜）・ネズコ（榻）の木曽五木の伐採は禁止されたものの、明山（入会地）は民衆が入山をして伐木（家作木・薪炭木用）・採草（肥料・牛馬飼料用）・開墾が自由であった。本山盛徳は、もとの巣山・留山はもちろん旧明山二二万町歩余の官有地への編入を、木曽路住民の期待をふみにじったうえに強行した。一八七四（明治六）年十一月に、国が地所の区分名称を官有地・民有地に二大別し、これまでの公有地を官有地か民有地に区分しなおして官有地を確定すると、奈良井村・贄川村の官林面積と木数は、村ごとの「官林精査簿」による明治期（年不明）の数字として、つぎのようになった。

贄川	官林	二、二七五町五反六畝二四歩	良木	一二一、四七〇本
			雑木	三六三、八一二本
奈良井	官林	三八、〇〇九町四反八畝二六歩	良木	二三六、五三四本

雑木　四七二、五三日本

また、奈良井村の一八七六（明治九）年の民有林野面積は、つぎの種別・地種・面積がわかっている。（注16）

享保度書上	一種	山林	二七町八反六畝二〇歩
新立	一種	山林	七町八反八畝一三歩
旧　公有地	二種	山林	五二二町〇反〇畝〇〇歩
旧　公有地	二種	刈敷山	六四八町〇反〇畝〇〇歩
旧　公有地	二種	秣山	四六一町三反〇畝〇〇歩
合計面積			一、六七七町〇反五畝〇三歩
地価			八七二円〇八銭八厘

享保度書上の山林は、尾張藩の検地による私有林であった。新立林は村民が育てた林であるが、一八七六（明治九）年六月六日の新立林民有地編入にさいして、第六大区一小区筑摩郡奈良井村副戸長平野研次郎が、第六大区長古畑又左衛門の奥印を得て筑摩県に提出した「御請書」には、家作木などの伐採はゆるされたので保護を厚くし、ヒノキなど五木は官林とおなじに払下げをう

け代金を「上納」するとある。木曽五木の伐採は引きつづき禁止のままであった。

一八七八（明治十一）年の『奈良井村誌』には、林は税地四二町七反五畝九歩、山は税地一三九六町七反歩で、民有山林合計一、四三九町四反五畝九歩とある。さきに挙げた官林三、八〇〇九町歩余の四二パーセントほどにあたる。『奈良井村誌』と同年作製の『贄川村誌』には、林の税地一三九六町七反歩、山の税地六二三町六反一畝一二歩で、民有山林合計二、〇二〇町三反一畝一二歩とある。[注17] さきに挙げた官林二、二七五町歩余の八八パーセントほどで、奈良井村より山林全体のなかの民有林の割合が大きかった。木工品・漆器製作など細工業を生業とする職人のおおい奈良井村は、山林原野のあり方が厳しく生活にひびいたので、官有地払下げ運動に力を入れることとなる。またこの時期には、木曽路民衆による生活上の必要から生じた公有地での盗木がふえた。

筑摩県は、木曽路民衆の要望に配慮し、木曽谷旧明山の公有地部分を民有地に編入してほしい旨の伺いを、一八七五年九月地租改正事務局に提出し、いったん第二種民有地への編入となったが、七六年四月、地租改正事務局はそれを取り消した。[注18]

奈良井村は、官林からの五木などの払下げをうけ、細工職業（木工品・漆器製作）で渡世する者がおおく、一八七五（明治八）年十二月には、第六大区一小区奈良井村職人総代四人が連名で、五木のうちヒノキ（目通廻四尺〜六尺）一六九〇本とサワラ一九四〇本（同前）、ほかにカツラ（桂）七〇〇本の合計四三三〇本について、官林の「風折・根返・立枯・ウロー木・底木」などの有料払下げをうけ、それらがすくない場合、「立木」の払下げも願い上げたいこと、その代価が高いと代金の「貧窮ノ職人ドモ一時上納」はむずかしいので「追々御払」もみとめてほしい旨の願いをしている(注19)。

明治二年民部省地理局の管轄ではじまった林野政策は、明治四年大蔵省管轄となり、一八七四(明治七)年に内務省地理寮(一八七八年に内務省地理局、官林は同局長野出張所が管轄、七九年内務省に山林局をもうけ官林を管轄)に属した。一八七六年五月、木曽谷山林の再調査がおこなわれ、筑摩県管轄であった信濃国中南信部分を統合した長野県は、「木曽谷公有地無代下渡幷立木払下之義ニ付伺」を提出した。これへの内務省地理局の回答は、一八八〇年六月に、旧明山二二万町歩のうち三万〇一九〇町歩のみを第一種民有地へ払下げること、ただし五木・停止木は四〇〇〇余円・一〇か年賦納入の有償とすること、のこりの一九万〇一七七町歩余(明山の八六パーセント)は官有地とすることとする指令となった(注20)。

事態を打開するため、自由民権期の一八八一(明治十四)年二月二十八日、奈良井村民は木曽路各村でとりきめた八か条の「定約書」を受け入れ、木曽路山地の官民有地を区分した実態を再調査する請願を政府におこなう運動に参加した。請願の目的は、官有地とされてしまった山地を民有地に引きなおすことを政府に要望するものであった。「定約書」の冒頭には、「今回木曽谷官民有区別再調査ノ儀ヲ政府ニ請願スルニ付、貴殿方ニ惣代ヲ依頼スルヲ以テ左ノ条件ヲ定約致候」とあり、第一条に「木曽谷山地官民有区別再調査ノ上現今官有地ノ内デ更ニ民有ニ引直サルヲ以テ請願ノ目的トスルハ、右目的ヲ達スル結局迄万事貴殿方見込ヲ以テ専決セラル、トモ後日ニ異議申出間敷候事」とうたった。「委任状」は、つぎの文面であった(注21)(句読点は上條)。

拙者共家業差支候ニ付、千村喜又・勝野正司・島崎庄次郎・荻野屯・征矢野三羽・湯川与惣治ヲ以部理代人ニ定メ、拙者共ノ名義ニテ左ノ権限之事ヲ代理セシメ候事

一木曽谷山地官民有区別再調査ヲ政府ヘ請願スルニ付、右請願一件結局ニ至ル迄一切ノ事務ヲ委任ス。右代理ノ委任状依而如件

奈良井村民は、再調査請願委員「部代理人」六人を選定して運動を委任した。部代理人の千村喜又は、もと山村氏家来。平田門人で戊辰戦争に参戦し、一八八〇年の奨匡社民権運動に参加する。島崎庄次郎は、やはり奨匡社に参加した島崎与次右衛門(吾妻)の代理であり、征矢野三羽《さんう》(文政十〈一八二七〉年正月二十一日生まれ、一九〇四年死す)は、十六歳〜二十八歳のあいだ父安右衛門がつとめた原野村(のち日義村)庄屋を引きついでつとめたのち、江戸に出て修学ののち帰郷、文久元(一八六一)年から慶応三年三月にかけて、原野の征矢野新田一五町歩を開墾し、手習場を慶応二年から明治五年まで経営し、明治元年には男子三五人が教えていた。一八七九年には木曽川工事を計画したという(注22)。

奈良井村民が定約した請願運動が成功し、官有地から民有地に引きなおされた山林ができたときには、その十分の二を部代理人に差出し、十分の八を村有にすること、請願に必要な費用

四〇〇〇円のうち二〇％《パーセント》をとりあえず出金し、のこりは委員たちが出張先で必要な費用とすること、民有地への引きなおしが成功したときは、民有地に引きなおされた山の木の三分の一を慰労として部代理人に差出し、三分の二を村有とすること、などをうたった「定約書」をとりかわした。奈良井村では、村民四二一人が「定約書」と「委任状」の双方へ署名捺印した。女性も一三人連署していることから、奈良井宿・平沢に川入集落もふくめた奈良井村全戸参加の運動であったことがわかる。征矢野三羽は、一八八一年に山林事件請願のため東京に出て、西郷従道をたずねたりしたが、成功に至らなかった。

一八八一年五月二十九日には、木曽路一六か村の各村戸長が村総代として署名した「木曽谷山地官民有区別之儀ニ付御再調査請願書」が、長野県令楢崎寛直に提出された。奈良井村鈴木嘉間太戸長、贄川村千村三郎次郎戸長が、それぞれ村を代表して署名している。

この請願書は、近世の山林利用の慣行をのべた第一条「古来ノ沿革」、本山盛徳による官有地囲い込みの不当をうったえた第二条「維新以後ノ沿革」からなっていた。

明山は「古来ノ沿革ニアリテモ村民ニ属セラルベキモノ」であったこと、再調査によって、「各村保存ノ古書類ヲシテ御成規ニ照サセラレ、再調査ノ上、木曽谷人民モ全国人民ト一般、明治維新ノ恩沢ニ浴シ安穏生活ノ道相立可申候様」にしてほしいと主張していた。(注23) これに、長野県は、この請願書は農商務省の直轄であるから受理できない、直接農商務省へ請願書を提出するように指令した。

木曽路の村むらは、松方デフレ政策のもと、村の分離があり、二一か村となっていたので、同年六月十七日、贄川村はじめ二一か村惣代の読書村平民勝野正司・吾妻村平民島崎広助（島崎正樹二男、島崎藤村兄　一八六一～一九二八）による「木曽谷山地官民有区別ノ儀ニ付御再調請願書」を、農商務省河野敏鎌宛に提出した。[注24]「第一条　古来ノ沿革」「第二条　維新以後ノ沿革」「第三条　今回請願ノ主意」から構成されていた。

第二条では、「明治六、七年ノ間ニ至リ木曽谷山地官有区別御調査ニ会シ、旧筑摩県中属本山盛徳殿主任トシテ、木曽谷諸村へ派出セラレ、更ニ従前ノ慣行ニ係ハラズ、啻ニ五種ノ停止木ノ在ル地ハ無論官有ナリトテ、其地ヲ併セテ悉ク官有タルベキ旨達セラレシヨリ、人民一同驚愕狼狽シ再三古来ノ沿革ヲ陳述シ精密ノ御調査ヲ請願スルモ採用ナラズ、強テ懇願スレバ忽チ怒ニフレ殴打セラルルニ至リ、且今回ノ調査ニ対シ総テ命令ヲ奉ゼラルモノハ聴訟課へ引致シ屹ト処分ニ及ブベクトノ厳酷ナル強令」で、およそ木曽谷一円二一か村総反別三八万八〇九四町四反七畝一五歩のうち、民有地は耕宅地・山野あわせて四万五六五二町七畝歩となってしまった、人民は「一般生路ヲ失ヒ」途方に暮れ果てているとのべている。そして、「第三条」で、「木曽谷諸村ノ山地ハ三万七千余ノ人民ガ一日モ之ヲ離ルルコト能ハザル大本」であるから「此山民頑愚ノ哀情ト其疾苦トヲ憐憫セラレ、各村存在ノ旧記古書類ヲ精密御調査ノ上、全ク古来人民自由ノ場所程ハ、更ニ民有ニ御引直シアラレンコトヲ」と請願した。

長野県は、みてきた請願書提出の直前にあたる一八八一年六月十四日、木曽谷官林調査に取り掛かったところ障害が出たとし、農商務卿河野敏鎌宛に、伺いをたてた。(注25) 障害とは、山林局木曽出張所詰員が官林を漸次調査するように内務省の達しをうけ、木曽谷の吾妻村（島崎広助の住地）から着手しようとしたところ、「同所人民ヨリ該地方官林ノ内、元明山ト唱フル部分ヲ民有地ニ引戻ヲ請願スルヲ以テ、其何分ノ指令ヲ受クル迄立会ノ猶予アリタキ旨ノ願書ト民地引戻ノ願書ヲ差出」された。これにたいし、官林は山林局の直轄であるので長野県は願書を受理できないと却下し、「民地引戻ノ請願」を考慮することも「理無之旨《ことわりなき》」を「懇篤説示」したが、吾妻村人民を「感服ノ場」に至らせることができなかった。このうえは、警察官のもと法官の手で立ち会わすほか方法はない。「抑木曽谷人民ガ今般ノ請願ハ一朝一夕ニシテ起リシ事ニ無之、該地人民連結一致ノ上ニ出候事」である、しかし、官林調査に人民の請書を得ることはむずかしいうえ、「続々苦情ヲ鳴ラシ、随テ弊害モ絶ザル」ため、木曽官林の完全調査は現状では困難であるとする伺いであった。これへの河野敏鎌の回答は、官林境界調査は「民地引戻之請願」とは関係がないので、調査をすすめることを、もっぱら促すものであった。

こうした政府の意向をうけて、木曽出張所長山本清十は、官林取締の基準を明確にし、官林調査従事者に標準の方針をしめそうと、一八八一年七月には、「官林取締概則」（全十三条）を編纂してしめした。それは、「総論」で「官林ハ本邦政府ノ所有財産ニシテ国家経済ノ基本ト云ベシ」、したがって、官林調査・整理には、「コレニ従事スルノ官吏ハ誠実丹精ヲ以、此財産ヲ維持シ、此財産ノ増益ヲ図ラザルベカラズ」とうたうものであった。(注26)

政府の木曽における官有地払下げは、「国家経済ノ基本」としての官林の維持・増益のためのものであると、木曽住民の期待を完全に拒絶し、実現することはなかった。

一八八一年十二月二十七日、農商務省長野山林事務所は、農商務省木曽山林事務所と改称され、翌八二年十二月二十八日には、農商務省木曽山林事務所がきめた「官林主副産物入札仮規則」(全十条)を長野県令大野誠がしめし、この規則に照準して入札するように告示した。(注27)

官林編入によって、木曽路民衆は生活維持のためには盗伐木が不可避となった。一八七九年六月の第四林区御嶽中区木曽小区の盗伐木一覧をみると、三か村一二か所で六〇一二本の盗伐があった。(注28)盗伐木がすすむと、官林盗伐を巡視する担当「御傭」六人から、木曽山林事務所に「官林盗伐現場調書式につき木曽山林事務所宛上申」が、一八八五年五月六日におこなわれるなど、盗伐対策が強化され具体化されていった。(注29)

官林・官有山林原野は、一八八九(明治二十二)年の皇宮地(御料地)に編入される。西筑摩郡の官林全体三五万〇〇四九町一反二六歩がまず編入され、西筑摩郡官林は「御料」として宮内省の御料局木曽支庁の管轄となり、妻籠・阿寺・王滝・上松・小木曽の五出張所がおかれた。上・下伊那、諏訪三郡の一四万九一六六町三反六畝二九歩は、西筑摩郡についで編入され、宮内省御料局静岡支庁の管轄となった。(注30)

（三）天皇巡幸・外国人来訪と贄川民衆の意識変容

一八八〇（明治十三）年六月、山梨・長野・三重・京都をめぐった明治天皇巡幸が木曽路を通った。天皇巡幸は、近世の大名の参勤交代とちがい、人馬を東京から「通し」として調達しており、助郷などの負担を地域民衆に原則としてゆだねなかった。御巡幸御用掛から長野県令楢崎寛直宛に、同年四月十九日に達した「御巡幸ニ付沿道地方官心得書」には、地方民情を知るための巡幸であるから、「虚飾」をさけ「人民ノ困苦・迷惑」にならないよう取りはからうこと、道路・橋梁などのやむを得ない分は新造や補修をくわえても、「人民ノ難儀」にならないこと、などがまず書かれていた。御用物をはじめ、供奉官員の荷物は「宿駅継人足」をもちいないで、すべて「通し人足」とし、供奉官員が足痛などで人力車・馬・駕籠などを臨時に要求する場合には、「御巡幸荷物運搬掛」から通運会社などを通して雇い、それぞれ継ぎ立て賃をはらうこととした。[注31] 天皇が地方民衆にどのように知られているのか、明治政府は把握できないでいたことからの処置であった。

六月二十五日、雨のなか午後二時松本を発った巡幸の一行は、『明治天皇紀』によれば、「宿雨未だ歇《や》まざれども庶民の聖駕を拝するもの蟻集す、村井・郷原・洗馬を過ぎて五時二十五分本山に著御、行在所（小林吉夫の家）に入りたまふ、是の日輦路《れんろ》泥濘深くして人馬頗る艱《なや》む、其の労を思ひて馬丁等に酒肴料を賜ふ」とある。東京から通してきた馬丁などを、雨で泥が深く歩くのがたいへんであったため、慰労したのであった。ついで、贄川・平沢・奈良井を通ったさいの記述は、つぎのとおり簡潔である。(注32)

二十六日　宿雨未だ全く歇まず、午前六時三十分肩輿に御して本山を発したまふ、前路峻坂多きを以てなり、奈良井川に沿ひて崖下を進ませらる、桜沢に於て獣皮を天覧に供す、二枚を購はしめたまふ、既にして聖駕木曽渓谷に入る、贄川を過ぎたまふ頃雨全く霽る、奈良井に御少憩、鳥居峠を越えたまふ、其の峻嶮なること塩尻峠に譲らず、午後零時三十分頂上に達し蹕を駐めさせらる、西南に平野を望み、峰巒之れを環遶す、一峰の前に突起して雪を戴けるは御嶽にして、一水の野を分ちて来るは木曽川なり、少時にして発したまふ、

この巡幸について、各地の歴史・現状をくわしく記述したのは、『東海東山巡幸日記　三等編輯官　久米邦武著』であった。その「長野県之部」は、前掲『信濃御巡幸録』におさめられていて、一八八〇年六月二十六日〜二十八日の行程が、比較的くわしい歴史と現況をふくめて論述されている。贄川在・宿とかかわる「六月二十六日　筑摩郡　木曽谷」については、「木曽谷総説　桜沢　贄川　奈良井　鳥居峠」などの目録をたて、記述している。(注33)

六月二十六日に本山宿から出発した明治天皇一行は、曇りの天候のなか、長さ一〇間の境橋を渡り、桜沢の百瀬栄右衛門方に午前七時十五分に到着して「御小休《おこやすみ》」をした。久米は、桜沢につ

いて、「奈良井川ノ左右ニ村ヲナシ、山猟河漁採樵ヲ業トシ、獣皮ヲ販売シ、又蚕桑ニ従事ス。是時正ニ蚕児四眠ノ候ナリ」としるした。

ここでは、明治天皇は獣皮を「天覧」し、二枚購入した。ほどなく発って、あたかも蚕が四眠をむかえていた贄川村内を通過、中畑から坂をのぼると、贄川関所跡が上にみえた。

贄川駅の千村三郎次郎方に八時四十分に着き、御小休があった。贄川駅は一一二戸・五二九人で、田は一〇〇町歩に足らず、稗・粟・蕎麦をつくって食べていると、久米は書いている。贄川駅をでて桃岡橋を渡った一行は、ハナの木と呼ばれていたイタヤカエデの大木をみながら平沢にでた。平沢の諏訪神社では、年老いた神官が黒の束帯でひかえていたと、巡幸に随行した『郵便報知新聞』の記者尾崎庸夫は『御巡幸日記』に書いている。(注34)

一行は、神矢橋を渡り、奈良井駅に着き、「行在所《あんざいしょ》」となっていた手塚儀十郎宅へ十時三十分にはいり、ここで昼食となった。奈良井駅は二五五戸・一四八三人、その民は漆器・梳櫛をつくる歴史をもち、白木細工・「拾六櫛」をつくり、河漁の利はあるが、贄川とおなじに田はすくない、「駅中ノ人家屋ヲ葺クニ板ヲ以テシ、石ヲ以テ之ヲ鎮圧ス。木曽谷中ミナ此ノ如シ」と、久米は書きとめている。

昼食後、巡幸一行は、鳥居峠をのぼっていった。道は危険なため、片がわを桜の丸太や檜の三寸角の荒削りした木材で欄干をつくり、車馬が無事に通れるように手をくわえてあった。巡幸道路は、あらかじめ長野県の指令で手をくわえてあったのである。

鳥居峠には、「御野立所」がもうけられ、西南の眺望がよく、雪をいただいた御嶽がみえた。久米は、「鳥居嶺、一に楢井嶺ト曰フ。嶺頂ニ至リテ奈良井ノ地ト分界ス。此ヨリ西南ニ平野ヲ望ム。塩澤ト曰フ。峯巒《ほうらん》（山が重なり連なること）森々トシテ之ヲ環拱ス。一峰前ニ突起シテ麑背《げいはい》（鹿の子の背のような）ノ雪ヲ戴キ、峻ニシテ天ニ極マルハ御嶽ナリ」と表現している。峠の茶屋では、篠原忠四郎（木祖村）と給仕五人がはたらいていた。鳥居峠からの路は螺旋のようで、馬でくだるのに危険を感じたが、午後一時二十五分、藪原駅の古畑又介宅に着いた。木祖村に属した藪原は、二〇一戸・一四五一人で奈良井に似た賑わいであった。久米は、木曽路の各所で歴史にふれ、詳述したところがおおいが、木曽五木の管理の歴史や「明山」の筑摩県による官有地への抱え込みの事実は、取りあげていない。藪原では、特産の「白木細工」について奈良井の漆器にもふれながら、つぎのように紹介している。

世ニ木曽細工ト称ス。奈良井藪原及ビ福島（八澤町）ノ漆器、黄楊《ツゲ》櫛ハ、鎌倉ノ時ヨリ之アリ。尾藩山禁ヲ布クノ後モ、特ニ三駅ニ許シ毎年檜材千八百九十九駄ヲ給与シ、工技ニ供セシム。信濃具ニ法規アリ。制外ノ良材ヲ用ヒ及ビ素木ヲ売ルヲ禁ゼリ。今ニ至ルマデ其工業ヲ操ル。惟上等ノ民ノ民之ヲ買フテ伙器《カキ》トス。其製甚ダ麁悪《ソアク》ナリ。只工省キ価廉ナルヲ以テ其利広シ。惟上等ノ民ハ飛騨ノ漆器ヲ用フ。天保年間尾藩各村ニ命ジテ漆樹ヲ植エシム。古老云フ、木曽ニ漆ヲ植ユルハ此ニ始マルト。

この巡幸を迎えるにあたって、贄川村桜沢では、平田門人であった百瀬九郎右衛門が率先して御小休所を担当したいと、県へ請願書を提出していた。しかし、酒井光雄らが木祖の村むらと共同で請願した藤屋百瀬栄之助宅（後見人百瀬栄右衛門）が御小休所にきまった。この巡幸には、先だって、一八七七年八月に宮内大書記官につき、七八年十二月皇后宮亮兼任となっていた山岡鉄舟（一八三六〜八八）が巡幸先を下見に訪れていた。桜沢の藤屋では鉄舟に書を書きのこしてもらい、贄川の千村家ではお茶と蕨餅《わらびもち》を娘の三芳が給仕して喜ばれたという（第三章参照）。この巡幸先発隊の山岡を、翌年に奈良井村民と契約し、木曽谷官民有地再調査を請願する部理人となる原野の征矢野三羽が、福島で訪問したという。

巡幸一行は、三條実美太政大臣、伊藤博文参議、松方正義内務卿、徳大寺実則宮内卿をはじめ三八〇人以上の多数であった。桜沢では、百瀬定四郎宅へ東京巡査、百瀬九郎右衛門宅へ近衛士官と御厩課の人びとというふうにわかれて休憩した。贄川宿の明治天皇御小休所となった千村三郎次郎宅では、御給仕三人が接待にあたった。ほかでは、太田三左衛門・贄川清水・斎藤賀助・千村百作の四軒が供奉官員たちの休み場所となった。奈良井では、行在所の手塚儀十郎宅で、御給仕に生徒五人があたった。

巡幸にそなえて、長野県は詩文の奉呈を民衆にうながした。

贄川からは、小沢文太郎など平田門人であった人びと、桂園派歌人であった人びとなどの短歌と、贄川学校の子どもたちの文章が奉呈された。小沢文太郎たちの短歌は、『月桂新誌』（第八一号・明治十三年七月二十六日）の「混々砕録」欄に、「御巡幸を賀し奉りて」と題して、千村景村二首・倉沢謙十郎武矩・小沢重喬・飫《お》冨《ぶ》安和・千村三郎次郎俊相・倉沢謙三幸親・千村退蔵家興各一首が掲載され、これらが、さらにいくぶん修正されて（この書の第二章参照）、奉呈詩文として寄せられた。

かけまくもかしこき君か御車に　我心さへ轟きにけり　千村　景村
我山の甲斐なき物と誰かいふ　今日の行幸のあるも知すて　同
思ひきや木曽の桟《かけはし》かけまくも　皇大君の渡るへしとは　倉澤　武矩
大君ハ老す信濃に行幸《みゆき》して　さてこそ御代は動かさりけれ　小澤　重喬
松風も千とせを諷《うた》ふ声すなり　行幸待得し木曽の山里　飫冨　安和
大君の渡ります日を命にと　かけてそ祈る木曽の桟　千村　俊相
親しくも民の心をみそなハす　行幸を誰か仰さらめや　倉澤　幸親
世も人も道もひらけて御車と　めくるハ君か恵《めぐみ》也けり　千村　家興

小沢重喬と倉沢謙三幸親は平田門人であり、千村万作景村・倉沢謙十郎武矩・千村三郎次郎俊相は桂園派の歌人であった。若い天皇が、木曽の山里・桟を「甲斐なきもの」から価値を高めてくれたと、かれらは評価したのであった。

この短歌群の掲載された『月桂新誌』(第八一号)の「混々砕録」欄には、直前に当時全国的に注視されていた松沢求策・上條螘司の国会開設請願運動に寄せる「奨匡社中一老民」の二つの漢詩が掲載された。奨匡社国会開設請願運動は、この年七月九日、十一日に巡幸に参加せず、在京中の岩倉具視右大臣と、松沢・上條二人が太政官で直接面談したところ、一部だけの国民の請願権はみとめられないと、請願書の受理を岩倉に拒絶され、請願運動が行き詰まった。この「秦庭」にたとえられる東京に五旬にわたり駐在して、松沢・上條は「公同・愛国」のために執拗に運動をつづけ、長野県内民心を届けようと「誠思」をつくして請願書の受理を熱望したが、それを「峻拒」された。この民心を峻拒する政治の現実と、自由民権家もふくむ民衆が行幸に寄せた、恵み豊かな生活を民へと期待させる天皇観が整合性をしめさず、「天恩」への「過信」となってあらわれたのであった。この矛盾について、明治天皇巡幸が民衆への「天朝」浸透の意図を成功裏にすすめているプロセスのなか、自由民権を希求する人びとのあいだで、天皇像を整理しきれない状況を「奨匡社中一老民」は、きびしく指摘した。

○寄懐松沢・上條二委員　　奨匡社中一老民

恭擎共議一封書。　恭《うやうや》しく擎《ささ》ぐ　共議の一封書

過信　天恩素不疎。　天恩　もとは疎《うとん》ぜられざりしを過信す

豈料幾旬経歴久。　　豈《あに》幾旬経歴《へめぐる》久しきを料《はか》らざるや
秦庭空駐泣包胥。　　秦庭に空《むな》しく駐して　泣くを包み胥《たす》けん

○

県内民心非為私。　　県内民心私の為にあらず
公同愛国竭誠思。　　公同して国を愛し　誠の思いを竭《つく》す
明言喩慰豈無道。　　明言に喩慰《さとしなぐさ》む　豈道なきやと
何事伝聞峻拒辞。　　何事ぞ伝聞する峻拒《しゅんきょ》の辞

岩倉右大臣によって、板垣退助らが民撰議院設立建白書で主張した政権の性格「上帝室ニ在ラズ」が、政権と天皇が一体化したとみなくてはならなくなったと捉えなおした漢詩であった。

しかし、明治天皇巡幸が、木曽路民衆の「天朝」への期待を増幅させたことは、贄川学校簡易小学第一級・第二級で学んでいた少年少女たちが、父万作をついだ教員千村退蔵家興から天皇巡幸にあたってうけた教育が、どのようなものであったかによっても、あきらかである。贄川学校からは、一級生古畑彌十（十三年九月）・千村三芳女（十一年八月　千村三郎次郎の長女、のち千村退蔵の妻）・斎藤竹之助（十一年八月）、二級生百瀬文庫（十一年八月）・千村胤彌太《たねやた》（十三年九月　千村三郎次郎の長男）の四人が奉呈文を提出した。それらの文は、維新以来の天皇の言動を、共通に高く評価した。千村胤彌太の奉呈文でみると、「維新以来、百事改正、人智・工芸日月ト共ニ進ミ、方今ノ隆盛

ニ至ル所以ヲ按ズルニ、是全ク天皇陛下深ク宸慮ヲ政事ニ悩シ給フヲ以テナリ」とある。維新以来の改革指導者が天皇であったこと、今回の巡幸が「尚人民ヲ奨励シ、国家興隆ノ基礎ヲ固フシ、我邦ヲシテ開化高等ノ位置ニ居ラシメンガ為」であること、そのために「嶮悪著名ノ木曽路ノ如キモ亦普ク風俗ヲ実地ニ天覧シ給フ」ものであったとしるしている。子どもたちは、天皇が「万民ノ疾苦」を見届け、民衆生活の開化によって国の「富強ノ基礎ヲ固」くしようと取組み、「欧米ヲ駆逐スル勢」をもたらそうとしている、と評価した(第二章参照)。

明治天皇巡幸にあたってての西筑摩郡内の詩文奉呈は、福島村の三七人がもっともおおく、贄川村の十二人、神坂村・木祖村・奈良井村各一人であった。神坂村は、中講義島崎正樹がただひとり、万葉仮名による長歌と返歌を奉呈した。福島村では、一八八三年に東京にでた島崎春樹少年が寄寓することとなる東京銀座四丁目にあった吉村家の当主・代言人吉村忠道(福島村野口家に天保十二〈一八四一〉年十二月二十八日に生まれ、用拙の弟式馨《のりか》が養子に入った吉村家に式馨の長女志ようの婿として一八七五年四月養子にはいる。自由民権結社奨匡社社員)が短歌二首を奉呈した。(注35)吉村家で春樹少年が、東京にでた武居用拙とも出会うことになったことは、藤村研究者によく知られている。

福島での詩文奉呈者のなかでは、平田門人であった山村良貴の母久留島こう女が短歌一首、奨匡社に入社していた永井治寛が短歌二首を奉呈した。吉村忠道と永井治寛の短歌は、つぎのとおりであった。

夏来てもみゆきふるてふ小木曽山　君かひかりにとけ渡るらん　吉村忠道
麻衣木曽山にすめるたみ草も　しけりますらむ君か御幸に
小木曽路にすむ人皆も今日こそは　きみかみ幸を祝ひけるかな　永井治寛
なにしあふ小木曽の山の郭公　深き恵をけふそしるらん

久米邦武は、前掲書『東海東山巡幸日記』のなかで、福島の木曽馬市をとりあげ、「初メ木曽ノ馬種良ナラズ、山村氏人ヲ陸奥ニ遣ハシ良種ヲ移ス。此ヨリ馬益繁息セリ。毎歳七月一日ヨリ馬市ヲ開ク五日、近郡隣国ヨリ牝牡馬ヲ牽キテ集ル。約四千頭。傍近ノ村民ミナ牧馬ヲ業トシ、馬頭ヲ以テ富ヲ数フ。一戸百余頭ヲ養フモノ多シ」と書いている。この巡幸は、六月二十八日、馬籠では峠の小林藤助宅（十時十五分）と駅の島崎秀雄宅（十一時十五分）に「駐蹕《ちゆうひつ》」したが、「御小休」とあるだけである。島崎正樹の明治天皇へ建白書を提出しようとした動きは書かれていない。

このとき、島崎正樹は長歌と建白書二通を三條実美太政大臣に奉呈したが、ただちに長野県属に「御下ゲ付」となった。長歌は、「吾大君」が「大八洲国《おほやしまくに》」の八十国をめぐる計画のもと行幸・巡幸をはじめ、一八八〇年には「大宮人」多数を「御供」に巡幸のため東京を発ち、山梨から信濃路にはいり、諏訪、松本深志の里をへて木曽路の「石根《いはがね》の凝々《こご》しき道へかしこくも越行幸《こえいでます》」ことによって、木曽が「嶮《さか》しき里にはあれど、見霽《みはらし》の宜しき里」となったと詠い、返歌で「山極《やまのま》に家居《いへを》る民の族《やから》まで御幸拝賀《みゆきおろが》むことのかしこき」などと詠った。北原稲雄に贈った掛物には、島崎藤村が「昭和十五年新秋の日」に文を添え、「当時小生はまだ神坂村小学校の生徒でありました」、父正樹は「隠居の身でありましたがその奉迎の長歌及び反歌は臣子としての情に溢れ当時のことをもよくしのばれる思ひがいたします」と書いている。(注36)

一八八〇年八月十七日付の島崎正樹の北原稲雄宛の手紙は、この明治天皇の中山道巡幸のさい、建白書―皇国暦制定、服色改正、神祇官再興、廃仏令などを主張―を奉呈したが差し戻された件についてつたえ、長野県内で神道の衰微がみられることを指摘した。贄川の平田門人たちが、文明開化期・自由民権期に積極的に地域近代化に参画し、天皇巡幸を評価したのにくらべ、島崎正樹は、逆に否定的にとらえる傾向を強め、自由民権運動への批判的態度もつづけた。北原稲雄への手紙では、「奨匡社とか中社を結び、数百人連結の由、何の為に相成、如何成事を致す社にて候哉、一向不得其意候」などと書いた。

宮地氏は、平田門人たちの「復古・一新」路線の挫折で、福澤諭吉の著書『通俗民権論』『通俗国権論』を購入・解読した飯田の平田門人市岡雅智（鉄叟）が、中津川の市岡殷政宛書簡で「通常の洋学者流とは異表の論にて面白御坐候」とのべていることを取りあげ、福澤諭吉派の自由民権運動への接近がみられるとした。宮地氏はまた、北原稲雄は社地上知反対・神祇官再興を太政官・左院に建言・建白した一八七三、七四年には、福澤諭吉を「神国の風土に不応徒」であり「追懲」すべきだと攻撃しており、開産社社長として松本士族救恤などで自由民権家松沢求策らと激しく対立したが、下伊那地域の地租改正反対運動などを通じて、福澤へ接近したのではないかと推測している。北原稲雄・今村豊三郎・樋口与兵衛三兄弟は、性格の違いを越えて地域の諸問題に対処していたとも宮地氏は指摘している。(注37)

わたしは、稲雄自身の福澤への接近に否定的であるが、福澤が一八八〇年一月二十五日に創立した結社交詢社に、稲雄の弟樋口与平（文久二年五月平田篤胤歿後門人）が太田伝蔵（文久四年十一月十五日同門人、当時第百十七銀行頭取）と、一八八二年に加盟していることは指摘しておきたい。(注38)伊那の平田門人による福澤諭吉の思想的立場への同調は、宮地氏の指摘どおり、部分的であるが北原稲雄の近くに存在した。

奨匡社には、贄川宿から平田門国学で指導的立場にあった小沢重喬と陶山正名の二人が加盟し、国会開設請願書に贄川の五人の代表として署名した。西筑摩郡では福島と藪原で八四五人の国会開設願望者がおり、福島学校の教員河野常吉（文久二〈一八六二〉年十一月十日生まれ～一九三〇年死亡）が活躍した。河野常吉は、東筑摩郡島内村出身で、歌人で香川景恒に書斎を楽園と名づけてもらった河野通重（文政九年～一九一〇〈明治四十三〉年）の二男、一八七四（明治七）年十一歳で高遠藩の漢学者高橋白山の塾で学び、長野師範学校に学んで教員の免許をとり、西筑摩郡福島学校教員に一八七九年五月から八一年一月まで赴任していた。(注39)

贄川でも伊那でも、平田門人で奨匡社に加盟した者はすくなかった。それぞれ、異なった近代化構想をもち、平田門人は地域の課題に独自に対応した（後述　おわりに　参照）。

明治天皇や政府高官による木曽路訪問のいっぽう、数年前まで「攘夷」の対象であった欧米人が木曽路を訪問し、民衆がそれを受け容れ、理解する状況もすすんだ。

一八七三（明治六）年七月、イギリス人ウィリアム・ガウランドが、同僚エドワード・ディロンと御嶽登山をし、一八七四年にガウランドが、アーネスト・サトウと木曽福島で落ちあい、案内人を雇って御嶽山・乗鞍岳にのぼり、上高地にもはいっていた（第三章参照）。

天皇巡幸の翌一八八一年夏、アーサー・H・クロウとアーネスト・メイスン・サトウ（一八四三〜一九二九　イギリス人外交官）が奈良井・贄川を徒歩旅行した。クロウが、帰国して一八八二年に公刊した『日本と公道と問題　二人の徒歩旅行者の体験』のなかで、八一年六月二十二日の朝六時四十五分に福島を出発し、鳥居峠を越えて奈良井から贄川・桜沢まで旅をした状況について、つぎのように書いている。(注40)

奈良井から桜沢までの間は、美しい肥沃な谷の底を通った。稲田と桑畑が多く、両側の丘は頂上まで樹木が生い茂っていた。粗末な塗物が製作される平沢の大きな村を通り過ぎ、日の暮れる頃に桜沢に着いた。こんもりと木の茂った狭い峡谷に、奔流の上に突出して大きな宿屋が二、三軒ある。

私たちは、藤屋を選んだが、この漫遊の旅で一番気持のよい宿屋だった。眠りを妨げるノミは全然いない。一年前にミカドがここに泊った（ただしくは「御小休」した―上條注）。宿の主人は、泊客に向ってわざわざその事を披露する。日本の文学で大きく書かれた掲示によれば、私たちは太陽の女神の後裔に御用立てた同じ部屋を占拠し、全く同じ畳の上にうずくまっていることになる。
この地は、日本の最も優秀な狩猟地の一つで、宿屋の主人たちは、それぞれ鹿や、熊の皮や、角その他のコレクションをもっていて売る。私は、山猫の皮と小さなニグ（カモシカのこと）の角一対を買った。亭主は豪華な黒熊の毛皮を見せてくれた。僅か十五円（三十五ペンス）で売ってもよいといったが、あまり嵩《かさ》ばり過ぎてとても運びきれない。

前年に「天覧」に供し、天皇買上げとなった獣皮が、こんどはイギリス人の買上げとなった。また、巡幸が宿屋のノミの除去をもたらしていた。桜沢の藤屋に、アーネスト・サトウは、一八七八（明治十一）年八月にも泊っていた。近代登山の先駆けであった御嶽登山のため、野麦峠から木曽にはいったサトウは、登山の翌八月八日、福島を出発して藪原で昼食をとり、雨のなか、鳥居峠の茶店で「ほろ苦い味のする蓬餅《よもぎもち》」を食べ、「雨は止みそうにないので、このまま奈良井に向かった」。そのあとの記述は、つぎのようになっている。(注41)

その進入部には杉や hinoki すなわち檜、栗の木などの美しい森があった。贄川へ向かう途中に平沢という村落があり、安物の漆の盆や箱が大量に作られているが、赤い漆塗りの丸盆を五（円）と六（円）で二組買った。
贄川に到着したところ、本陣の最上級の部屋はすでにふさがっており、私たちに用意された部屋は耐え難いほどの悪臭がしたので、そこに宿泊するのは断わり雨の中を再び出発し本山に向かった。だがその途中に桜沢という村落で宿泊を勧められ、郵便局のある町ではないが、少し先に行っている荷物を呼び戻し、藤屋右衛門（栄右衛門—上條注）の旅宿に泊まる。

犀川（奈良井川—同前）に臨むように建っているとても心地よい部屋で不快な臭いも全くない。しかし不幸にも蚤の大群がいた！　中型のカモシカの毛皮を一円十銭で、大型のそれを一円七十五銭で買うとともに、角のついたよく仕上がった頭を二十五銭でもとめた。宿の主人は周辺の山について熟知しており、高遠からイリノヤ渓谷、大河原、遠山峠、程野、上村、春野木を通って遠江の秋葉山へ向かう絶好の野道を教えてくれた。テコイモとは柔らかい、大きな白い味のない芋の一種のことだ。

イギリス人外交官として知られるようになるアーネスト・サトウは、翌朝七時に出発し、伊那に出る。その「絶好の野道」を教えて喜ばれた藤屋栄右衛門は、防火（火伏せ）の神をまつる秋葉信仰により、贄川・桜沢の人びとと秋葉詣でをした経験が豊富であったからであろう。サトウは、このように一八七八年八月八日に藤屋に宿泊した経験のうえに、天皇巡幸をはさんで、ほぼ三年後の八一年六月二十六日にも、この宿を利用したのであった。もともとサトウは藤屋旅館を気に入っていたが、二回目はノミの大群がいなくなって、いっそう好印象をもった。

サトウを受け容れた贄川民衆の動きを記載したこの体験記は、幕末維新期の平田門人の「尊王攘夷」の心情が「尊王・民権・開国」に転換したようすをあきらかにするようにおもわれる。

おわりに　明治地方自治体制確立期から初期社会主義運動期への見とおし

この書は、主として、木曽路の維新変革期における民衆の動静を、贄川・奈良井両宿に焦点をあてて検討してきた。慶応二年八月の世直し一揆から、ええじゃないか、戊辰戦争がつづいて引き起こされたプロセスが、どのような木曽路における民衆生活の展開と民衆たちの想いに彩られていたのかを、贄川宿・在に存在した平田門人群の諸活動とむすびつけて、文明開化期・自由民権期までをとおして考察することに心掛けて書きあげた。

自由民権期につぐ民衆的近代化の行方を辿るとき、国家的近代化が大日本帝国憲法・教育勅語体制を樹立しようとし、地域にあっては、市制町村制・郡制・府県制の施行と衆議院議員選挙などを施行した。これらに贄川・奈良井両村民が、どのような主体性を発揮して、民衆的近代の創出につとめ、自治的機能を確保しようとしたかが、まず解明課題になるようにおもう。

長野県内では、市制施行は課題とならず、町村制施行が大きな課題となった。西筑摩郡では、町村合併をふまえた町村制施行の実施を、長野県の方針をうけてすすめ、二五か村を一五か村に合併する案、そのなかで贄川村（二三六戸）と奈良井村（三九六戸）とを合併させる村制施行を構

想した。(注1)
贄川村・奈良井村は、ともに県案の二か村合併案に反対し、奈良井村に属していた平沢が合併案に賛成した。贄川・奈良井両村は、郡区町村編制法以来の各村政が築こうとしてきた「自治ノ原理」から合併に反対した。その反対理由には、一八八五年三月からの両村を管轄した奈良井村・贄川村連合戸長役場（戸長・贄川の千村巨）による連合戸長役場行政が、たとえば奈良井耕地の川入地域住民の役場への往復の不便、時間・費用の無駄などを生んだとする、細かな理由もあげられていた。それぞれの村が九月十五、十六日の臨時村会で審議した反対理由をまとめた「町村合併之諮問ニ対スル答議」は、連合戸長役場戸長千村巨が、九月二十二日に長野県知事に提出した。それには、地勢・人情・風俗について、両村の概要が対比して書かれていた。
贄川・奈良井両村の「地勢」は、贄川は東・上伊那郡小野村、西・奈良井村、南・上伊那郡横川村、北・東筑摩郡宗賀村が四つの境となり、東西一里一八町、南北一里三二町の村域であり、奈良井は東北・贄川村、西・藪原村、南・上伊那郡西春近村と境を接し、東西三五町、南北四里の村域であった。「人情」は、つぎのようにしるされた。

贄川：人民行商ヲ業トシ、常ニ都会ニ逍遥スルヲ以テ性稍活発ナリ。然レ共、老農・樵夫ノ如キニ至テハ頑固ヲ存スル者多シ。
奈良井：人民常ニ木櫛・漆器ノ製造ヲ業トス。故ニ概ネ頑固ニシテ古ヲ存ス。然レ共、製造ノ

表3 贄川村・奈良井村の町村制実施調査事項 1888（明治21）年

項　目	贄　川　村	奈　良　井　村
所得税税額・人員	9円63銭（3人）	18円31銭(6人)
負債額・償却期間	477円26銭（35年賦）	477円26銭(35年賦)
	17円83銭8厘（22年賦）	40銭5厘(22年賦)
人民所有地		
耕宅地反別	225町3反8畝09歩	198町9反4畝17歩
同　　地価	9,874円46銭1厘	6,454円34銭2厘
同　　地租	247円04銭7厘	161円44銭5厘
同所有人員	229人	406人
山林原野反別	1,596町5反3畝01歩	140町2反6畝11歩
同　　地価	770円48銭3厘	525円13銭
同　　地租	19円29銭4厘	13円16銭4厘
同所有人員	239人	416人
他町村人民所有地		
耕宅地反別	2町0反5畝09歩	0
同　　地価	198円62銭6厘	0
同　　地租	4円97銭3厘	9反5畝16歩
山林原野反別	14町3反8畝13歩	9反5畝16歩
同　　地価	10円91銭	3円63銭
同　　地租	27銭3厘	9銭1厘
同所有人員	4人	1人
一村共有物		
畑反別	33町2反5畝07歩	55町7反4畝10歩
同地価	666円14銭6厘	370円50銭9厘
同地租	16円69銭	9円27銭6厘
山林原野反別	1,435町1反5畝25歩	1,351町5反9畝29歩
同地価	650円88銭9厘	481円19銭
同地租	16円27銭6厘	12円03銭8厘
共有金	1,850円	0
消防具	纏3本、高張3張	なし
村費		
1戸平均額	1円17銭7厘	96銭2厘
同　最高額	9円73銭	8円03銭
同　最寡額	22銭	22銭
免除戸数	8戸	43戸
掲示場数	1か所	1か所
公民権・住民権所有者		
公民権所有人員	154人	206人
住民権所有人員	1,179人	2,527人

『西筑摩郡請願建議書類』（長野県庁所蔵）より作成

物品ヲ都会へ輸出シ売却スル者ノ如キニ至テハ性稍活発ノ気アリ。

また、「風俗」はつぎのようにしるされた。

贄川：近年養蚕ノ道大ニ開ケ、村民養蚕ノ利益ト農業ヲ以テ生活ヲ立ル者多ク、且春冬積雪ノ候ハ専ラ行商ト薪炭トノ業ニ従事シ、以テ活路ヲ計ル。

奈良井：人民多クハ木櫛・漆器ノ製造ヲ業トシ、生活ヲ立ル。且近年稍養蚕ノ道開ケ、随テ原野ヲ開墾シ農事或ハ薪炭ノ業ニ従事シ、以テ活路ヲ計ル。

その際にまとめられた「町村制実施調査項目」（一八八八〈明治二十一〉年）は、表3にまとめたように、村柄の相違を統計的にあきらかにしめしていた。耕宅地所有人員は贄川二二九人・奈良井四〇六人、山林原野所有人員は贄川二三九人・奈良井四一六人と、いずれも贄川がすくなかったが、一人平均の耕宅地反別・地価・地租、山林原野反別・地価・地租の数値は、いずれも贄川が卓越していた。

耕宅地	反別	地価	地租
贄川	九反八畝一二歩余	四三円一一銭九厘九分	一円七八銭八厘
奈良井	四反〇畝	一五円八九銭七厘四分	三九銭七厘七分
山林原野	反別	地価	地租

贄川　六町六反〇畝二三歩　三円二二銭七厘八分　八〇銭七厘三分
奈良井　三反三畝二一歩　一円二六銭二厘　三一銭六厘

公民権所有人員は贄川一五四人・奈良井二〇六人、住民権所有人員は贄川一一七九人・奈良井二五二七人で、住民権所有人員を、この書の第一章でみた一八七六年の贄川一〇〇一人・奈良井二五七八人と比較すると、贄川一七八人増・奈良井五一人減で贄川の人口増、奈良井の人口減が対比される。贄川は、文明開化期・自由民権期をとおして村の近代化に成果をあげることができたといえる。

両村の合併反対の意見書には、「人情・風俗」について、奈良井は村民が木櫛・漆器製造のため家に「蟄居」して人との交わりがすくなく「質朴」であるため、贄川村民を「狡猾」であると批判的に評価し、贄川は村民が行商で都会に出るなどで開明の風潮になじみ活発であるのに、奈良井村は「交通ノ道ニ疎ク、性随テ卑屈」と、これも否定的に評価していた。かつて、協働して相互の長所を活かした交流をおこなってきた歴史をもつ両村が、この時期に、独立村を希望したためとはいえ、批判しあったのは、国家的近代化のひずみが生じていた旧宿駅社会の変貌が、背景にあったからとおもわれる。

そのひずみは、奈良井村のうち一〇〇〇戸ほどの「平沢耕地人民総代共」巣山静江・手塚要右衛門など四人が、一八八八年十月二十一日に知事宛に提出した「町村合併ノ儀ニ付意見書」に、とくに奈良井の産業衰退として、具体的に指摘していることにうかがえた。

平沢の民衆は、村区域の合併拡大で民費を節減し、「国家富強の基礎」となれるよう「民力休養」による村づくりが必要であるとし、平沢の村会議員は奈良井村村会に合併賛成で臨んだが少数で合併反対に圧倒されたこと、近年の不景気―松方デフレーション政策で民力が衰退し、職業不振で村外移住者が奈良井耕地にはおおいこと―をあげた。奈良井耕地人民には、地租などの納入が納期内にできず、八八年度の村会決議予算で卸小売り税をみると、長野県会決議による等級割税金高が平沢のほうが五〇円ほどおおく、平沢耕地人民は奈良井耕地人民が負担すべき営業税まで負担していることなどを指摘している。

結局、西筑摩郡長・長野県の方針で、贄川・奈良井両村は合併となり、一八八九年四月一日に楢川村が発足した。その村長は、初代が千村巨（一八八九年五月二十八日着任、九一年七月二十五日退任、就任期間二年一か月）、二代が倉沢謙三（一八九一年九月十六日着任、九三年三月二十六日退任、就任期間一年六か月）と贄川出身者がつとめたが、三代村長には、上伊那郡東高遠町出身で上伊那郡役所勤務の経験者で、初代三岳村長をつとめた芳原雄也が村外から就任しており、発足時の楢川村政はむずかしい運営がつづいた。

町村制をふまえて、郡制・府県制が施行されるが、府県制施行に先だって一八九八（明治二十二）年十一月、長野県会に県庁移転建議書が提出された。この移庁運動は、山本清明（北佐久郡選出、小諸町で自由民権運動に尽力して経験をもつ）とともに、西筑摩郡選出の遠藤彦作（前年木曽政友会を組織した自由主義系）が、北に偏在した県庁所在地を県中央にうつす運動を、「強固ナル自治体ヲ造リ出サントスル、最モ急務ナルヲ以テ」展開した。この運動には、遠藤を選出した贄川の民衆もかかわっていたとおもわれる。

贄川からは県会議員を選出できなかったが、伊那の平田門人たちをみると、長野県会議員として参加した松尾千振（長野県会議員に一八八二年十月から三期当選、県制実施後第一回当選・議長就任　松尾多勢子の嫡孫）・北原信綱（長野県会議員に一八八四年六月から二期当選、県制実施後第一回当選、北原稲雄の長男）らが、移庁・分県運動に熱心に取組んだ。一八九一年には府県制による長野県制施行にともない、北原信綱は、県会議員を郡会議員が選出する間接選挙方法を批判し県民による直接選出と知事公選論を主張し、県の自治機能を高めるための活動を展開した。いずれも実現できなかったが、平田門人たちの立場であった地域主義・在地主義的な枠組み（宮地正人氏の定義）の理論実現をめざした。（注2）

その後の展開をたどると、信濃国の明治初年における世直し一揆にかかわった人びとの系譜として、大日本憲法体制による政治体制、日本産業革命によって生じはじめた資本主義社会のひずみ、日清戦争後の社会状況を変革しようと、松本平に起こった初期社会主義による新たな社会的・政治的運動へ取組む人びとがでた。このことに、最後に触れておきたい。

木下尚江・中村太八郎・二木亀一らは、一八九七（明治三十）年七月に普通選挙同盟会を組織し、全国に先駆けた普通選挙権獲得運動をはじめた。（注3）普選運動は弾圧によってしばしば挫折したが、一八九九年十二月の松本神道公会所における大会で普通選挙同盟会規約（全五条）をきめて立て直しをはかった。その会でえらばれた主幹が吉江久一郎（東筑摩郡塩尻村長畝、吉江平八郎長男）、幹事五人（川上源一〈塩尻村　小沢重喬の妻川上静子の実家〉、二木亀一など）、常議員一五人（中村太八郎・東筑摩郡山形村中村平作孫、第三代加納屋深沢茂吉・西筑摩郡楢川村贄川など）、評議員一〇〇人であった。(注4)

吉江家・中村家は、木曽騒動の対象となり米の安価による提供に応じた家であり、加納屋第二代深沢万助茂吉は木曽騒動指導層の中心にいた。第三代深沢茂吉は、一八九五（明治二十八）年に松本町字南深志町九四番地に双隆合資会社を開業し、洋反物・太物・肥料・金庫などの物品販売をおこない、九八年二月には松本町本町五丁目で産業用達株式会社を経営して「生産に関する購買委託一切の業務」にたずさわり、「真正海産肥料・大豆類・支那大豆粕・支那種粕・重過燐酸石灰・養蚕家必需蚕具及農具類・消耗品類販売・農蚕家生産品委託販売・本社特製完全肥料・米穀・食塩・農蚕種子苗木類」を「従来詐欺的手段を以て害毒を流したる奸商の悪弊を刈鋤」するための業務として、安価で提供することを宣言し、かたや「細民救助義捐金募集」をおこなった。(注5)「細民救助」は、木下尚江・中村太八郎らの平等会とおなじ原理に立つ運動であった。また、深沢は「松本地方米価の暴騰の極に達し、貧民の惨状見るに忍びざる者あり」とみた取組であった。一九〇〇年六月には株式会社信濃金融銀行の監査役をつとめており、中村太八郎たちとこの銀行の存続につとめている。

従来、松本の普通選挙運動の経済的基盤についてあきらかでなかったが、深沢茂吉が中村太八郎らとも連携してかかわった産業・金融諸機関は、それをあきらかにする史料を提供する。

木曽世直し一揆関係者の歴史的系譜に、日清戦後の社会的矛盾への対応である「細民救済」や普通選挙獲得運動にたずさわる人びとがあらわれていることは、地域近代史研究に新たな視点をあたえるように、わたしにはおもわれる。

注

はじめに　この書の小括をめざして

1 市村咸人『伊那尊王思想史』下伊那郡国民精神作興会　一九二九年。のち、一九七三年に北小路健氏の「『伊那尊王思想史』の復刊に寄す」を巻頭に入れ、国書刊行会から復刊された。この市村氏の国学研究から落ちている視点を問題にしたものに、上條宏之稿「国学から初期社会主義への道―今村真幸小論」(上條宏之著『変革における民衆』銀河書房　一九九四年所収)がある。

2 芳賀登『幕末国学の展開』塙選書二七　塙書房　一九六三年。「第二章　幕末変革期と国学運動」の「第二節　草莽国学の展開とその社会的基盤」で、平田篤胤の「歿後門人だけの地域」であり、「農民的要素のつよい」伊那の国学があつかわれた。べつに、「付章　幕末国学研究の課題」の「二『夜明け前』と草莽の国学」が、この論稿とかかわる研究史の整理をおこなっている。なお、芳賀氏は、「幕末変革期における国学者の運動と論理―とくに世直し状況と関連させて」(『日本思想大系五一　国学運動の思想』岩波書店　一九七一年所収)では、伊那の国学者北原稲雄について、「豪農の郷土防衛と『自力更生』」「平田門における出版上木運動」に関する事例としてとりあげている。

3 宮地正人『歴史のなかの『夜明け前』平田国学の幕末維新』吉川弘文館　二〇一五年。わたしの宮地氏の著書への書評は、「書評と紹介：宮地正人『歴史のなかの『夜明け前』平田国学の幕末維新』上條宏之」(日本歴史学会編集『日本歴史』第八二五号　二〇一七年二月号参照)。この章の最後に、いくぶん加筆して収録した。

4 芳賀登「木曽谷における平田門国学展開の前提」『『夜明け前』の実像と虚像』教育出版センター　一九八四年所収、一六二～一六四頁

5 佐々木潤之介編『村方騒動と世直し　上』青木書店　一九七二年所収。のち、横地穣治『信濃における世直し一揆の研究』横地穣治遺稿集刊行会　一九七四年に収録。

6 林淳一「慶応二年木曽一揆の背景」『信濃』第三二巻第七号　一九八〇年七月

7 楢川村誌編纂委員会編『檜物と宿でくらす人々　木曽・楢川村誌三　近世』長野県木曽郡楢川村　一九九八年。同書の林淳一執筆「第四章　第三節　慶應の木曽騒動と民衆意識」九八三～一〇二二頁

8 高木俊輔『ええじゃないか』教育社　一九七九年

9 高木俊輪「木曽騒動とお札降り」『長野県史　通史編　第六巻　近世三』長野県史刊行会　一九八八年所収

10 田村貞雄『ええじゃないか始まる』青木書店　一九八七年

11 高木俊輔「民衆と戊辰戦争」『長野県史　通史編　第七巻　近代一』長野県史刊行会　一九八七年所収

12 高木俊輔「民衆思想の成長と平田国学」『長野県史　通史編　近世三』長野県史刊行会　一九八八年所収

13 百瀬宗治「信州木曽贄川宿における平田篤胤没後門人について」『信濃』第二六巻第一一、一二号　一九七四年

14 伊東多三郎『草莽の国学　増補版』名著出版　一九八三年所収の「伊那の本学霊社」は、「伊那に於ける平田学の発展は、維新前後、国学の郷村社会進出の典型」として、本字霊社の創設にかかわった片桐春一を中心とした動きをあきらかにした。また、「青山半蔵伝補遺」では、島崎藤村『夜明け前』

に開連して、『夜明け前』の弱点が「文芸家独得の歴史的世界の構想が十分に成熟し且つ醗酵して居らぬ所」、すなわち「国学の精神の実践を熱烈に希求する主人公の一生が語られ乍ら、国学の精神そのものの究明と、明治維新との関係、国民思想展開の過程に於ける国学の把握が、十分に文芸家の叡知を以て成し遂げられたといい得ぬ」ところにあること、しかし、「伊那谷・木曽谷の人々、中津川宿の人々、それらの生活に国学の精神が浸透し、彼等を国民たる自覚に燃え立たせた実情、之に心惹かれた」ことをのべ、島崎正樹に関する紹介を試みている。さらに、「美濃から飛騨とへ」で、贄川の国学者が二一人にのぼり、小沢重喬が「地方の国学の中心人物」であり、遺稿に「かつらの下草」「白船のゆきき」「通のふせ初」などがあるというが、「小澤家に果たして史料が保存されているかどうか」と疑問の向きを木曽福島で聞き、「先の日程が急がれ」ため、贄川行を断念したことが書かれている。

一　木曽路の平田国学入門者たちと贄川にみる特色

（二）木曽路贄川の平田国学入門者グループの形成過程

1　宮地前掲書『歴史のなかの『夜明け前』』九一頁

2　前掲楢川村誌『檜物と宿でくらす人々』松田之利・筧真理子執筆「第四章第三節　慶応の木曽騒動と民衆意識」一〇五九、六〇頁

3　宮地前掲書　八六、八七頁

4　市村前掲書『伊那尊王思想史』の「人物略志」一四頁

5　独立行政法人文化財研究所奈良文化財研究所編『加納屋深澤家住宅調査報告書』楢川村町並み文化整備課　二〇〇四年所載の「贄川宿割図」（贄川軍平家所蔵）は、幕末（年不詳）の宿割図で、もと脇本陣にのこされたものである。なお、同宿割には「年寄哲右衛門　拾畳六間、十二畳壱間、八畳壱間、六畳三間、勝手十三畳、板間　七坪半」と、小沢重喬家をしるしてある。また、吉右衛門と誤植のあ

る千野長右衛門家についての記載は、「長右衛門　八畳壱間、九畳壱間、拾弐畳壱間、六畳五間、勝手五畳、板間四坪二半」とある。
6　宮地前掲書　五四頁
7　市村前掲書　二一二頁
8　宮地前掲書　五八頁
9　前掲楢川村誌『檜物と宿でくらす人々』松田之利・筧真理子執筆「第四章第三節　慶応の木曽騒動と民衆意識」一〇六三、六四頁
10　北小路健『木曽路文献の旅　『夜明け前』探究』芸艸堂　一九七〇年。一二二頁
11　長野県編『長野県史　近世史料編　第六巻　中信地方』長野県史刊行会　一九七九年所収「明治十六年　西筑摩郡家塾・寺子屋取調表」七七〇頁
12　前掲楢川村誌『檜物と宿でくらす人々』松田之利・筧真理子執筆「第四章第三節　慶応の木曽騒動と民衆意識」一〇六二、六三頁
13　前掲『加納屋深澤家住宅調査報告書』一〇、一一頁
14　橋戸大山神社とは、平沢地区におおい同族による小宮の一つで、平沢集落西がわの山麓にもうけられた。平沢集落の北である贄川とはやや遠い位置にあり、もとは山の神であった（田村善次郎ほか『暮らしのデザイン　木曽・楢川村誌六　民俗』長野県木曽郡楢川村　一九九八年所載の印南敏秀「第六章　カミの所在と由来」七八〇頁）。
平沢の橋戸大山神社に掲げられている板製額の冒頭に「奉額　橋戸大山神　冠字附　一題撰　集吟三百余草　抜草六十吟　判者　鶯語」とある。ついで、つぎにしめすような俳句が、「橋」「戸」「大」「山」「神」を冠字として一二句すつ並んでいる。
橋に来て　馬も彳《たたづ》む　暑かな　　柏老

戸口から　富士へつづくや　今朝の雪　　三輪
大山の　森の深さや　閑(古カ)子鳥　　山土
山一つ　越しても見たし　初つ桜　　山枡
神の灯を　見て巻く花の　筵かな　　冨壽

冠字ごとに一二句ずつ、計六〇吟が掲げられたのち、「明治二十二年八月朔日祭礼　寄進　氏子中　催主　冨壽　駒末　一亀」とある。橋戸姓の氏子たちが、およそ六〇〇句を詠んで、俳号鶯語の陶山正名に判者を依頼していることは、俳句に氏子の人びとがそろって親しんでいたようすがうかがえ、興味深い。この奉額を、前掲書『檜物と宿でくらす人々』一〇六四頁は、幕末のものとしているが、誤りである。

15 上條宏之所蔵『信濃明治俳家集』（下　和本）および国会図書館所蔵『信濃明治俳家集』（上　和本）

16 前掲『檜物と宿でくらす人々』松田之利・筧真理子執筆「第四章第三節　慶応の木曽騒動と民衆意識」一〇六七、一〇六八頁

17 木曽福島町教育委員会編『木曽福島史　第二巻（現代編Ⅰ）』木曽福島町　一九八二年。三六～四二頁

（二）贄川宿・在の平田門人の特色と役割

18 子安宣邦「解説」平田篤胤著『霊の真柱』岩波文庫　一九九八年。二二一～二二四頁

19 川村湊著『言霊と他界』講談社学術文庫　二〇〇二年。六〇頁、四二頁。この篤胤の他界観が柳田國男の民俗学に継承されたことは、通説になっているといえる。

20 宮地前掲書　三五〇頁、三五七頁、三五八頁、三六七頁

21 高木前掲稿「民衆思想の成長と平田国学」

22 宮地前掲書　四四、四五頁、五〇～五四頁。

23 前掲『檜物と宿でくらす人々』林淳一執筆「第四章第一節　激変する経済」八八七～八九二頁

24 前掲『加納屋深澤家住宅調査報告書』九、一〇頁
25 同前　一〇、一一頁
26 『清籟新誌』（第一一三号　明治十八年七月廿日）所収の漢学者武居用拙による「陶山兵輔墓表」。贄川の旅籠屋を経営し、茶葉の商いもした陶山兵輔の墓表は、武居が一八八四（明治十七）年三月に、兵輔を嗣いだ繁太郎の時期に、甥の兵一郎のもとめで書いた。武居用拙は、文明開化期から自由民権期にかけて木曽福島と筑摩・安曇のあいだを、しばしば往来したおり、兵輔の旅籠屋に泊ったことも、墓表を書いた理由となった。観音寺にある陶山兵輔の墓石の裏面に、「陶山兵輔墓表」の全文が彫り込まれている。
27 宮地前掲書　第一部「第八章　平田国学の「復古・一新」路線と中津川民権」参照

二 **「木曽騒動」にいたる奈良井宿・平沢民衆、贄川宿・在民衆の生活危機の増大**

1 巣山数彦家文書。この全文の紹介と考察は、上條宏之稿「木曾の民衆と維新変革―世直し騒動・ええじゃないか・戊辰戦争―」『信濃』第四三巻第八号　一九九一年八月。この書の第三章に修正・加筆して収めた。
2 『自慶応二丙寅年秋八月　郷中掛合帳　三町総代』深沢茂樹家文書
3 前掲書『檜物と宿でくらす人々』松田之利・筧真理子執筆「第四章第三節　慶応の木曽騒動と民衆意識」九八六頁

三 **贄川宿・在民衆の「木曽騒動」参画と「世ならし様」「弥勒菩薩」の登場**

（一）奈良井宿・平沢民衆、贄川宿・在民衆と世直し一揆

1 『自慶応二丙寅年秋八月　郷中掛合帳　三町総代』深沢茂樹家文書

2 前掲書『檜物と宿でくらす人々』松田之利・筧真理子執筆「第四章第三節　慶応の木曽騒動と民衆意識」九九二〜九九四頁、一〇〇〇、〇一頁

3 表一四一に「木曽騒動」の対象となった全体を表示。なかに、上大池村の中村平作がある。平作の孫中村太八郎が生まれたのは、明治元年二月二十日であった（平野義太郎『普選・土地国有論の父中村太八郎傳』日光書院　一九三八年）。この中村太八郎と贄川宿加納屋万助（木曽騒動のさいの町総代の子）が、やがて普通選挙運動などで行動をともにすることは後述（この章　おわりに　を参照）。

4 上條宏之稿「近代初期における木曾に関する二、三の問題」『信濃』第四一巻第一二号　一九八八年十二月　三三―四頁。この書の第一章に修正・加筆して収めた。

5 前掲書『檜物と宿でくらす人々』一〇〇八〜一〇一一頁

（二）「世ならし様」「弥勒菩薩」登場の背景

6 『長野県史　近世史料編　第五巻（三）　中信地方』長野県史刊行会　一九七四年所収史料一四一〇「慶応二年八月木曽騒動ちょぼくれ」

和歌森太郎「近世弥勒信仰の一面」『史潮』第四八号　一九五三年。この「ちょぼくれ」に、「こんどの願ハ神でハいかない、菩薩の御願で」あるとするのは「弥勒信仰」の影響を類推させるが、奈良井に弥勒信仰があった事実は実証できていなかった。和歌森氏は、弥勒信仰とええじゃないかとの関連を指摘し、「弥勒の世直し神として当来するとの信念が結びついたこと、そういう中世以来の潜在意識が民衆をして奔放な乱舞にかりたてた」とのべた。このことを、西垣晴次は、従来のええじゃないかの研究が、「民衆自身がどのように感じ、またどのような意識にうながされて参加したかという点にふれなかった弱点を鋭くついたもの」と評価した（西垣晴次『ええじゃないか　民衆運動の系譜』新人物往来社　一九七三年。二五六頁）。わたしは、世直し一揆に弥勒信仰があらわれた事例が、木曽騒動にみられたと考えた。

7 宮田登『冠婚葬祭』岩波新書　一九九九年。二四頁
8 宮田前掲書　二七頁
9 宮田前掲書　二五頁
10 安丸良夫「富士講」村上重良・安丸良夫『日本思想大系　民衆宗教の思想』岩波書店　一九七一年。六三四〜六四五頁
11 市村前掲書『伊那尊王思想史』四二五〜四三七頁
12 上條千秋・上條宏之ほか著『和田の歴史』松本市和田地区歴史資料編纂会　一九九五年。なお、戊辰戦争助郷のさいの殿村の助郷「世話役」は上原佐野右衛門であった。上原は、殿村助郷世話役をつづけており、和田八か村の惣代窪田九郎兵衛（改名後は窪田畔夫）らと、助郷の負担軽減のため、助郷に不参（ボイコット）し、江戸へ歎訴・歎願をおこなった。上原佐野右衛門は、明治二年の改名で上原東一郎の戸籍名となり、筑摩県政・統合長野県政のもとで和田村戸長をつとめたほか、自由民権期には奨匡社・交詢社に参加し、のちには東京に出て特色ある出版業に従事した。
13 長野県木曽郡楢川村教育委員会編『木曽楢川村の民俗　一』一九七二年。一四一頁
14 湯浅泰雄『日本人の宗教意識　習俗と信仰の底を流れるもの』講談社学術文庫　一九九九年。二八六〜二八八頁
15 宮地前掲書『歴史のなかの『夜明け前』』三五八〜三六〇頁
16 宮地正人『幕末維新変革史　上』岩波書店　二〇一二年。「第三章　平田国学と復古神道の成立」で、歴史を論ずる場合、「結果論的で遡及主義的な方法をとってはならず、必ずその発生の過程からとらえなければならない」（二八頁）とのべているが、わたしも心掛けてきたことである。
17 上條宏之「木曽の民衆と維新変革　世直し騒動・ええじゃないか・戊辰戦争」『信濃』第四三巻第八号　一九九一年八月。この書の第三章に改稿して収録

四　「木曽騒動」の担い手と平田門人たち

（一）贄川宿・在民衆の世直し一揆要求と長畝村豪農吉江平八郎との交渉

1　塩尻市長畝吉江嘉教家文書。上條前掲稿「木曾の民衆と維新変革」五〇、五一頁。この書の第三章参照。

吉江平八郎は、長畝の豪農で酒造業を営み、のち伊那県商社にたずさわり、一八七八（明治十一）年二月長男久一郎（安政五年生まれ、一九四〇年四月三日死す。号は槻堂。「中山道鉄道期成同盟会」「普通選挙期成同盟会」などで中村太八郎・木下尚江らと交流。久一郎の長男は、早稲田大学文学部長となるフランス文学者吉江喬松〈孤雁　一八七九年九月七日生まれ、一九四〇年三月二十六日死す〉）が東京高等師範学校小学師範科を卒業して間もない七月十三日に逝去するまで、長畝村名主、ときには周辺五か村の大庄屋をつとめ、地域で政治・経済面で重きをなした（東筑摩郡・松本市・塩尻市郷土資料編纂会編・発行『東筑摩郡・松本市・塩尻市誌　別篇　人名』一九八二年　四九〇頁）。

前掲の『自慶應二丙寅年秋八月　郷中掛合帳　三町惣代』によれば、木曽騒動で贄川が受けとった米証文は、大小屋村の勘左衛門が米一〇駄（一駄・三両）、堀内金左衛門代理と塩尻宿役人総代・問屋・年寄が米三〇〇駄（同前）、諏訪領南熊井村の坂野市内と名主善左衛門が米四〇〇駄（同前）、中挟村の又左衛門が米三〇駄（同前）、同村の中村丈左衛門が三〇駄（同前）、南熊井村の役元伴左衛門が米一〇〇駄（同前）、同村の坂野市内・請人栄助・同忠右衛門が四〇〇駄、同村の忠兵衛・磯右衛門が私有穀の籾四〇俵、赤木村の名主十郎治が穀荷物五〇駄（一駄・三両）、高出村の市郎左衛門・安右衛門が米二〇〇駄（同前）、同村の運右衛門が米一〇駄（同前）、同村の七郎左衛門が玄米一〇駄（同前）、下西条村の伝左衛門が米三〇駄、野村の平出岡右衛門・七右衛門が一〇〇駄、上西条村の及助が米五〇駄、平出村の役人中と名主清右衛門・受人甚兵衛が米三駄（一駄・三両）・粟三駄（一駄・二両二分）・小麦四駄（一駄・二両）、床尾村の吉之助が米三駄、同村の良右衛門が米三俵・小麦五俵、同村の又七が米二駄・小麦二駄、大小屋の吉丸屋が籾九俵・米一駄・〆一一俵、松本領野村の与七郎が玄米三〇駄（うち、飯米を相除き一駄・三両）などを、「木曽一同様」「近在衆中木曽宿四ケ宿御一統中様」「近在衆中木曽四ケ宿」「木曽四ケ宿様」「木曽四ケ宿御一同様」「木曽御出向衆中」「近在御衆中様、木曽御衆中様」「木曽口本山口衆中様」「御一統様」「御連衆中様」などと契約していたことがわかる。南熊井村役元伴右衛門だけが、米一〇〇駄を「木曽贄川宿御出向衆中」宛にしていた。なお、長畝村の吉江平八郎に関連して、つぎの文がある。

一札之事

一 吉江平八郎より近在江差出米書面慥ニ受取申候、以上

但し三百駄

塩尻村 善右衛門

忠左衛門

喜 十 郎

弥五左衛門

右書面長畝吉江平八郎江応対之節立入引請書面代金三両ニ而米五拾駄二十五日迄木曽江差出し申候

長畝村 治左衛門 印

木曽御出向衆中

このような克明な記録の存在は、木曽騒動に参画した贄川宿・在の民衆が、きわめて真剣にこの騒動にあたった証しであった。

2 『自慶応二丙寅年秋八月 郷中掛合帳 三町惣代』

3 百瀬宗治前掲稿

4 注2『郷中掛合帳』

5 上條前掲稿「木曽の民衆と維新変革」この書の第三章参照

『政事日記　明治二年　全七冊之内三』（愛知県公文書館文書）には、木曽騒動をふくめて、三つの騒動に関連した人びとの明治二（一八六九）年八月の赦免にかかわる民部省のつぎの達がある。

徳川三位中将

江州八幡町之内生須町伝兵衛外八人儀不届有之別紙書面之通旧幕府おゐて仕置申付候処　主上御元服御大礼被為行候御赦ニ此度御免可申渡旨御差図ニ候処遠国之儀ニ付其藩おゐて赦免被申渡死失歟行衛不相知候ハヽ親類身寄又者其所役人江申渡請証文取之可被差出候別紙請証文案相添此段相達候也

巳六月　民部省

（中略）

信州筑摩郡贄川宿

慶応三卯年　元百姓　嘉助

一　江戸払　萬助

同年　元百姓　長十

一　江戸拾里四方追放　元百姓　庄作

（後略）

6 前掲書『檜物と宿でくらす人々』一〇一五頁

7 『自明治三年庚午正月十二日　宿在極難救施行米割渡人別　陶山伝兵衛政盈』（陶山晋一家文書）による。この文書については、上條前掲書『もうひとつの『夜明け前』　近代化と贄川の国学者たち』三六、七頁。この書の第二章参照

8 前掲佐々木潤之介編『村方騒動と世直し』上・下　青木書店　一九七二年。および佐々木潤之介『世直し』岩波新書　一九七九年。八五、六頁、一四四、五頁

9　上條前掲書『もうひとつの『夜明け前』』三五～三七頁。この書第二章参照

10　前掲佐々木編『村方騒動と世直し　上』所収。のち、横地穣治『信濃における世直し一揆の研究』に収録参照

（二）「木曽騒動」研究史にみる歴史的評価の再検討

11　林淳一前掲稿「慶応二年木曽一揆の背景」

12　高木前掲稿「木曽騒動とお札降り」九〇一頁

13　『長野県史　近世史料編　第五巻（三）　中信地方』史料一四一〇および前掲横地著『信濃における世直し一揆の研究』一七一～一七三頁

14　『創立六十年記念誌　長野県松本盲学校』

15　『自明治二十五年至大正三年　出寄留簿　西筑摩郡楢川村役場』旧長野県木曾郡楢川村所蔵。

16　「御構場書付」陶山晋一家文書

五　ええじゃないかと平田門人たち

1　高木俊輔「木曽騒動とお札降り」長野県編『長野県史　通史編　第六巻　近世三』九〇八頁、九一九頁。木曽のええじゃないかについて、高木氏は、この論稿で、十月十一日の三留野、十月二十八、九日、十一月一―十九日の馬籠の動き、十二月十一日の尾張藩の王滝村の村役人への禁令をとりあげている（九一八～九一九頁）。これに、奈良井の事例をくわえると、ええじゃないかが、単に直線的に中山道ぞいに伝播したといえないことがわかる。ええじゃないかには「お札降り」の作為がくわわり、民衆の参加があるので、各地で発生した実態・史的条件の解明が必要である。

2　高木前掲書『ええじゃないか』二一三頁、二三三頁

3　『筑摩郡　神社明細帳　旧名古屋藩管内』長野県庁文書

4　市村前掲書「人物略志」一四頁
5　上條前掲書『もうひとつの『夜明け前』』三四頁。この書の第二章参照

六　戊辰戦争と贄川の平田門人たち

1　『中津川市史　下巻　近代編Ⅰ』中津川市　二〇〇六年。一〇、一一頁
2　下伊那郡役所編『下伊那郡誌資料（中）』歴史図書社版　一九七七年所収「松尾多勢子伝」のうち「為誠の従軍」一七九、一八〇頁
3　下伊那郡役所編『下伊那郡誌資料（下）』歴史図書社版　一九七七年、「北原信質」一七五頁。平田門人の氏名については、「平田先生授業門人姓名録」『新編信濃史料叢書　第二十巻』信濃史料刊行会　一九七八年。二七〜七七頁によって修正した。
4　前掲書『下伊那郡誌資料（中）』収載「松尾多勢子伝」のうち「為誠の従軍」一七九、一八〇頁
5　前掲書『中津川市史　下巻　近代編Ⅰ』一〇、一一頁
6　宮地前掲書『歴史のなかの『夜明け前』』一七七頁。上條前掲稿「木曽の民衆と維新改革」三八頁。この書の第三章参照
7　上條前掲書『もうひとつの『夜明け前』』六八―七〇頁、上條宏之・小松芳郎共著『村を築いた人々　木曽　楢川村誌四　近代』長野県木曾郡楢川村　一九九四年。五〜八頁
8　北小路前掲書『木曽路文献の旅　『夜明け前』探究』一二六、一二七頁
9　長野県編『長野県史　近代史料編　第一巻　維新』長野県史刊行会　一九八〇年。史料一九九「慶応四年四月　伊那郡前沢万重等宛園田市兵衛等近藤勇捕縛一件書状」二四二頁
10　伊東成郎『新選組　二二四五日の軌跡』新潮文庫　二〇一九年。三二九頁

七　贄川宿・在民衆による公助的近代社会創出への取組

（一）贄川宿の幕末維新期における郷中自治

1　徳川義親『木曽の村方の研究』徳川林政史研究所　一九五八年。三四、三五頁
2　前掲書『檜物と宿でくらす人々』九五四～九六七頁
3　前掲史料『郷中掛合帳』
4　前注におなじ
5　『明治三庚午年正月　頭総代取定諸事書留　贄川宿』深沢茂樹家文書
6　前注におなじ
7　『月桂新誌』第一二六号　一八八一年三月十六日。有賀義人ほか編『月桂新誌』復刻月桂新誌刊行委員会　一九七三年。六三五頁
8　『月桂新誌』第一一二号　一八八一年一月六日。前掲書『月桂新誌』五五〇頁

（二）贄川宿・在にみる文明開化期の諸活動

9　上條宏之『長野県近代出版文化の成立』柳沢書苑　一九八六年
10　有賀義人「解説」前掲書『月桂新誌』七八一～七八九頁
11　『月桂新誌』第一一二号　明治十四年一月六日「雑報」欄
12　『月桂新誌』第九六号　明治十三年十月十一日「雑報」欄
13　『月桂新誌』第七号・明治十二年二月十七日、倉澤武矩「水辺柳」、小澤重喬「春駒」。『同』第一七号・明治十二年五月十二日、小澤重喬「寄国祝」、飫冨安和「僅見恋」。『同』第四七号・明治十三年二月六日、「庭上鶴馴」翠潭、景村、武矩、俊相、重喬など二一人、『同』第八一号・明治十三年七月二十六日、「御巡幸を賀し奉りて」千村景村二首・倉澤謙十郎武矩・小澤重喬・飫冨安和・千村三郎次郎俊相・倉澤謙三幸親・千村退蔵家興、『同』第一一八号・明治十四年二月六日、「竹有佳色」千村景村・千村俊相、

14 『同』第一一九号・明治十四年二月十一日、「竹有佳色」陶山正名をふくむ八人など。
鹿野政直・由井正臣編『近代日本の統合と抵抗1』日本評論社　一九八二年所収。鹿野政直「序論―統治体制の形成と地域」一～一二頁

15 川村湊前掲書『言霊と他界』四四～五三頁。なお、北原稲雄が、伊那県官吏の明治三年四月、伊那郡美女森神社につたわる倭建命の古文書といわれるものが「正真の神代文字」であると主張し、京都の銕胤のもとに篤胤『神字日文伝』附録におさめられないかと、「神字美女森社伝記」を送ったエピソードが、宮地前掲書『歴史のなかの『夜明け前』』(二三四、二三五頁)に紹介されている。

八　自由民権期の贄川民衆と平田門人たち

(一)自由民権結社奨匡社の国会開設請願運動と贄川民衆

1 『信飛新聞』(第一七号　明治七年十一月二十日)に、福島県士族教員浅岡一の太政大臣三條実美宛君民同治の政体要望書の掲載、『同』(第三十三号　明治八年三月八日)には、ペンネーム「圓頂横目」の民選議院設立希望の投書掲載などがあった。

2 『植手通有集Ⅰ　明治思想における人間と国家』あっぷる出版社　二〇一五年。六一頁。浅岡一については、中村一雄著『信州近代の教師群像』とうほう　一九九二年所収「浅岡一の人格教育」六六～七一頁

3 上條宏之『長野県近代出版文化の成立』柳沢書苑　一九八六年。一五～一九頁

4 有賀義人代表編『信飛新聞』複刊信飛新聞刊行会　一九七〇年

5 『奨匡雑誌』第一号　明治十三年六月一日

6 有賀義人・千原勝美編『長野県自由民権運動　奨匡社資料集』奨匡社研究会　一九七三年。六九～七三頁

7 奨匡社発行印刷物（上條宏之所蔵）
8 同前
9 板垣退助監修　遠山茂樹・佐藤誠朗校訂『自由党史　上中下』岩波文庫　一九五八年。
10 前掲『自由党史　上』三二三、四頁。なお、松沢求策にとって、天皇は国会開設哀訴の対象であったため、岩倉が請願権と「天皇の叡慮」を結びつけたことは、奨匡社請願運動にただちには超えることのできないアキレス腱となった。
11 前掲書『長野県自由民権運動　奨匡社資料集』七六頁。河野常吉の長野県教員および職員であったときの自筆履歴は、つぎのとおりであった（旧長野県庁文書『明治廿三年　職員転免死亡者履歴　第一種　知事官房』）。

信濃国東筑摩郡嶋内村　長野県平民　河　野　常　吉

文久二年十一月十日

明治十年五月	小学師範科第一期課程卒業	長野県
明治十年七月	長野県師範学校へ入学	同
明治十二年五月	西筑摩郡福嶋学校在勤命ゼラル	同
明治十四年一月	願ニ依テ福嶋学校在勤ヲ免セラル	同
明治廿一年六月廿六日	雇ヲ命シ月俸十五円給与セラル	同
明治廿一年六月廿六日	測候所担任ヲ命セラル	同
明治廿一年七月六日	御用之レアリ上京ヲ命セラル	同
明治廿一年十月廿七日	御用有之上京ヲ命セラル	同
明治廿二年四月十九日	物産列場長心得兼測候所長心得ヲ命セラル	同
明治廿三年庚寅四月十四日	物産陳列場長心得ヲ免ス	同

仝　年七月十九日　御用有之上京ヲ命ス　同

仝　年十月七日　依願雇ヲ免ス　同

12　榎本守恵『北海道精神風土記』みやま書房　一九五七年の「郷土の自覚　河野常吉」によれば、一八八一（明治十四）年に東京に出て慶応義塾にはいり二年修学ののち、秋田県小真木鉱山の分析主任をへて松本に帰り、養蚕に従事し『信濃日報』の編集に参画したという。一八八九（明治二十二）年十二月に浅間山大爆発のさいには単身登山し状況調査にあたった。長野県雇をやめて中央気象台に勤務したが、翌年『大日本教育新聞』の客員となった。洋行をこころざしたが果たせず、一八九四（明治二十七）年八月に北海道に渡り北海道庁嘱託となり、「河野常吉の北海道関係の著述は、積めば自分の身長より高くなるというほど、そうとうに数が多い」といわれ、高く評価された。

13　吉野作造編『明治文化全集　第二十二巻　雑史篇』日本評論社　一九六八年。『自由党史』には格外社員二万八〇〇九人とあるが、岩波文庫版は内藤魯一所有のパンフレットにより、校訂で二万〇〇八九人とした。わたしは、知立市歴史民俗資料館編『内藤魯一自由民権運動史料集』知立市教育委員会　二〇〇〇年所収の印刷出版『国会期成同盟合議書　明治十三年十一月』にあった「格外社員二万八十九名」とともに、『明治文化全集　第二十二巻　雑史編』所収の「国会開設論者密議探聞書」も参照し、奨匡社の五月以降の結社による運動低迷傾向から、岩波文庫版『自由党史』の校訂による「千」を「十」と校訂した数字をとった。

わたしの奨匡社にかかわる諸研究は、「自由民権運動における在村的潮流　松本奨匡社成立の歴史的前提」（『史潮』第七二号、第七三号　大塚史学会　一九六〇年）、「地方自由民権運動結社の組織過程とその背景　松本奨匡社の場合」（『信濃』第一三巻第五号　信濃史学会　一九六一年）から「活字印刷文化の導入と自由民権運動　一八八〇年結成の信州松本奨匡社の動向から」（『長野県短期大学紀要』第五八号二〇〇三年十二月）まで多数ある。出来得れば、『信州松本奨匡社の自由民権運動』（仮題）としてまとめたい。なお、交詢社と長野県内の動向については、とりあえず後藤靖「自由民権期の交詢社名簿」(『立命館大学人文科学研究所紀要』第二四号)参照

(二) **木曽路民衆による官有地払下げ要求と山林解放請願運動の展開と政府の拒絶**

14 所三男論文「木曽山林事件の経緯」瀬沼茂樹・三好行雄・島崎蓊助編『藤村全集 別巻(分冊・下)』筑摩書房 一九七六年。一七八、九頁

15 この島崎正樹の土屋惣蔵への評価は、実際に面談して体感したものであるとおもわれるので、重要におもわれる。鈴木昭一編『島崎正樹(重寛)全歌集』藤村記念館 二〇〇七年。五頁

16 前掲楢川村誌『村を築いた人々』小松芳郎執筆「官有地の確立と明き山開放の運動」九〇~九八頁

17 長野県編・栗岩英治校訂『長野県町村誌 南信篇』長野県町村誌刊行会 一九三六年。三二四九~三二五九頁

18 前掲楢川村誌『村を築いた人々』九〇~九八頁

19 同前

20 長野県編『長野県史 通史編 第七巻 近代一』長野県史刊行会 一九八八年。丸山文雄「第二章第三節 二 官民境界区分の実施」一五一~一五六頁

21 奈良井宿徳利屋原なをり氏所蔵文書。徳利屋については、独立行政法人文化財研究所奈良文化財研究所編『徳利屋原家住宅調査報告書』楢川村町並み文化整備課 二〇〇四年がある。

22 長野県姓氏歴史人物大辞典編纂委員会編『角川日本姓氏歴史人物大辞典20 長野県姓氏歴史人物大典』角川書店 一九九六年。五四〇、五四一頁および長野県教育史刊行会編・発行『長野県教育史 第八巻 史料編二』一九七三年。八一二頁

23 前掲楢川村誌『村を築いた人々』九三、九四頁

24 山下千一編著『木曽国有林物語』下島書店 一九七三年。四五~五六頁

25 長野県編『長野県史 近代史料編 第五巻(四)林業 水産業・鉱工業』長野県史刊行会 一九八六年。

26 史料一八一「明治十四年六月　木曽谷官林調査障害につき農商務省宛県伺」二二九、三〇〇頁
27 同前　史料一八二「木曽出張所長山本清十起稿官林取締概則」三〇〇、三〇一頁
28 同前　史料一八六「木曽山林事務所官林主副産物入札仮規則」三〇三、三〇四頁
29 前掲『長野県史　通史編　第七巻近代一』六一四頁
30 前掲『長野県史　近代史料編　第五巻（四）林業　水産業・鉱工業』史料一八九「明治十八年五月官林盗伐現場調書式につき木曽山林事務所宛上申」三〇六、三〇七頁
31 前掲『長野県史　通史編　第七巻　近代一』町田正三「第六章第三節　二　官有地払下げ運動　三木曽御料林問題」六一九～六二八頁

（三）天皇巡幸・外国人来訪と贄川民衆の意識変容

31 乙部泉三郎編『信濃御巡幸録』信濃御巡幸録刊行会　一九三三年。三一六、三一七頁
32 宮内庁著『明治天皇紀　第五』吉川弘文館　一九七一年。九九、一〇〇頁
33 前掲『信濃御巡幸録』二六三～二九一頁。久米邦武（一八三九～一九三一）は、一八七八（明治十一）年に太政官少書記官になり、翌年太政官修史館にうつり、歴史学者重野安繹のもとで『華族類別録考案』『内閣諸公伝略』の編纂にしたがうあいだに、八〇年に天皇巡幸に同道して『東海東山巡幸日記』を編述した（松本康正「久米邦武」宮地正人・佐藤能丸・櫻井良樹編『明治時代史大辞典1　あ～こ』八〇〇頁）。
34 同前二四一頁。尾崎庸夫の巡幸記は、信濃毎日新聞社出版部編『信毎叢書　信濃紀行集』（一九四一年）にも「第一編　明治天皇御巡幸謹記」に「南信濃路」として収録された。
35 吉村家については、千原勝美「武居用拙　「亡侄亡児同兆墓銘」をめぐって」（『文学研究　第七号』一九九二年　聖徳大学短期大学部国語国文学会）七三、七四頁
36 前掲鈴木昭一編『島崎正樹（重寛）全歌集』二〇八～二一〇頁、二二四頁、二七〇～二七二頁。
37 宮地前掲書『歴史のなかの『夜明け前』』三一二頁、二七四頁、二八〇頁、三〇九頁

38 後藤靖「自由民権期の交詢社名簿」『立命館大学人文科学研究所紀要』第二四号
39 八（一）10参照
40 岡田章雄訳「明治十四年の中山道」『信濃』第一八巻第三号
41 アーネスト・サトウ『日本旅行日記Ⅰ』庄田元男訳　東洋文庫544　平凡社　一九九二年

おわりに　明治地方自治体制確立期から初期社会主義運動期への見とおし

1 前掲書『村を築いた人々』の上條宏之「第二章第一節　楢川村が成立する」一九七〜二〇七頁
2 同前書の上條宏之「第二章第四節　県政・国政と村民の政治運動」のなかの「普通選挙運動と貧民救済」二八二―二八八頁。ほかに、上條宏之「黎明期の普通選挙運動と地域の課題」『日本通史　月報11』岩波書店　一九九四年七月
3 宮地前掲書『歴史のながの『夜明け前』』七五頁。古島敏雄監修『長野県政史　第一巻』上條宏之執筆「第一章第一節　移庁・分県運動と長野県政」三〇〇〜三〇七頁
4 松尾尊兊『普通選挙制度成立史の研究』岩波書店　一九八九年。二八〜三一頁
5 2におなじ。ほかに、山内実太郎『松本繁昌記』郁文社　一八九八年。九一〜九四頁。この書の執筆には二木亀一が関係し、産業用達株式会社の経営陣は、社長藤牧又次郎、常務取締深沢茂吉であり、取締役に飯田福次郎（中村太八郎の母の実家）、監査役に降旗元太郎がいた。

※この論稿は、明治維新史学会編『明治維新の人物と思想』（吉川弘文館　平成七年）に載った「木曽谷の平田門国学者たち―世直し一揆・ええじゃないか・戊辰戦争との関連―」を、その後の研究を視野に入れ、全面的に書きなおし、大幅に改稿したものである。

書評　宮地正人著『歴史のなかの『夜明け前』 平田国学の幕末維新』

（四六判、五五四ページ、五一八四円、吉川弘文館、二〇一五年三月刊）

この書は、幕末維新期政治史の研究者である宮地正人氏が、平田国学研究を、「『夜明け前』の世界と平田国学」と「平田国学と佐藤信淵」の二部に集成したものである。一九九八年八月から東濃恵那郡中津川でおこなった平田国学関係資料調査と、二〇〇一年十月から東京代々木の平田神社でおこなった、気吹舎四代の膨大な平田国学史料調査の成果を駆使し、とくに、書状中心の情報ネットワークをあきらかにしつつ、平田国学や佐藤信淵農政学を受容した人びとの実態から、幕末維新期平田国学の歴史的位置とその政治主体化を解明している。

第一部では、第一章で島崎藤村『夜明け前』の内容が歴史的事実とちがう五点を挙げ、中津川の平田国学者が横浜貿易の生糸輸出で巨利を得ていたこと、一八七四（明治七）年に上京後の島崎正樹が、神道の宗教性を深化・内面化し、「あたらしきいにしえ」と人間的価値観との形成をめざそうとしたこと、などを指摘している。

第二章では、木曽谷をはさむ東濃と下伊那が、豪農商層の姻戚関係などで「全体として一つの地域」を形成し、幕末期に平田国学と復古神道により、例外的に「草莽」層が政治主体化を可能にしたと指摘する。中津川宿本陣市岡殷政、同宿庄屋肥田九郎兵衛、同宿問屋間秀矩らは、いずれも下伊那の北原家・松尾家、飯田城下町の代官市岡家などと姻戚関係があった。いっぽう、下伊那の豪農商層は、久々利の千村家、美濃高須藩や奥州白河藩の飛地などからなる政治統治の一端をにない、これが平田国学による社会的・思想的ネットワークを形成する基盤となったとみる。平田国学が浸透する過程の解明では、市村咸人氏以降、和歌と平田国学の学習を連続的にとらえてきたことを否定し、「別のもの」とする。この「別のもの」とする評価が、わたしには、ただちには充分な理解をしにくかった。平田門人が、和歌の形式で自己表現を継続することはあきらかで、木曽路の桂園学派の歌人たちがリアルに対象をとらえようとし、短詩形表現に詠いこんだことは、平田門人のその後にも題材に変化をともないながらつづくからである。もっとも、短歌から国学への展開が、内在的な学習の連続によるものでないとの宮地氏の指摘は、きわめて重要であるとおもった。

伊那谷・中津川さらには木曽路においても、平田国学者が増加したのは、安政四（一八五七）年十月から同六年末ころの攘夷にかかる条約勅許をめぐり、幕府と朝廷の見解が真二つに分裂し日本統治権の所在が問われた時期で、背景の経済的要因に横浜開港と生糸交易があったとみる視点は欠かせないとおもった。宮地氏は、下伊那の国学において、山吹の片桐春一郎グループと飯田グループが初めて接触したのは万延元（一八六〇）年であるとし、気吹舎本の上木助成運動、竹村（松尾）多勢子が率先して京都に出た政治史的意味、水戸天狗党が筑波から西上して伊那谷を通過した事件をめぐる平田国学者たちの活動、伊那谷国学者たちによる諸国浪士の保護、「御一新」の迎え方を解明している。ついで、平田国学者たちの戊辰戦争への参画と新政府による近代化路線への不満の表出をとりあげる。

さらに、廃藩置県から自由民権期にかけての動きが、一八七四年の北原稲雄が左院宛におこなった建白の解読による福沢諭吉の民権的路線と交叉する可能性のない状況から、西南戦争以後に協調の可能性が生まれたのではないか、と指摘する。この氏の北原が自由民権的路線と協調するとみる見通しに、わたしは疑問をいだく。後述するように、北原が信州を代表する奨匡社自由民権運動と鋭く対決するからである。北原は、民権家とは異なる、宮地氏のいう在地主義的・土着主義的地域社会論にもとづく民衆的近代化を志向し、実施しようとしたと考えている。

第三章〜第七章は、間秀矩・馬島靖庵の横浜生糸貿易、東濃・下伊那の国学と長州藩士世良孫槌との交流により、平田国学が倒幕にかかわる政治主体となった契機、中津川綿屋利右衛門の娘、松尾多勢子、間おみつの三女性により農民・商人家における女性の役割を解明しようとした論考につづき、中津川の国学者が入手した薩長盟約情報により薩長同盟の史的意義を論じた意欲的論考、伊那谷・中津川の国学者と生活をともにした筑波義徒磯山与右衛門の情報蒐集活動をあきらかにした論考がおさめられている。そこには、わたしには新知見の史実がおおくふくまれていた。

第二章とならぶ重要論文が第八章である。まず、東濃・南信（伊那・木曽）の平田門人と「王政復古・

御一新」とのかかわりが、戊辰戦争への参画、根本的な宗教的願望である神葬祭の実現、維新政府への期待感が失望へと変化した赤報隊魁塚建碑、木曽山林下戻し運動、伊那県政の特質と伊那県商社プランの挫折、苗木藩における平田国学浸透の二コースと王政復古後の財政危機と帰農政策、木曽山村家と飯田千村家の朝廷直臣化運動、明治元年から四年における気吹舎の維新政府内の立場と中津川・下伊那の動向からたどられている。

ついで、これらの動きに通底する平田門人の復古主義的・伝統主義的政治論、在地主義的・土着主義的地域社会論が、薩長土肥などの府藩県三治一致体制のもとで挫折する過程が、伊那県商社路線の挫折、山村・千村両家の華族化運動の失敗、明治四年一月の平田国学者による広沢真臣参議暗殺の国事犯事件が平田門人にあたえた衝撃、苗木藩藩政改革の中絶、木曽山林下戻し運動指導者の罷免などであきらかにされる。

さらに、これら平田門人たちの廃藩置県後が、政府への齟齬感、筑摩県の勧業社・開産社による勧業推進策と北原稲雄らの動向、苗木藩「生産方」、恵那の器械製糸業を「下からの実業化」と位置づけた論述、伊那の松尾千振（多勢子の孫）・倉沢義随らの学制施行期前後の教育活動を「下からの教育普及」ととらえた論述、地租改正への下伊那郡下の抵抗、木曽の山林地租改正への下戻し運動の展開を通し、総合的に叙述されている。

「おわりに」では、中津川では平田国学と民権とのかかわりが「相当強い」とみて、明治十年代に中津川が岐阜民権運動の中心地域となることが、濃尾自由党、内藤魯一らを招いた政談演説会、自由党入党状況、地租改正への対応などで具体的に検証されている。なお、中津川自由民権運動は、伊那の自由民権運動との連携がみられ、国学で築かれた伊那谷・中津川の「全体として一つの地域」であったネットワークが継続されていたことは、内藤魯一との連携もふくめ、わたしも重視してきた。一八八二（明治十五）年十月二十八日には、中津川でひらかれた演説会で、飯田で発行されていた『深山自由新聞』第二代主幹の内山重一郎（一八八〇年八月奨匡社員、信濃毎日新聞記者をへて就任）が演説し、刑法第一四一条にふれたと岐阜軽罪裁判所の判決をへて、重禁固三月・罰金三〇円、演説禁止一八八二年十月二十一日より一か月を申し渡された。さらに、一八八二年十月二十日に中津川でおこなわれた演説会には、『深山自由新聞』第三代主幹兼印刷長に、内山に代わって八二年一月就任した坂田哲太郎（一八八三年二月八日愛国正理社総理に就任）が、「活動ノ自由ハ言論ノ自由ヲ得ルニアリ」と「警察権ノ本性ヲ論ズ」を弁じた。やはり飯田から出かけた弁士星野三郎の「日本経済論」は問題にされなかったが、坂田の「警察権ノ本性ヲ論ズ」は、「先づ立法者が法律を制定するの目的を論じ、将に本論に入らんとするに際し、臨場の官吏は論外の事項外に渉ると認むるに付き中止解散を命ずるとの旨」を達した（『岐阜日日新聞』第四一三号明治十五年十二月十二日）。演説会の中止解散に、一〇九人参加していたといわれた聴衆が不服を表明したため、演説主催者が懇親会に切り替え坂田の演説をおこなおうとしたが、ここにも警察が立ち入り、警察署長の認可をうけるように命じたところ、聴衆が警察署に押しかけ、坂田たちが鎮めて解散にしている。坂田は翌日警察署に召喚され、「名を懇親会に借り、公衆に対し政談演説をなせしものと認定する」と、検事局に告訴された（中津川市編集・発行『中津川市史　下巻Ⅰ』二〇〇六年　一一五、一一六頁）。

宮地氏の問題意識は、中津川・下伊那における幕末維新期平田門人のネットワークを「武士階級以外の日本で最初の政治組織」であると評価し、その権力からの自立性・自発性が、自由民権期に継承されたのではないかとするところにある。これは重要な指摘であり、『深山自由新聞』の内山・坂田の中津川自由民権政談演説会への参加からも実証できると、わたしは評価する。

平田国学から自由民権論への展開にかかわる解明に、宮地氏は北原稲雄研究の必要性を挙げている。しかし、北原が開産社社長として資本を士族救助にあてる施策を強行し、松沢求策ら民権派に殖産興業のあり方をめぐり厳しく権力的に対決していることなどから、わたしは北原稲雄についていえば自由民権派との協調の道を閉ざしていたとみている（上條宏之「信州豪農民権運動と開産社」『歴史公論　特集・自由民権運動』一九七六年一月）。ただ、伊那谷国学者と福沢諭吉グループとの協調は、北原稲雄とともに筑摩県殖産興業政策にかかわった開産社運営にも参加した稲雄の弟樋口光信（与兵衛、与平）が、福沢たちが一八八〇年一月に結成した交詢社に入社したことなどで、伊那の平田門人のなかで、しかも北原稲雄の周辺で、部分的にすすめられたことは指摘しておきたい（後藤靖「自由民権期の交詢社名簿」『立命館大学人文科学研究所紀要』第二四号）。

第二部「平田国学と佐藤信淵」は、第一章で気吹舎と四千の門弟たちをあつかい、平田篤胤の思想を対外危機のなかで「単一の世界史を創り出そうとする西洋への日本独自の明白な自己主張」

であると位置づけ、著者の平田国学評価が総括されている。なかで、篤胤が知の体系を創りあげる学術面での交友をあきらかにし、佐藤信淵との交友の重要性を指摘している。第二章は、篤胤の妻・後妻・娘の三人の綾瀬が、気吹舎経営に果たした役割が大きかったことを指摘する。

第三章は、佐藤信淵の学問とひろがり、信淵の著書の普及を気吹舎が仲介したこと、平田国学のがわから信淵の農学・農業技術へ接近した事実を解明し、信淵が為政者による悪政のあらわれとする「間引き」防止策として房総における開墾事業に取組んだことを指摘する。信淵の学問が平田国学とタイアップして浮上し、十九世紀初頭の対露危機を直接のきっかけに、日本全体の経済のあり方、その社会的・政治的制度化の課題を解明しようとした学問であったと位置づけている。

第四章は、幕府為替方であり、江戸・大坂・京都で両替商を営むなどした伊勢の大豪商で、幕府瓦解まで幕府を支持した竹川竹斎が、信淵に学び、郷里での用水池築造、鳥羽藩財政再建策などに取組むいっぽう、アヘン戦争期からペリー来航期には、海防への危機感を『護国論』にまとめ、公共図書館・社倉の設立などの具体的提案を実施したこと、開港から攘夷期には幕府主軸の開港論を主張し、官営対外交易の可能性をさぐり、富国と蝦夷地開発による海軍建設策を提言したことをあきらかにしている。この第二部の論述のおおくは、わたしにとってはほとんどが新知見で、おおくの学恩を受けた。

この書は、幕末維新期の激動する政治史局面との関連に目配りし、平田国学研究にエポックを画した研究業績である。今後の平田国学、幕末維新における民衆史研究にあたり、かならず参照すべき研究成果が盛り込まれている著書である、とわたしは理解した。

※この書評は、日本歴史学会編集『日本歴史　二〇一七年二月号』の「書評と紹介」欄に掲載されたものである。字数に制限があり、詰めた文章であったので修正をほどこし、一部の漢字をひらがなにするなど表記を他の章に統一したほか、自由民権期などに加筆をいくぶんおこなった、

あとがき

第二波コロナウイルス流行で世界が変革を迫られているとき
松本市和田の自宅の静けさのなかにて　　上條宏之

二〇一九年三月五日、三月末に一八年間務めた長野県短期大学学長を退くにあたり、これまでの左手—細ぼそと歴史研究をつづけてきた—から、わたしの利き腕である右手—これまで大学運営に使っていた—に移してチャレンジする歴史研究の最初の仕事に、贄川に幕末維新期に存在した平田篤胤歿後門人群や木曽路贄川・平沢・奈良井民衆の史的研究について、わたしなりの収穫をまとめる計画を具体化し、長野駅前のホテルの喫茶室で、龍鳳書房の酒井春人さんと打ち合せをおこなった。三月三日に「木曽民衆の維新変革の構成、ほぼ固まる」、四日「明日の酒井春人氏との出版打合せのデーター作る」と日記にある。

最初は、これまで書いてきた関連論考をすこし手直しして一冊にまとめ、「上條宏之歴史選集シリーズ」の第一冊にするつもりで取りかかった。しかし、結局一年六か月の仕事になってしまった。

それは、平田国学研究が、宮地正人氏によって急速に進展したことが大きな刺激となって、旧稿に手をくわえただけでは書物としてのこす意義を感じられなくなったこと、くわえて、わたしがこの関連の論考・著書を出すとすれば、最後になるだろう、書き直す機会を夢みることはやめるべきだと考えたことにもよった。また、七〇〇頁を超える『長野県女子専門学校・長野県短期大学全史』に、当初は担当分野の執筆でよいだろうと考えていたのに、結局「監修」と銘打たれた出版物に仕上げるため、二〇二〇年三月末日まで、他の執筆を断念しつつ、かかわらざるを得なかったことも介在した。

さらには、長野で住み馴れていたアパートから松本の自宅への移転と身辺整理があり、わたしにとって予期しなかった、敬愛してやまなかった内孫上條菜月が八年間余にわたる闘病生活に十八歳という若さで終止符をうたなければならない「決定的瞬間」に立ち会うという、曰く言い難い経験をしたこともあった。

にもかかわらず、今回の発刊に漕ぎつけることのできたのには、酒井春人さんの寛容な対応が大きかった。選集シリーズを「民衆史再耕シリーズ」に変更したのは、わたしの旧稿を再検討＝再耕しなくては、出版の意義が弱いと考えたからである。この再耕シリーズが、シリーズにならないで終わらないよう、つづけて「近代松代町づくり」に大きくかかわった横田家と富岡伝習工女として知られた横田英＝和田英の生涯を書きあげたいと念じ、諸史料を再耕し、執筆をはじめている。

わたしのこれまでの生き方を許してきた家族、わたしの地域史研究を受け容れ、耕すフィールドをこころよく提供して下さった皆さんに、深い感謝の意を捧げて、この書のあとがきを閉じたい。

（二〇二〇年九月二十八日記）

上條宏之（かみじょう・ひろゆき）

1936年生まれ。
信州大学名誉教授　長野県短期大学名誉教授
現在、信濃民権研究所を個人で運営し執筆活動中、窪田空穂記念館運営委員会委員長
近年の著書・論文
緒川直人氏と共編『北信自由党史　地域史家足立幸太郎の「自由民権」再考』岩田書院　2013年／『長野県女子専門学校・長野県短期大学全史』（監修・共著）長野県短期大学　2020年／「愛国正理社総理坂田哲太郎昌言についての再考」（『伊那』2017年5月号）／「官営富岡製糸場における原料繭の扱いと信濃国内原料繭の購入」（『信濃』第69巻第2号　2017年）／「富岡式蒸気器械製糸技術を地域移転した長野県西條村製糸場」（『信濃』第69号第10号・第11号　2017年）／「大日向満州分村移民における指導層の歴史認識　1930年代送出初期における指導理念を中心に」（『信濃』第71巻第5号　2019年）／「二〇世紀初頭に単独でアメリカに移民した小岩井宗十　愛知大学学長となる典型的民主主義者小岩井浄の父の渡米と客死」（『ユタ日報研究』第25号　2020年）／「木下尚江の生い立ちと自由民権家との二つの出会い」（監修・共著『長野県近現代史論集』龍鳳書房　2020年）。

民衆史再耕
木曽路民衆の維新変革　もうひとつの『夜明け前』

二〇二〇年十一月十二日　第一刷発行

定価　本体三〇〇〇円＋税
著者　上條宏之
発行者　酒井春人
発行所　有限会社龍鳳書房
〒381-2243
長野市稲里一―五―一北沢ビル1F
電話　〇二六（二八五）九七〇一
印刷　信毎書籍印刷株式会社
製本

ISBN978-4-947697-63-9
C0021